KB127839

바퀴의
이동

HOP SKIP GO: How th Mobility Revolution is Transforming Our Lives
by John Rossant, Stephen Baker

모빌리티 혁명은
우리를 어떻게
변화시키는가

바퀴의
이동

존 로산트·스티븐 베이커 지음 | 이진원 옮김

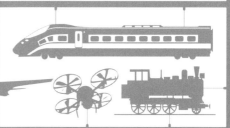

HOP
SKIP
GO

소의
책

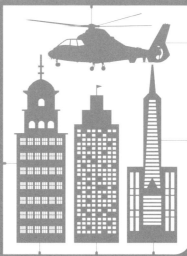

진정 다양한 이동 수단 중
선택할 기회를 접하게 될
우리의 젊은이들을 위하여.

| 차례 |

우리는 무엇을 선택할 것인가

당신은 지금껏 어디를 가보았는가? 집, 학교, 직장, 식당, 체육관 등 가보았던 모든 곳을 생각해보라. 브라질의 리우데자네이루에서 열린 카니발이나 프랑스 파리의 싸구려 호텔에 가보았을 수도 있다. 한 장소에서 다른 장소로의 이동과 관련된 모든 기억과 일상을 떠올려보자. 우리는 늘 이동하면서 살아서 그런지 이동을 대수롭지 않은 문제로 간주해버리기 쉽다. 우리는 매일 몇 시간씩 이동하고, 이동하느라 많은 돈을 쓴다. 이동은 식사만큼 우리가 존재하는 데 중요하다. 이동하지 않으면 우리는 서로 결코 만나지 못할 것이다. 이제 2020년대에 들어선 지금 우리의 이동 방식은 극적으로 변화하고 있다.

이쯤 얘기하면 사람들은 종종 끼어들어 우리가 자율주행차 이야기를 하려는 거냐고 묻는다.

자율주행이라는 단지 한 가지의 사례보다 훨씬 더 많고 중대한 변화가 다가오고 있다. 전 세계적으로 그런 변화가 도래하는 걸 직접 목격할 수 있다. 교통체증에 압도당하고, 스모그로 숨막힌 도시들은 1세기 동안 이어진 자동차 경제의 한계에 직면하여 그것에 고삐를 조이기 위한 조치를 취하고 있다. 많은 도시가 그린웨이greenway(큰 공원을 연결하는 보행자·자전거 전용 도로와 산책로 - 옮긴이)를 확장하고, 자전거도로를 건설하고 있다. 스페인의 마드리드 같은 몇몇 도시는 도심에서의 자동차 운행을 전면 금지하기 시작하고 있다. 혼잡통행료를 받고 자전거와 자동차 공유 문화 확산을 주도하는 도시도 있다. 그와 동시에 기술의 비약적인 발전 덕에 새로운 세대의 네트워크화된 기계와 서비스가 등장하고 있다. 그리고 자동차가 점차 로봇처럼 변하고 있는 것도 사실이다.

우리 모두가 알고 있는 차, 즉 우리가 운전하는 휘발유를 먹는 기계가 발명된 지도 100년 이상이 지났다. 우리의 도시 지형은 자동차의 수요에 맞춰 형성되었다. 자동차 고속도로망은 새로운 교외 지역을 탄생시켰고, 개발업자들은 도시의 넓은 공간을 주차장으로 만들었다. 도시는 이 무수한 무리의 네 바퀴 달린 존재를 위해 계획된 보전지대로 성장했다. 자동차와 트럭을 위한 세렝게티가 된 것이다. 자동차 단일 문화는 로스앤젤레스와 카라카스에서부터 모스크바를 거쳐 보다 최근에는 베이징과 뉴델리에 이르기까지 전 세계로 퍼져나갔다. 자동차는 지구의 표면 모양을 바꿔놓았고 대기를 오염시켰다.

자동차가 사라지지는 않겠지만 전성기를 지나고 있다. 향후 10년 동안 우리 중 다수는 새로운 이동 방법을 찾을 것이다. 이 인간 모빌리티의 다음 단계는 지난 단계와 달리 하나의 상징적인 기술에 의해 정의되지 않을 것이다. 우리는 그보다 많은 선택에 직면할 것이고, 그런 선택 중 대부분은 디지털 네트워크에 의해 추적되고 조정될 것이다. 그것이 작동하는 곳에서의 이동은 오늘날의 스모그와 정체를 특징으로 하는 이동보다 더 친환경적이고, 저렴하고, 빠르고, 더 안전할 것이다. 그것이 가계에서 국가 경제에 이르는 모든 것에 미치는 경제적 파장은 상당할 것이다. 모빌리티는 재차 우리의 산업 지형을 바꿔놓고, 우리 삶의 시간표를 효율적으로 조정하고, 우리의 도시를 재편할 것이다. 그리고 좋든 싫든 우리 지구의 미래에 상당한 영향을 미칠 것이다.

앞으로 일어날 많은 변화는 디지털 지식, 즉 우리의 현재 위치, 가고 싶은 장소, 그 장소로 갈 수 있는 방법에 대해 커진 인식과 밀접하게 연결되어 있다. 이러한 지식은 끔찍한 무지를 특징으로 하는 지금의 자동차 시대와 심대한 대조를 이룬다.

우리가 아는 것이 얼마나 없었는지 기억해보기 위해 1930년대에 대초원 지대를 누비며 은행 강도 노릇을 한 무법자인 보니Bonnie와 클라이드Clyde를 떠올려보자. 그들은 공공 고속도로에서 운전하고 다녔지만, 누구도 그들의 위치를 파악하지 못했다. 경찰은 목격자를 추적한 다음, 보니와 클라이드가 어디로 가서 어느 은행을 털지 예측하기 위해 지도 위에 시간을 색깔로 표시해놓은 핀을 붙여야 했다. 지난 100년 동안 자동차는 하이에나처럼 마음대로 돌아다녔다. 수백만 명의 10대에게, 이로 인한 소재 파악의 어려움은 자유를 의미했다. 우리가 어딘가로 차를 몰고 나가면, 부모님은 우리가 은행을 털고 있지는 않을 거라고 믿었다. 그러나 그들은 우리의 행선지를 어렴풋이 짐작하고 있을 뿐이었다.

도시계획가들도 깜깜하긴 마찬가지였다. 최근까지 고속도로 엔지니어들은 도로 전체에 걸쳐 계수 센서counting sensors가 장착된 선을 늘리곤 했다. 하지만 이것은 동력으로 움직이는 무리의 행동에 대한 원시적 단계의 통찰력을 제공해주었을 뿐이다. 그리고 엔지니어들에겐 차량 흐름을 관리할 수 있는 귀중한 도구가 사실상 없었다. 교통은 자연의 힘처럼 그냥 생겨났다. 그래서 대부분의 도시는 그것의 무자비한 압박에 굴복했고, 도로와 고속도로를 확장하고, 주차 공간을 더 많이 만드는 데 상당한 예산을 투자했다. 그 결과로 에너지, 시간, 그리고 돈이 낭비되었다. 2.2톤짜리 금속에 운전자 한 명씩만 탄 채 만들어낸 정체는 엄청난 지원의 비효율성을 보여주는 완벽한 사례였다.

현실에 대한 무지의 결과가 초래한 심각한 낭비는 무한한 기회를 의미하기도 한다. 도시계획가와 기업인은 이제 온갖 종류의 것들을 측정하고 셀 수 있다. 그래서 그들은 무리에서 벗어나 개인에게로 초점을 날카롭게 맞출 수 있다. 이것은 신사업에 활력을 불어넣는다. 예를 들어 르노의 클리오Clio를 몰고 꽉 막힌 외곽순환도로Boulevard Périphérique에 들어선 파리의 통근자는 거북이운행을 각오해야 한다. 그가 출퇴근할 때 각각 30분씩 1주일에 총 다섯 시간을 줄여줄 수 있는 서비스나 앱이 있다고 하자. 그는 그렇게 아낀 시간과 거리를 위해 얼마를 지불할 용의가 있을까?

이것이 급성장하는 시간과 공간 시장이다. 이런 시장은 대부분 최근까지 우리의 접근 범위 밖에 있었으나 지금은 아니다. 이제 접근할 수 있게 해주는 많은 기술이 등장했기 때문이다. 일련의 센서는 이제 우리의 위치 정보를 실시간으로 제공해줄 수 있다. 5G를 포함한 초고속통신망은 우리의 위치 정보를 컴퓨팅 클라우드에 압축해 넣을 수 있다. 첨단 인공지능AI은 그렇게 압축된 정보를 통해 우리의 행선지를 파악한 뒤 그곳에 이르는 최적의 경로를 알려줄 수 있다. 불과 10년 전에 비트코인 같은 암호화폐의 기반으로 고안된 블록체인 등의 분산원장기술distributed ledger technology(수많은 사적 거래 정보를 개별적 데이터 블록으로 만들고, 이를 체인처럼 차례차례 연결하는 블록체인 기술 - 옮긴이)은 차량끼리 서로 정보를 공유하고 운행을 조율할 수 있는 안전한 채널을 제공한다. 이러한 공유는 우리가 아직 운전대를 잡고 운전하는 동안에도 초효율적인 네트워크를 만드는 데 필수적이다.

또 다른 기본적인 기술은 배터리다. 새로운 모빌리티 기계는 대부분 컴퓨터를 돌리는 데 필요한 전기로 돌아간다. 사실상 새로운 교통수단은 대부분 본래 바퀴나 날개가 달린 네트워크 컴퓨터다. 자전거도 점점 똑똑해지고 있다.

우리가 목격하고 있는 바와 같이 모빌리티는 인터넷의 세 번째 단계를 상징한다. 네트워크 시대는 우편에서부터 음악에 이르기까지 풍부한 정보가 디지털화된 20세기의 마지막 10년 사이에 등장했다. 이것이 첫 번째 단계다. 이후 10년 동안 스마트폰의 폭발적인 보급과 함께 정보의 이동성이 강화되었는데, 이것이 두 번째 단계다. 휴대전화와 네트워크로 연결된 컴퓨터의 결합은 '지식의 우주'를 우리의 호주머니와 지갑 속에 넣어주었고, 인간의 뇌에 전자엽electronic lobe에 해당하는 것을 더해주었다. 우리는 이제 네트워크로 연결된 기술을 가지고 다니는 데 익숙해진 건 물론이거니와, 심지어 그것에 중독되었다. 우리가 인터넷의 세 번째 단계에 접어들면서, 전례가 없을 정도로 발전된 그러한 기술의 조합이 우리를 이동시키고 있다.

다가오는 모빌리티 시대에는 사실상 모든 바퀴와 비행 이동 수단이 네트워크로 연결된 장치가 될 것이다. 이것이 무엇을 의미하는지 알아보고 싶다면 우버Uber나 중국의 디디추싱DiDi Chuxing 같은 차량 공유 앱을 실행해보면 된다. 화면에 표시된 점들은 우리 각자가 네트워크 지도 위에서 하나의 교점node처럼 움직이는 미래를 엿볼 수 있게 해준다.

차량 공유는 지난 20년 동안 대대적으로 광고되었던 이른바 '사물인터넷'이라는 기술 유행의 첫 번째 큰 파도였다. 우리는 냉장고가 우유를 대신 주문해주고, 우리가 방에 들어가면 스마트 전구가 불을 켜주는 시대가 열릴 거라는 말을 들었다. 이러한 많은 기계와 기계 사이의 응용 사례가 마침내 시장에 서서히 등장하고 있다. 그런데 사물인터넷이 가장 크고 풍부하게 활용될 분야는 '모빌리티'가 될 것이다. 그것의 중요성은 나머지 분야를 압도한다.

그렇다고 해도 우리가 다음번에 구입하는 차가 자율주행차가 될 거라거나, 곧 자율주행 무인비행선을 타고 출퇴근 시간에 교통 혼잡

위로 날아가게 된다는 뜻은 아니다. 우리가 보게 되겠지만, 그러한 기술은 현재 개발 중이며, 장소별로 개발 시기는 서로 다르더라도 어쨌든 실제로 개발되어 주목받을 것이다. 그런데 우리 대부분에게 다가오는 변화는 도로를 달리는 기적적인 새로운 기계와 함께가 아니라 일련의 새로운 질문과 함께 시작될 것이다.

당신이 스물아홉 살인데, 대학원을 갓 졸업하고 처음으로 좋은 직장을 잡았다고 상상해보자. 당신은 LA에 거주한다. 직장의 유일한 단점은 출퇴근 시간 때 직장이 있는 산타모니카까지 대중교통을 이용할 경우 편도로 50분이나 걸린다는 점이다. 출퇴근 시간의 대부분을 I-10번 도로 위에서 보내야 한다. 당신은 '차가 필요하다'고 생각한다.

이때 가장 먼저 따져봐야 할 게 돈이다. 당신 같은 아파트 세입자에게 차는 가장 귀중한 소유물이 될 것이다. 그런데 차를 사려면 대출을 받아야 한다. 가격과 유지비용을 감안할 때 차를 소유하고 유지하는 데 연간 약 8,000달러가 들 것이다.[1] 그런데 차를 소유하고 있는 시간의 약 95퍼센트 동안 그것은 주차된 상태일 것이다. 차는 '돈 먹는 하마'로 변한다. 주차하는 데도 돈이 든다. 자동차 소유가 애완동물을 기르면서 수의사를 정기적으로 방문해 거액을 지불하는 것과 다르지 않다. 사실 구입비와 유지비, 심지어 기능까지 고려한다면 차는 그것이 밀어낸 유지비가 많이 드는 중요한 이동 수단인 '말'과 상당한 공통점을 가지고 있다.

자동차 딜러가 당신의 지갑을 열려고 손을 뻗는 바로 그 순간에 당신은 그 자동차와 공유하게 될 향후 10년간의 모습을 상상해볼지도 모른다. 정말로 자동차가 필요할까?

이 문제를 다른 방식으로 생각해보자. 자동차를 사지 않으면 당신은 자동차를 소유했을 경우에 드는 8,000달러를 매년 아낄 수 있다. 교통비를 안 쓰고 모을 수 있는 돈이다. 10년 전에는 그렇게 많이 아낄 수 없었다. 그때는 LA와 산타모니카 사이에 지하철이 없었다. 버스 서비스도 엉망진창이었다. 택시도, 혹시 LA에서 한 대 잡을 수 있더라도 이용하기가 불가능했다. 몇 달만 타도 택시비로 8,000달러가 날아갈 것이었다. 그런 당신에겐 차를 살지 빌릴지를 결정하는 수밖에 다른 선택의 여지가 없었다.

그러나 향후 10년은 새로운 선택권을 제공해줄 것이다. 그것도 매년 더 많은 선택권을. 차량 공유 서비스와 스쿠터는 이제 시작에 불과하다. 한때 고속도로 통행자들에게 후순위 선택으로 여겨졌던 LA 메트로는 유권자들이 승인한 수십억 달러 규모의 채권 발행을 통해 조달한 자금 덕분에 극적으로 확장되고 있다. 알고 보니 스트레스에서 벗어나려는 마음이 워낙 강했던 운전자들이 본인이 낼 가스세를 올려서 자금을 마련해준 것이다. 많은 사람들이 공공서비스가 개선되면서 고속도로의 혼잡이 줄어들어 다시 한 번 운전할 만하게 되기를 간절히 기도한다.

그래도 여전히 질문은 남는다. 당신은 자동차를 운전하는 데 따르는 대가를 치를 것인가? 선택지가 계속 늘어나겠지만, 머릿속은 여전히 복잡하다. 예를 들어 겨울비가 퍼부어서 지하철역에서 스쿠터를 타고 이동하기 힘들 때는 어떻게 하겠는가?

이 질문에 답을 찾기는 여전히 쉽지 않다. 향후 10년 동안 새로운 교통망과 기술이 자리잡더라도 우리 중 다수는 자동차를 고수하거나, 자동차를 탈 수밖에 없을 것이다. 다만 다음 단계의 모빌리티가 단순히 더 똑똑하고 깨끗한 기계가 탑재된 것에 불과한, 이전 것과 흡사할 거라고 예상하는 건 잘못이다. 이런 구상 속에서 우리는 차도, 차 두 대가 들어가는 차고, 그리고 주차장을 그대로 유지한다. 우리는 완전한 자동차 단일 문화를 고수한다. 하지만 우리는 지난 한 세기 동안 운전해온 휘발유 자동차를 결과적으로 스스로 알아서 운전하는 아주 빠른 전기자동차로 대체할 것이다.

이런 식으로 생각하는 건 당연하다. 20세기 초, 자동차가 간단하게 말을 대체할 거라고 생각한 사람이 많았다. 그들은 분명 자동차는 귀리 대신 휘발유를 소비하고, 도로보다 공기를 더 오염시키고, 더 빠르게 달릴 것이라고도 생각했다. 그렇다, 그리고 고장이 나면 다시 고칠 수 있다고 다독여주는 건 수의사가 아닌 기계공이겠지만 세상은 어쨌든 계속해서 똑같을 거라고 믿었다. 이런 새로운 기계들은 그저 '말이 끌지 않는 마차'였을 뿐이다.

그런데 자동차는 제조업에서 정유업에 이르기까지 전 세계의 경제에 계속해서 상당한 영향을 미쳤다. 도시 지형도 바꿔놓았다. 지난 한 세기 동안 정유업계의 부산물인 아스팔트는 우리 대부분의 거주지를 포함해서 지구의 상당 부분을 뒤덮었다. 도시는 아스팔트 옷을 입고 있다.

수십억 명이 여전히 자동차와 트럭에 묶여 있다. 우리 중에는 자동차와 트럭을 너무나 좋아하는 사람들이 있는가 하면, 자동차가 창조한 세상 속에서 그것이 장소를 이동하는 데 최고의 수단이라는 단순한 이유로 운전하는 사람들도 있다. 그래서 자동차는 지난 한 세기 동안 사실상 이 세상과 세계경제의 많은 부분이 돌아갈 수 있게 만들었다.

하지만 도요타, 포드, 다임러 같은 대형 자동차 제조사가 이끌어가고 있는 전체 자동차 경제는 대부분 전기로 돌아가는 '연결된' 자동차 세계에서 설 자리를 찾아야 한다. 정유사 역시 존재론적 도전에 직면해 있다. 탈脫내연기관 움직임 속에서 현재 우리가 소비하는 기름의 절반 가까이를 차지하는 휘발유 시장이 무너질 위협을 받고 있다. 그런 일이 벌어지면 유가가 폭락할 수도 있다. 배터리의 핵심 재료인 리튬과 희토류 광물의 수요가 늘어나면서[2] 사람들이 칠레와 콩고민주공화국으로 몰려갈 수 있다. 어디서나 혼란이 대기 중이다.

한편 소비자는 새로운 많은 가능성에 대면하게 될 것이다. 오리건주에 본사가 있는 전기차 제조업체인 아키모토Arcimoto 같은 스타트업이 새로운 유형의 모빌리티 기계를 만들고 있다. 아키모토가 만든 전기자동차는 자동차와 사이클을 혼합한, 지붕이 있는 삼륜 모델이다. 중국의 주요 성省의 도로는 이런 자전거 모양의 소형차로 가득 차 있다. 속도는 느리고, 주행 가능 거리가 약 110킬로미터에 불과하고, 안전장치도 허술하기 짝이 없는 차들이다. 하지만 일부 모델의 가격은 1,000달러에 불과하다.[3] 가장 기본적인 차원에서의 이동 비용은 극도로 저렴해질 것이다.

네트워크 모빌리티를 향한 이러한 변화는 사회적 질문도 불러일으킬 것이다. 대부분이 걱정 섞인 질문이다. 자동차 경제가 수천만 개의 중산층 일자리를 창출하고 유지해주지만, AI와 로봇공학은 훨씬 더 소수의 기술 엘리트를 부유하게 해준다. 디지털 경제로의 모빌리티의 이동은 전 세계적으로 빈부 격차를 확대시킬 우려가 있다. 게다가 도시는 이러한 혁명을 위한 실험실로 전락할 것이다. 새로운 모빌리티 옵션들이 도시 경쟁력을 키워주고, 도시 생활의 질을 높여주면 훨씬 더 많은 인재를 끌어들이면서 도시와 시골의 격차를 악화시킬 것이다.

새로운 이동 생태계가 시작되었다

이동에 관한 이야기는 지구 그 자체만큼이나 중요하다. 그렇다면 그것을 어떻게 말하면 좋을까?

우리는 비행 기계, 전기자동차, AI로 작동하는 서비스, 그리고 우리의 이동 방식을 바꿔줄 새로운 네트워크를 창조하는 사람들의 이야기부터 시작해보겠다. 우리가 각 장에서 만날 사람들은 이동 생태계를 대표하는 사람이다. 다이버전트 3DDivergent 3D의 창시자인 케빈 칭거Kevin Czinger도 그중 한 명이다. LA 공항에서 남쪽으로 불과 몇 킬로미터 떨어진 곳에 본사를 두고 있는 다이버전트 3D는 완전히 새로운 자동차 제조 시설을 만들고 있다. 이곳에서는 컴퓨터가 자동차를 설계하고, 3D프린터로 자동차 부품을 찍어내면 로봇이 자동차를 조립한다. 완성된 자동차가 마음에 들지 않으면 조각들을 녹이고 디자인을 수정한 뒤에 다시 시도하면 된다. 이렇게 바꾸고 다시 시도하기 쉬운 건 소프트웨어 경제가 가진 장점이다. 이곳에서 빠른 혁신이 가능한 것도 이 때문이다. 모빌리티 세계는 혁신의 소용돌이에 직면해 있다.

우리는 또한 현재 AI 분야에서 가장 야심 차게 추진되고 있는 교육 경쟁을 살펴볼 것이다. 그것은 3개 대륙에서 벌어지고 있는, 기계들에 운전 방법을 가르치기 위한 경쟁이다. 우리는 팔로알토Palo Alto에 있는 스타트업 딥맵DeepMap에서 일하는 웨이 루오Wei Luo라는 중국 출신의 지도 제작자를 만날 것이다. 그녀는 차세대 지도를 만들고 있는데, 그 지도는 자율주행차를 센티미터 단위로 안내해주고 가벼운 사고 가능성과 떨어진 나뭇가지에 대해 경고해준다. 이것은 훨씬 더 까다로워진, 과거와 다른 소비자인 기계를 위해 제작되는 새로운 지도이다. 한편 중국 남부의 대도시인 광저우에서는 포니에이아이Pony.ai라는 스타트업의 과학자들이 도로를 주행하는 자율주행차의 인지 과정을 미세 조정하면서 중국이나 캘리포니아에서 배운 것들 중에 로마나 케이프타운에서도 쓸모 있는 게 얼마나 많은지 알아보기 위해 애쓰고 있다.

충동적이고 비이성적이며, 무단횡단을 하고, 문자메시지를 보내며 운전하는 인간 무리를 상대하는 동시에 세계의 물리적 복잡성을 극복하고 스스로 주행할 수 있는 시스템을 구축하려면 금세기 최고의 기술력이 요구된다. 하지만 향후 10년 동안 자율주행차 개발 사업의 핵심은 이런 스마트 자동차가 아직 시험 단계인 동안에도 돈을 벌 수 있는 응용 방법일 것이다. 다시 말해 완전한 자율주행이 연구 목표이지만, 적어도 향후 몇 년 동안은 '반자율주행semiautonomy'이 더 큰 시장이 될 것이다.

제3장에서 만나게 될 전기자동차 스타트업 리비안Rivian의 설립자인 로버트 'RJ' 스카린지Robert 'RJ' Scaringe는 출시 예정인 전기 SUV와 픽업의 반자율주행 기능을 상상한다. 그것은 옐로스톤Yellowstone이나 남아프리카공화국의 크루거Kruger 같은 국립공원을 안내받은 대로 자율 여행할 수 있도록 도와주는 기능이다. 관광객을 태운 차는 마치 기차선로 위를 달리는 것처럼 정해진 경로를 따라 주행하면서 도중에 해설까지 해줄 것이다. 완전 자율주행까지는 아니더라도 주행 도중 운전자가 몸을 돌려 곰이나 기린을 구경하거나, 심지어는 사진을 찍을 수 있게는 해준다. 이 정도 수준만으로도 자동차(우리가 결국 뭐라고 부르건 간에)에는 가치가 있을 것이다. 또 우리가 조금씩 자율주행의 맛을 보게 해줌으로써 마침내 100퍼센트 자율주행이 가능한 시대가 도래했을 때 우리가 질겁하지 않게 만들어줄지도 모른다. 아마도 그때가 되면 우리는 그런 차들을 규제하는 방법을 이해해놓고 있을지 모른다.

육지에서만 모든 새로운 이동이 일어나는 것은 아니다. 스타트업에서부터 에어버스Airbus와 보잉Boeing 같은 대형 항공사까지 수많은 기업이 새로운 세대의 비행 기계를 개발하고 있다. 마크 무어Mark Moore

라는 엔지니어는 지난 30년 동안 미국항공우주국NASA에서 로봇 비행선 개발 업무를 맡았다. 그 기간 동안 거의 내내 성공 가능성이 로봇을 화성에 보내는 것 이상으로 낮아 보였다. 그런데 현재 전 세계 100개 이상의 기업이 전기비행선과 헬리콥터를 만들고 있으며, 무어는 미국항공우주국에서 우버로 자리를 옮겨서 LA와 댈러스를 시작으로 도시에서 로봇 비행 택시 네트워크를 운영할 계획이다. 이런 비행체는 자율주행차보다 훨씬 더 낯설게 들린다. 물론 그것은 온갖 종류의 법과 규제라는 장애물을 극복해야 한다. 그러나 일단 이러한 비행체가 비행을 시작하기만 하면 자율주행차보다 훨씬 더 단순한 임무를 수행하기만 하면 된다. 우리가 발을 딛고 사는 복잡한 지상보다 하늘이 훨씬 덜 붐비기 때문이다.

다른 모빌리티의 모험은 최첨단 기술보다는 상상력과 기업가 정신에 의해 추진된다. 2010년, 젊은 인도네시아인 나디엠 마카림Nadiem Makarim은 일명 '오젝ojeck'이라는 이륜 오토바이 택시를 갖고서 차량 공유 서비스인 고젝Go-Jek을 시작했다. 그는 자카르타에서 스무 대의 오젝으로 이 서비스를 개시했는데 현재 고젝은 100만 명이 넘는 오젝 운전사를 확보해놓았고, 남아시아 전역으로 사업 영역을 확장하고 있다. 마카림은 고젝 앱 사용자가 수백만 명을 넘어서자 이를 이용해 은행과 마사지에서부터 택배에 이르기까지 수많은 서비스를 선보이기 시작했다. 고젝은 데이터 기반 회사이며 동남아시아 최대 규모의 AI 연구소를 운영하고 있다. 구글이 2018년부터 고젝에 계속 투자하고 있다는 사실이 놀랍지 않다.[4]

지금 우리의 도시에서 벌어지는 일들

　디지털 시대의 이 세 번째 단계는 두 가지의 근본적인 차원에서 PC 및 스마트폰 시대와 다르다. 첫 번째 차이는 지리와 연관되어 있다. 첫 번째 네트워크 붐은 주로 일부 지역에서만 일어났다. 다시 말해 미국의 서부 해안에 있는 몇몇 회사가 인터넷 혁명을 정의하고 주도했다. 시장지배적인 스마트폰 플랫폼인 애플과, 구글이 생산한 플랫폼도 같은 지역에서 태동했다. 그런데 모빌리티 혁명은 처음부터 지금까지 줄곧 세계적인 현상이었다. 중국은 앞서 있지는 않더라도 적어도 미국과 대등한 위치에 서 있다. 이스라엘은 베를린 같은 유럽의 활기 넘치는 지역처럼 핵심적인 기술 국가이다. 나이지리아, 인도네시아, 멕시코의 기업가들은 세계시장에 도전장을 내밀 만큼 혁신적인 네트워크를 만들고 있다. 한마디로 모빌리티 혁명이 곳곳에서 폭발하고 있다.

　한 가지 명심할 점은 모빌리티 혁명이 도시에서 시작한다는 사실이다. 그 때문에 모빌리티의 두 번째 큰 차이가 생긴다. 인터넷이 스크린에 자신의 가상 세계를 생성하는 동안 모빌리티는 우리가 사는 현실, 즉 우리의 공유 공간에서 주로 일어난다. 그것은 도로와 자전거도로와 인도를 질주하고 우리를 향해 돌진할 수 있는 기계들과 관련된다. 그것은 관리가 필요하다. 따라서 처음부터 분명한 정부의 역할이 존재한다.

　세계의 도시들이 당연히 새로운 형태의 모빌리티를 위한 실험실 역할을 할 것이다. 그런 도시만이 몇 블록 이내에서 수천 명의 잠재적 고객을 제공해줄 수 있기 때문이다. 뮌헨이나 도쿄에서는 자전거를 빌리거나 타기가 아주 쉽지만, 파타고니아나 와이오밍 내 대부분의 지역에서는 그러기가 불가능하다. 도시는 또한 우리 이야기의 중심에 있다. 점점 더 인류가 '도시의 종 urban species'으로 변하고 있기 때문이다. 오늘날 전 세계 인구의 절반 이상이 도시에 살고 있다. 2050년이 되면 95억 명 이상이, 즉 전 세계 인구의 68퍼센트가 도시에 거주할 것이다.[5] 이는 도시 인구가 매주 평균 스웨덴의 수도 스톡홀름 인구만큼인 100만 명씩 증가하고 있다는 뜻이다. 이로 인해 인구밀도가 높아지면 많은 도시에서 도시 마비와 질식사의 예방책으로 '스마트 모빌리티'를 찾게 될 것이다.

하지만 사람들은 여전히 그것을 관리하는 방법을 알아내야 할 것이다. 그래서 우리는 이 이야기를 하면서 네 대륙의 4개 도시를 방문하기 위해 도로와 하늘로 나간 것이다. 각각의 도시는 사람들과 그들의 물건을 이동시키는 새로운 방법을 찾아 배양하는 둥글넓적한 작은 접시에 해당한다. 도시마다 자기만의 공식을 생각해내겠지만, 전세계의 다른 수백 개 도시가 찾아낸 공식을 유연하게 빌리기도 할 것이다. 세금에서부터 전기 충전소와 새로운 열차 노선에 대한 투자, 자율주행차에 필요한 도로 규칙까지 그들이 내리는 결정은 주변 지역의 모양을 만들고, 출퇴근 경로를 정의하고, 전 세계적 경쟁에 불을 붙일 것이다. 결국에는 어떤 회사가 두 도시, 즉 교통체증과 스모그에 시달리는 곳과 더 빠르고 저렴하고 친환경적으로 이동할 수 있는 곳 중에서 어떤 선택을 할지는 불을 보듯 뻔하다.

당신은 지구상에서 가장 상징적인 자동차 도시인 LA에서 모빌리티 혁명이 일어날 가능성이 가장 낮다고 생각할지도 모른다. 혁명을 시작하려면 우선 누가 그것을 주도할 수 있을까? 시장은 시의회와 권력을 공유할 뿐만 아니라 미국의 41개 개별 주보다 인구가 많은 광활한 LA 카운티 내에서 독립적으로 활동하는 고집 센 87개의 자치단체와 싸워야 한다. 하지만 LA는 앞으로 일어날 일을 알려줄 자유분방한 '시험대' 역할을 할 수 있다. LA는 강력한 자산을 갖고 있다. 기후는 스쿠터와 자전거를 타기에 적합하고, 모빌리티 기술 스타트업이 폭발적으로 증가하고 있으며, 항공우주산업(신소재와 경량 구조 분야의 높은 숙련도는 우리가 탈 새로운 장비들과 관련성이 매우 높다)에서 선도적 위치를 유지하고 있다. 그리고 아마도 LA에는 꽉 막힌 고속도로에 진저리가 나서 새로운 전략을 준비하는 인구가 있다는 사실이 무엇보다 중요할지 모른다.

나중에 우리는 두바이 이야기를 할 것이다. 권력과 거의 무제한의 예산을 가진 두바이 정부는 모빌리티 선도 도시로 나아가고 있다. 두바이는 2020년대 초까지 하늘을 나는 드론 택시를 운용하겠다는 구상을 내놓았다. 정부의 계획대로라면, 2030년까지 두바이 도로의 25퍼센트에서 자율주행이 이루어질 것이다.[6] 그리고 초고속철도인 하이퍼루프Hyperloop가 계획대로 건설되면[7] 지금은 차로 두 시간 거리인 아부다비까지 14분밖에 소요되지 않을 것이다.

LA와 두바이에 비해 헬싱키는 이미 모빌리티의 꿈처럼 보인다.

헬싱키는 트램tram, 지하철, 버스가 1~2분마다 다니는 것 같은, 걸어다닐 수 있는 도시다. 하지만 10년 전에 대학생이었던 소냐 헤이킬라Sonja Heikkilä는 축구 연습을 위해 마을을 횡단하는 것조차 쉽지 않았다. 그녀의 좌절은 비전으로 발전했다. 그녀는 스마트폰 앱 하나로 가능한 모든 교통수단에 연락할 수 있고, 스포티파이Spotify나 넷플릭스Netflix처럼 이용료를 지불하면 좋겠다고 생각했다. 그녀의 이런 비전은 헬싱키에 뿌리를 내리고 있는데, 이곳에서는 언젠가 자동차를 소유하는 것이 CD를 사는 것처럼 시대착오적인 행동이 될 수 있을 것이다. (자동차 회사의 임원들은 곤경에 처한 음악업계만 둘러봐도 실제 소유에서 디지털 서비스 경제로의 전환이 얼마나 혁신적인지를 알 수 있다.)

아마도 우리의 글로벌 모빌리티 여행에서 가장 중요한 목적지는 상하이일 것이다. 몇십 년 전만 해도 상하이는 버스, 자전거, 보행자들의 도시였다. 차는 보기 드물었다. 그러나 이제 상하이도 중국의 다른 산업도시처럼 변모하고 있다. 상하이는 꽉 막힌 고속도로와 오염된 공기로 가득 찬 2,700만 명이 거주하는 번성하는 메가폴리스가 되었다. 상하이가 꿈꾸는 야망은 이러한 문제들을 해결하면서 새로운 형태의 모빌리티 경주에서 세계를 앞서가는 것이다. 상하이가 가진 가장 큰 자산은 도시 내 모든 사람의 움직임과 기분을 알려주는 무한한 자료의 바다다. 이 자료는 강력한 정부와 유일한 집권당인 공산당이 좌지우지하는 최첨단 AI와 결합하여 언젠가는 산업 공급망 수준으로 정밀하게 사람들의 움직임을 관리할 수 있을 것이다.

그런데 이것이 정말로 우리가 원하는 미래인가? 우리 각자가 도요타 공장의 철판, 시트 쿠션, 점화플러그처럼 오직 효율성만을 위해 이곳저곳으로 이동하는 미래를 원하는가? 모빌리티 혁명이 진전될 때마다 우리는 우리가 살고 싶은 세계에 대한 어려운 선택에 직면할 것이다. 한편에는 개인의 자유가 존재할 것이다. 여기에는 낭비하고, 아무도 모르게 여행을 떠나고, 심지어 길을 잃을 자유도 포함된다. 그것의 균형을 잡아주는 게 안전, 효율성, 경제적 경쟁력, 깨끗한 환경 등과 같은 사회의 이익이다. 이러한 개인과 사회 간의 긴장감이 모빌리티 혁명 내내 흐를 것이다. 우리가 세계의 양대 경제대국인 미국과 중국의 모빌리티 경쟁을 탐구하는 과정에서 그러한 긴장감은 확실히 완화될 것이다.

　결국 이 책은 우리, 즉 이동하는 수십억 명의 사람들에 관한 이야기다. 우리는 쿠알라룸푸르나 모퉁이 약국 등 어디로 가는 여행이건 우리가 여행하는 거리, 목적지에 도착하는 데 걸리는 시간, 여행에 드는 시간, 그리고 거리에 따른 금전적 비용을 계산한다. 도보에서 말과 자동차와 제트기에 이르기까지 각 단계별 모빌리티의 기본은 시간, 공간, 돈이라는 세 가지 기본적 변수의 계산이다. 다가오는 모빌리티 혁명도 별반 다르지 않을 것이다. 결론적으로 우리는 곧 닥칠 변화가 지구의 지리, 우리 시대의 시간, 그리고 우리가 이 세상에서 갈 수 있는 곳에 대한 우리의 생각을 어떻게 바꿔놓을지 알아볼 것이다.

제1장

―――

엔터키를 눌러 자동차를 인쇄하다

미국에서 이동의 중심지를 찍어보고 싶다면, 달리 눈에 띨 이유가 없는 캘리포니아 주의 LA 교외인 토런스Torrance를 후보지로 검토할 수 있을지 모른다. 토런스는 세계에서 네 번째로 붐비는 LA 국제공항 남쪽으로 채 10분도 떨어지지 않은 곳에 있다. 미국으로 들어오는 화물의 3분의 1 이상을 함께 취급하는 LA, 롱비치Long Beach 항구[1]와는 지근거리에 있다. 케빈 칭거가 가게를 차린, 차로 붐비는 110번과 405번 10차선 주간고속도로 교차로 근처에선 넓은 대로가 끝없이 늘어선 것처럼 보인다. 창고에 둘러싸인 대로는 트럭들이 차지하고 있다. 중간에 있는 마른 야자수들은 외롭고 쓸쓸해 보이기까지 한다.

칭거는 22세기를 위해 자동차 제조업을 혁신하겠다는 목표를 가지고 2014년 이곳에 도착했다. 그도 알듯이 토런스에는 자동차와 트럭을 대량 생산하는 거대한 공장이 즐비하다. 이 공장들은 대량생산에 초점이 맞춰져 있으며, 융통성과는 아주 거리가 멀다. 공장의 생산 라인에서 쏟아져 나오는 차들은 우리가 사는 도시를 질식시키고 지구를 망쳐놓는다. 칭거의 눈에 그것은 멸종으로 안내하는 모델이다. 그는 그러한 죽음의 행진에서 벗어나기 위한 대안을 고안했다. 칭거가 자신이 세운 회사명을 '벗어나다'라는 뜻의 영어 단어 '다이버전트divergent'를 넣어 '다이버전트 3D'로 지은 이유가 그것이다. 그가 대안으로 제시한 모델은 빠르고 유연하며, 다윈의 말을 빌리자면 '수백만 년 전에 격변하는 기후변화를 버텨낸 작고 비밀스러운 포유류'와 유사하다. 그의 견해로는, 크고 작은 자동차 회사들은 생존하기 위해서 그런 포유류가 가진 것과 똑같은 속도와 유연성이라는 기술이 필요하다. 칭거가 팔려고 하는 것이 바로 그런 기술이다.

다이버전트 3D의 제조 공정은 향후 도래할 모빌리티 시대의 다른 많은 공정과 마찬가지로 전체 과정을 소프트웨어로 암호화한다. 잡지나 노래, 혹은 오늘날 이 세상에 존재하는 다른 수많은 제품처럼 전체 차량은 사실상 컴퓨터상에서 조립된다. 엔지니어가 디자인에 만족해서 인쇄 버튼을 누르면 3D프린터가 무게, 강도, 내구성, 연료 효율성 등 엔지니어가 요구하는 모든 품질 기준에 최적화된 패널과 조인트를 내뱉는다. 이후 작은 로봇 군단이 자동차를 조립하고, 휘발유 엔진이건 전기 엔진이건 간에 엔진을 설치하고, 바퀴 네 개를 달고 마무리 손질을 한다. 차가 제대로 제작되지 않으면 다이버전트 팀은 차 조각들을 녹이고, 디자인을 수정하고, 다시 인쇄한다. 이 새로운 공정은 기업인과 작은 디자인 스튜디오가 소규모의 자동차 제조

　　　　　　바퀴의 이동

에 뛰어들게 해줄 것이다. 칭거는 이런 식의 미니 생산 공장을 설립하는 데는 대량생산 공장 설립에 드는 돈의 10분의 1인 5,000만 달러밖에 들지 않지만, 온갖 종류의 부티크 자동차 회사를 탄생시킬 것이라고 말한다. 그는 "LA에만 열 개의 새로운 자동차 회사가 생길 수 있다"면서 "아웃도어 브랜드인 파타고니아Patagonia도 자체 브랜드를 만들 수 있을 것"이라고 예상했다.

하지만 이 3D프린터로 만든 자동차의 첫 번째 시장은 중국이 될 것 같다. 홍콩의 부동산 갑부인 리자청李嘉誠을 비롯해 칭거의 주요 투자자들[2]은 중국 신디케이트 회원이다. 그들은 그의 회사에 1억 달러 이상을 투자했고, 상하이에 최초의 3D 자동차 제조 공장을 세우고 있다.

나는 정말 바보였다

토런스의 어느 화창한 봄날, 칭거는 컴퓨터 앞에 웅크리고 앉아 있는 프로그래머와 엔지니어들을 지나 그의 넓은 사무실로 걸어가고 있다. 이어 그는 먼지가 수북한 건설 현장으로 향하는 큰 금속 문을 연다. 직원 한 명이 자동차 제작 로봇팀을 위해 정지 작업을 하느라 분주하다. 표면이 완벽하게 평평해야 로봇이 밀리미터의 정밀도로 자동차를 조립할 수 있다.

50대 후반인 칭거는 군인처럼 허리가 꼿꼿하다. 그는 소매가 짧은 꽉 끼는 셔츠를 입고 있다. 소매 밖으로 나온 팔은 몸의 나머지 부분보다 몇 배는 커 보이고, 두 팔 모두에 정맥이 울퉁불퉁 삐져나와 있다. 그는 대학 시절 미식축구선수였고, 미식축구계의 용어로 말하자면 라인맨lineman(쿼터백을 상대 수비수로부터 보호하는 선수 - 옮긴이)의 팔을 가진, 수비팀의 최후 열에 선 선수처럼 보인다.

그는 클리블랜드의 노동자 계급 가정에서 다섯 자녀 중 막내로 태어났다. 그의 두 형제는 기계공이었고 드래그 레이싱에 빠져 있었다. 칭거는 고등학교 재학 중에 강력한 440 웨지 V8 엔진을 장착한 '68 플리머스 바라쿠다68 Plymouth Barracuda' 모델을 수리한 적이 있었다. 정말 짜증나는 일이었다. 당시 그것은 컴퓨터 해킹에 버금가는 힘든 일이었다. 그는 "제조업체에서 생산한 그다지 잘 작동하지 않는 것들을 갖고서 더 나은 제품을 만들려고 애써야 했다"고 말했다.

그는 자동차 수리를 잘해서가 아니라 미식축구를 잘해서 예일 대학교에 진학할 수 있었다. 칭거는 악마 같은 수비수였다. 몸무게가 90킬로그램이 채 되지 않았던 그는 자신보다 훨씬 큰 센터 바로 맞은편 줄에 서서 태클하는 역할을 했다. 그는 상대 팀 쿼터백에서 불과 몇 미터 떨어진 곳에서 공격수들과 전쟁을 벌였다. 1980년 하버드 대학교의 교내 신문 〈하버드 크림슨Harvard Crimson〉은 '3년 동안[3] 예일 대학교 미식축구팀 수비가 성공한 비결은 중앙수비수로 케빈 칭거가 있었기 때문이다'라고 썼다. 기사는 브라운 대학교의 코치 말을 인용해서 '칭거가 2년 연속으로 팀을 지배했다. 그는 상대 팀의 모든 작전을 망쳐놓았다'라고 썼다.

칭거는 대학 졸업 후 해병대에 입대했고, 예일 대학교 로스쿨에도 다녔다. 그는 훗날 펜타곤 문서Pentagon Papers(미국이 베트남 전쟁에 군사개입을 강화하는 구실로 삼았던 통킹만 사건이 조작되었다는 내용 등을 담은 미국 국방부의 기밀문서 - 옮긴이)에서 워터게이트까지 중대한 사건을 판결한 게르하르트 게젤Gerhard Gesell 연방 판사 밑에서 사무 업무를 맡았다. 칭거가 범죄 기소에 관심을 보이자 게젤 판사는 그를 뉴욕 남부 지역의 지방법원에서 일할 수 있게 해주었고, 그는 곧 루돌프 줄리아니Rudolph Giuliani 밑에서 검사로 일하게 되었다. 그곳에서 그는 미래의 미국연방수사국FBI 국장인 제임스 코미James Comey 등 쟁쟁한 스타들과 함께 일했다.

칭거가 걸어온 길은 진학 지도 상담교사가 생각하는 가장 이상적인 경력처럼 보인다. 그는 독일에서 유명한 보쉬Bosch 장학금을 받았고, 런던에서는 투자은행 골드만삭스를 위해 미디어와 통신사를 운영했다. 몇 년 동안 독일의 출판 재벌인 베텔스만Bertelsmann의 최고경영자로 일하기도 했다. 1990년대 중반에 인터넷이 역사를 바꾸는 세력으로 변모하기 시작하자 그는 실리콘밸리에 상륙했다. 실리콘밸리에서는 최고재무책임자CFO이자 최고운영책임자COO로서 1세대 인터넷 기업 중에 가장 야심 차고 예지력이 있으면서도 가장 악명 높게 파산한 회사 중 한 곳을 경영했다. 최초의 대형 온라인 식료품 매장인 웹밴Webvan이 그곳이었다.

21세기에 들어서도 칭거는 계속 조금씩 전진하는 땅따먹기식 경력을 쌓아왔지만, 일단 그가 현재 경영 중인 벤처기업 다이버전트3D와 어느 정도 유사했던 웹밴 이야기를 잠시 해보기로 하겠다.

1990년대 후반, 웹밴이 잠시나마 혜성처럼 떠오르는 거인같이 보인 때가 있었다. 1차 인터넷 붐을 일으킨 넷스케이프Netscape가 1995년 기업공개를 한 직후 많은 스타트업이 온라인 시장을 선점하기 위해 소위 '사이버 공간'이라고 불린 곳으로 몰려들었다. 당시에는 각각의 틈새시장이 결국에는 단지 몇 개의 경쟁사나 하나의 지배적인 기업의 손에 넘어갈 것이라는 생각이 팽배했다. 이러한 초창기에 아마존은 선구적인 온라인 서점으로만 자리매김하고 있었다. 그런데 웹밴의 목표는 훨씬 더 웅대했다. 웹밴은 4,300억 달러 규모의 식료품 시장에 일대 혁신을 일으키겠다는 목표를 세웠다. 웹밴은 향후에 미국뿐 아니라 전 세계의 상당 부분을 장악하겠다고 약속했다.

이때는 벤처자본가들이 인터넷 스타트업에 수백만 달러의 일명 '묻지마 투자'를 하던 시절이었다. 그런데 이들 닷컴기업⁴ 중에서 웹밴보다 더 큰 투자를 받은 기업은 드물었다. 실리콘밸리의 큰손인 벤치마크Benchmark와 세쿼이아 캐피털Sequoia Capital을 포함한 일류 벤처투자사들은 웹밴에 수억 달러를 투자했다. 온라인 식료품업계에서 '진격의 거인'으로 빠르게 자리매김하려던 웹밴은 시카고, 샌프란시스코, LA를 포함한 10개 주요 도시에서 서둘러 영업을 개시했다. 이는 최첨단 기술 창고와 지독할 정도로 복잡한 공급망을 구축하고, 빠듯한 시간 안에 고객에게 음식을 배달해야 한다는 것을 의미했다. 음식이 상하기 전에 배달을 끝내는 게 이상적이었다. 그것은 제정신이 아니라고 할 만큼 대단한 야망이었고 케빈 칭거가 대부분의 업무를 관리하고 있었다.

칭거가 현재 경영 중인 자동차 제작 벤처 사업은 여러모로 웹밴과 비슷하다. 그것은 야심 차고 혁신적이면서 투자자들의 모빌리티에 대한 관심 덕에 혜택을 누린다. 칭거는 다이버전트 3D를 통해 계속해서 과감한 약속을 제시한다. 이번에는 전 세계가 먹을 음식을 팔기 위해서가 아니라 우리가 물건을 만드는 방법을 바꾸기 위해서 나섰다. 결국, 제조업은 세계경제의 근간이다. 칭거의 계획대로 산업 공정의 90퍼센트를 잘라내면 수천만 개의 일자리를 없앨 수 있다. 그러나 제조업은 인류가 나아갈 길을 닦아주고, 지속 가능성으로 향하는 길을 열어주는 열쇠가 될 수도 있다.

기술혁명의 의미가 과대 광고되는 단계, 즉 거창한 약속과 무모한 투자가들이 등장하는 시기에 칭거가 제시한 것 같은 원대한 비전이 판친다. 비전은 먹히고, 돈은 들어온다. 많은 기업에 이익은 요원한 일인데도 그렇다. 그래도 이처럼 긍정적으로 볼 여지가 절반은 되는 단계라면 그나마 괜찮다. 각 기업은 생존자이자, 심지어 잠재적 챔피언으로 자신을 포장해서 팔 수 있다.

하지만 칭거가 웹밴을 통해 겪은 일들은 이런 흥분을 조금이라도 진정시켜줄 수 있을지 모른다. 그는 어떤 호황이든 시장이 '경외'에서 '회의'로 바뀌는 시기가 있다는 것을 알고 있다. 그런 변화는 대개 초기 야심가가 파산한 후에 생긴다. 이후 투자자들은 매출과 이익에 대해 까다로운 질문을 던지기 시작한다.

잘될 것처럼 굴었던 기업이 파산하면 투자자들은 물러나고 생존자들은 망한 기업의 코드, 전문 지식, 고객들을 마음껏 차지한다. 결국 거인 같은 기업들이 등장한다. 현시점에서는 다이버전트 3D를 포함해서 우리가 알게 된 기업들이 이런 먹이사슬 속에서 막을 내릴 거라고 단언할 수 없다. 누구도 그럴 수 없다. 하지만 그들이 챔피언이 되건 도중에 무너지건, 아니면 다른 기업에 먹히건 간에 그들은 차세대 모빌리티를 구축하느라 바쁘다. 그들의 노동자와 그들이 만드는 코드, 그리고 그들이 만들어내는 산업 공정은 어떤 경쟁자가 정상에 오르건 상관없이 이 혁명에서 일익을 담당할 것이다.

웹밴도 마찬가지였다. 웹밴은 월별 지출이 매출을 넘어설 정도로 막대한 투자를 하고 있었다. 흑자를 달성하려면 몇 년을 기다려야 했다. 2000년 봄, 시장의 분위기가 바뀌고 투자자들의 시선이 웅대한 비전에서 실적으로 바뀌자 웹밴은 '나를 쏘라'는 표어를 목에 걸고 다니는 게 나았을지 모른다. 투자가 끊기자 결국 웹밴은 2002년에 파산을 선언했다. 생존자인 아마존은 즉시 창고를 포함해서 웹밴의 자산을 획득했다. 아마존이라는 거인은 덩치가 더욱 커졌다. 칭거에 따르면 아마존의 핵심 팀은 로봇공학에서부터 창고업까지 예전에 웹밴을 구성한 팀들이다. 칭거와 그의 팀은 사업을 잃었지만[5] 산업생태계에 자양분이 되었다.

그렇지만 칭거는 이 다윈의 드라마에서 탈출하는 데 성공했을 뿐만 아니라 부자로 떠날 수 있었다. 그는 웹밴의 주가가 치솟았을 때 갖고 있던 많은 스톡옵션을 정리했다. 이후 사모펀드에서 고액의 연봉을 받으면서 재산을 더욱더 불릴 수 있었다.

아직 쉰 살이 되지 않은 2008년에 칭거는 뭔가 큰일을 하기로 결심했다. 그의 목표는 지구온난화로부터 세계를 구하는 동시에 자동차에 대해 평생 갖고 있던 열정을 되살리자는 것이었다. 그래서 그는 전기자동차 회사인 코다 자동차Coda Automotive를 공동 설립했다. 투자자는 대부분 중국 출신이었는데, 코다는 중국 시장을 겨냥했다.

코다는 테슬라Tesla가 고급 전기차인 '모델 S'를 출시했던 2012년에 전기 세단을 출시했다. 코다가 출시한 유일한 전기차였다. 모델 S는 주행거리를 포함한 중요 부문에서 코다의 전기차를 압도했기 때문에 시장에서 훨씬 더 잘 팔렸다. 그것은 코다의 파멸을 예고했다. 1년 만에[6] 칭거는 시장에서 퇴출되었고, 코다는 파산보호신청을 했다. 아마존과 테슬라라는 두 상징적인 기업에 굴복한 칭거는 다음 행보를 계획하기 시작했다.

칭거는 코다가 쓰러지기 전부터 저렴한 전기차 개발 계획이 어리석었거나 적어도 위험할 정도로 잘못 알려졌다는 것을 깨달았다고 주장한다. 그는 오늘날 수백만 명의 전기차 운전자와 마찬가지로 자동차 산업을 전기차 산업으로 전환하면 인류가 지구를 과열시켜 자살의 길을 걷지 못하게 막는 데 도움이 될 거라고 믿었다. 전기차는 환경을 오염시키지 않는다. 심지어 배기관도 없다.

그런데 2009년,[7] 칭거는 문서 하나를 보고 생각을 고쳐먹었다. 그것은 국립과학아카데미National Academy of Sciences가 제작한 500쪽 분량의 보고서인 「숨겨진 에너지 비용·Hidden Costs of Energy」이었다. 보고서는 생활주기 분석이라는 개념을 알려준 뒤 칭거에게 그의 전체 비전(그리고 테슬라를 포함한 다른 전기차 회사들의 비전)이 모든 것을 퇴보시켰다는 확신을 갖게 해주었다.

보고서는 새 소유주가 처음으로 가속페달을 밟기 훨씬 전부터 자동차는 환경을 오염시키기 시작한다고 주장했다. 보고서는 자동차 제조에 소비되는 막대한 에너지도 상세히 기술했다. 에너지 소비는 철광석을 캐내는 광부들이 땅속 깊이 파고들어 산더미 같은 철광석을 운반하여 기차나 바지선에 싣는 데서부터 시작된다. 기차나 바지선은 보통 철광석을 수백 킬로미터나 운반하는데, 이 과정에서 더 많은 에너지가 소비된다. 제철소에서는 코크스cokes라고 불리는 단단한 석탄으로 가열된 철 펠릿들이 섭씨 1,650도에 육박하는, 굉음을 내는 용광로로 들어가 용해된다. 녹은 철광석은 다른 용광로로 흘러 들어가 두꺼운 철판으로 정제된 뒤 거대한 압연 핀에 의해 눌려서 시트 모양으로 납작해진다. 이어 이 빛나는 강철 롤은 자동차 공장으로 보내진다. 이 공정의 각 단계마다 많은 연료를 태우면서 대기 중으로 수 톤의 온실가스를 배출한다.

같은 자동차 공장의 화물 적재 플랫폼에 도착하는 플라스틱, 유리, 화학물질 같은 재료들도 각기 산업 공정을 거쳐 제작되는데, 그들 대부분 또한 화염과 용광로를 거친다. 보고서에 따르면 자동차 한 대를 만들려면 10년이나 20년 동안 도로와 고속도로를 누비는 실제 자동차보다 더 많은 에너지가 소비되고, 더 많은 지구온난화가 발생한다. 칭거는 보고서를 읽으면서 실질적으로 어떤 새 차, 심지어 전기차인 리프Leaf나 테슬라조차 환경을 오염시킨다는 사실을 분명히 깨달았다. "나는 정말 바보였다."

그러나 이런 깨달음은 칭거가 또 다른 믿기 어려울 정도로 야심 찬 목표를 향해 나아가게 만들었다. 이번에는 세계를 먹여 살리거나 교통수단을 전기화하는 것이 아닌, 자동차 제조 공정을 획기적이라고 할 만큼 깨끗하게 청소하는 일을 떠맡겠다는 것이었다. 그리고 그는 그것만으로 충분치 않다는 듯 자동차가 일단 완성되면 발생하는 환경적 피해를 최소화하자는 목표도 세웠다. 그가 10년 전에 배출가스 없는 전기차 개발을 꿈꾸었다가 포기했던 게 이 지점이다. 그러나 단순한 물리학 법칙이 이 논리를 뒤집었다. 누구나 차를 밀어본 적이 있다면 캠리 같은 중형차뿐만 아니라 미니 쿠퍼 같은 소형차를 밀려고 해도 많은 에너지가 필요하다는 사실을 알 것이다. 이런 차들과 비교하면 코다를 침몰시킨 테슬라의 모델 S는 훨씬 더 무거운 모델이었다. 2009년에 처음 등장한 시제품[8]의 무게는 2톤이었는데, 약 4분의 1이 배터리 무게였다. 그런 차를 수백만 대 움직이려면 무수한 전기가 필요할 것이다.

내연기관 엔진도, 연기도 없는 상태이지만 어딘가에서 엄청난 전기가 나와야 했다. 칭거는 전 세계 전기의 약 3분의 2가 화석연료를 연소시켜 만든다는 사실을 알았다. 그로 인해 지구온난화가 가중되었다. 물론 유망한 추세도 존재했다. 노르웨이의 전력망은 대체에너지에 의해 연료가 공급되었다. 캘리포니아도 그러한 방향으로 빠르게 나아가고 있었다. 프랑스에서 전기는 다른 우려가 있긴 하지만 온실가스를 배출하지 않는 원자력발전소에서 주로 나왔다. 하지만 세계에서 쓰는 대부분의 전기는 탄소에서 나왔고, 향후 수십 년 동안 계속 그러할 것이다. 칭거는 전기를 이용해 무거운 차량을 수천억 킬로미터나 움직인다는 건 지속 가능하지 않다는 걸 깨달았다.

게다가 세계에서 가장 크고 가장 빠르게 성장하는 자동차 시장인 중국에선 무제한적 재난이 일어날 게 분명했다. 사실상 대부분의 중국 전기차는 더러운 석탄으로 달릴 것이다. 전기차가 스모그가 많은 베이징과 상하이에서 기침과 호흡 곤란으로 고통받는 사람들에게 약간의 안도감을 선사하는 건 사실이다. 그러나 세계적인 관점에서 볼 때는 사람들로 붐비는 도시로부터 멀리 떨어져 있는 화석연료를 태우는 공장으로 오염원이 단순히 옮겨진 것뿐이었다. 지구의 미래에 그것은 더욱 심각한 악영향을 미쳤다. 칭거는 고개를 가로저으며 "중국의 자동차를 전기차로 전환하는 것은 사람들이 생각할 수 있는 가장 미친 짓"이라고 말했다.

그래서 그는 산업 공정을 정리하는 것으로만 그쳐서는 안 되었다. 그의 제조 시스템은 또한 극적으로 더 가벼운 자동차를 생산해야 했다. 전통적인 자동차의 3분의 1 무게로 엔진 종류에 상관없이 에너지를 덜 소비하는 자동차를. 그렇게 되면 공기가 더 깨끗해질 수 있다.

그의 목표는 자연의 순환 패턴과 피드백 고리를 재현하는 것이었다. 이것은 모빌리티 세계 전체뿐만 아니라 사실상 더 넓은 컴퓨팅 영역에서 반복되는 주제다. 산업화를 진행하는 동안 우리는 늘 중요한 정보나 피드백에 굶주려왔다는 것이다. 새벽 4시 30분에 대부분의 신호등은 우리가 홀로 모퉁이에서 기다리고 있는 것을 보지 못한다. 그들은 교차로 경비원이 할 수 있듯이 상황 변화에 적응하지 못하고,

우리에게 신호를 주지도 못한다. 이런 데이터가 부족하면, 그들은 맹목적으로 미리 프로그램된 규칙에 의존한다. 그들의 지능 수준은 바위와 냉장고 사이 어딘가에 있다. 반응은 없지만, 믿을 수는 있다.

우리가 보게 되겠지만 전체 산업이 교통신호를 포함한 물리적 세계의 요소들에 센서를 뿌리고, 멍청한 기계들을 식물과 동물처럼 행동하는 적응형 네트워크로 바꾸는 데 집중하고 있다.

이 같은 논리는 제조업까지 확대된다. 자동차 회사는 동일한 자동차를 대량 생산하기 위해 수천억 달러를 투자한다. 멍청하고도 융통성이 없는 공정이다. 결함을 감지하거나 인기를 측정할 수 있는 피드백 고리가 부족하면 자동차 공장은 단순히 자동차만 만들어낸다. 뭔가가 잘못되었을 때 기업은 터무니없이 비싼 리콜 조치에 나서야 한다. 그리고 후드 디자인, 허리 지지대, 고속도로 주행거리 등 자동차나 트럭의 특정 측면을 구매자들이 싫어한다면 쉬운 해결책 같은 건 없다. 생산 공정이 고정된 상태이기 때문이다. 따라서 실패했을 경우 수억의 비용이 든다. 낭비되는 돈이다.

생물학과 접목된 칭거의 계획 속에서는 각각의 자동차가 진화한다. 3D프린터 공정은 속도, 핸들링, 편안함, 연비 등을 테스트할 수 있는 단일 시료를 생산할 수 있다. 이것은 피드백 고리를 만든다. 테스트 데이터가 들어오면 엔지니어들은 차를 녹여서 소프트웨어 디자인, 즉 자동차의 DNA를 수정할 수 있다. 그들은 다양한 시장, 즉 생태계를 위해 여러 종을 만들어낼 수 있다. 아마도 길고 평평한 토런스 대로에 맞는 차나 파키스탄 남부 도시인 카라치Karachi의 혼잡한 거리와 골목길에 맞는 차를 따로 만들 수 있을지 모른다.

칭거는 가장 폭력적인 피드백 고리인 '충돌'에 대해 얘기할 때 가장 흥분한다. 3D프린터로 출력된 자동차 대부분은 녹여서 재활용할 수 있기 때문에 충돌 테스트를 하는 데 드는 비용이 훨씬 저렴하다. 각각의 테스트는 자동차의 모든 재료와 디자인 기능에 대한 풍부한 데이터를 생산해줄 것이다. 칭거의 비전에 따르면 전 세계의 차세대 제조업체들은 자동차 수십 대로 충돌 시험을 한 후, 다른 모든 사람과 공유할 상당한 양의 피드백 데이터를 만들어낼 것이다. 칭거는 "그 속에서 수영해도 될 만큼 많은 충돌 데이터를 얻게 될 것"이라고 말했다. 이 데이터를 학습 엔진에 입력하면 엔진이 각 부품의 성능을 분석하여 점차 가장 안전하고 충돌 안전도가 뛰어난 설계를 할 수 있다. 이런 것이 대부분 소프트웨어로서 존재하는, 제조 공정이 갖는 탄력성과 경쟁우위다.

오토바이와 자동차 사이

다이버전트 3D는 차세대 차량 제조 분야에서 내디딘 한 걸음을 상징할 뿐이다. 전 세계의 기업가들은 새로운 기계를 개발하느라 바쁘고, 그들 중 상당수는 칭거의 로봇과 3D프린터보다 더 간단한 계획을 세워 혁신하고 있다.

그런 많은 스타트업은 난로나 자전거를 만드는 데 쓰는 산업용 기계의 용도를 변경하고 있다. 결과는 '땜질tinkering'의 폭발적인 증가다. 브리티시컬럼비아 주의 밴쿠버에 있는 스타트업인 벨로메트로VeloMetro는 삼면을 전천후 유선형 공간으로 감싼 세 바퀴 전기 보조 자전거인 비모Veemo를 만들었다. 대기업들도 이에 가세하고 있다. 페더급 전기차인 르노의 트위지Twizy는 마치 보행기 같다. 트위지의 두 문은 박쥐 날개처럼 옆에서 위로 열린다. 앞으로 수십 년 동안 전 세계 도시의 거리와 인도는 야생적이고 다양한 세대의 모빌리티 기계로 붐비는 실험실이 될 것이다. 그들은 비디오게임이나 동화작가인 닥터 수스Dr. Seuss로부터 영감을 받은 세계에서 꿈꿔온 무엇과 닮아 보일 것이다.

오리건 주의 대학가 유진Eugene에서 전직 비디오게임 디자이너 마크 프론메이어Mark Frohnmayer가 그러한 기계 제작에 성공했다. 아키모토라고 불리는 전기차와 오토바이 하이브리드 형태다. 앞쪽에 바퀴가 두 개, 뒤쪽에 하나가 달린 세발자전거 모양의 삼륜 전기차다. 특수 아크릴 합성수지로 제작되었고, 2인용이다. 모양이 낯설게 느껴질 수도 있지만, 이 차는 지금 오리건 주의 한 제조 공장에서 생산되어 약 1만 8,000달러에 팔리고 있으며, 아키모토는 '삼륜 전기차 업계의 테슬라'라고 불리고 있다.

UC 버클리 대학교에서 공부한 컴퓨터 과학자 프론메이어는 처음에 비디오게임 디자이너로 유명해졌다. 1990년대 후반, 그의 히트작 중 하나인 '스타시즈 : 트라이브스Starsiege: Tribes'는 약 2,000년 뒤의 미래를 배경으로 한 초창기 온라인 멀티플레이어 게임이었다. 플레이어의 캐릭터는 총으로 무장한 채 한 은하에서 다음 은하로 뛰어드는 싸움을 위해 다른 인간 부족들과 힘을 합쳤다. 2001년에 프론메이어와 그의 파트너들은 가라지게임GarageGames이라는 소프트웨어 회사를 세웠다. 사람들이 자신만의 비디오게임을 만들 수 있도록 사용하기 쉬운 도구를 개발하는 게 목적이었다. 6년 뒤[9] 프론메이어와 그의 팀은 가라지게임을 배리 딜러Barry Diller가 세운 인터넷 대기업 IAC에 8,000만 달러를 받고 매각한 것으로 알려졌다.

이로 인해 그는 상당한 금액의 돈과 어느 정도의 자유 시간을 갖게 되었다. 그래서 그는 자동차를 사러 갔다. 벤처업계에서 말하는 소위 '성공적인 탈출' 이후 많은 기업인이 테슬라 S나 포르쉐 파나메라처럼 고가의 차량을 사느라 돈을 흥청망청 쓸지 모른다. 하지만 프론메이어는 실리콘밸리가 아닌 오리건 주에 머물고 있다. 그는 대학 총장의 아들이며, 아주 이상주의적이다. 그리고 새로운 모빌리티 사업에 종사하는 많은 사람들처럼 친환경주의자이고 세상을 구하겠다는 열망으로 가득 차 있다.

그는 자전거를 타기엔 날씨가 너무 습할 때 사용할 수 있는, 사회적 책임감이 있는 차를 사러 시장에 나갔다. 너무 많은 돈을 쓰고 싶지는 않았다. 가격은 1만 달러 정도가 적당하다고 생각했다. 그런데 그는 실망했다. 아무리 싼 차라도 너무 커서 운전하기가 힘들어 보였다. 대신 그는 오토바이를 고려해보았다. 주차하기 쉽고 연비도 좋을 것이다. 하지만 10월부터 6월까지 이어지는 유진의 장마철에 오토바이를 탔다가는 비참해질 수 있다. 오토바이는 위험하기도 하다. 사람들은 미사일처럼 속도를 올리며 그것을 탄다.

"나는 오토바이와 자동차 사이에 있는 이 거대한 공간을 목격했다"고 프론메이어는 회상했다. 그가 생각하기에, 대부분의 시내 주행 자동차에 한 명이나 때로는 두 명 정도가 타지 그보다 많은 사람이 타는 경우는 극히 드물었다. 그래서 그는 기차역이나 버스 정류장까지 2~3킬로미터의 짧은 거리를 가기 위해 악천후 속에서도 시내를 운전할 수 있는, 저렴하면서도 연비가 아주 좋은 전기차를 원하는 자기 같은 사람들을 위한 시장이 필요하다고 직감했다. 그런 차량은 오토바이처럼 주차하기 쉬우면서도 자동차만큼 안전하고 식료품 몇 봉지를 집으로 가져갈 만큼 충분한 적재 공간이 있어야 한다고 생각했다. 그는 자신이 이 새로운 종을 디자인할 팀을 구성할 수 있다고 생각했다.

그런데 그런 것을 만들기가 소프트웨어 설계보다 더 어려웠다. "소프트웨어로 게임을 만들면 무료로 복사할 수 있다. 버그를 수정할 수 있다. 소프트웨어는 거의 마법에 가깝다." 반면에 현실 세계에서의 제조는 "엄청나게 더 복잡하다"는 것이 입증되었다. 그의 유진팀은 2008년부터 2인승 로드스터roadster(지붕이 없고 좌석이 두 개인 자동차 - 옮긴이) 신형을 연이어 출시했다. 이러한 발전은 오바마 대통령 재임 기간인 8년 동안 계속되었다. 아키모토는 무게를 줄이기 위해 재료와 디자인을 계속해서 수정했다. 그들은 오토바이식 운전대를 자동차식 운전대로 교체했다가 다시 이전으로 돌아왔다. 또한 더 강한 배터리를 더 작은 구멍에 끼웠다.

그들은 모두 일곱 가지 버전을 내놓았지만, 늘 뭔가가 부족했다. 그런데 여덟 번째 버전은 마음에 쏙 들었다. 그것의 주행거리는 120킬로미터였다. 속도가 아주 빠르지는 않았지만 아키모토는 최고 시속 130킬로미터로 다른 자동차들과 견주어 나름의 입지를 보여주었다.

마침내 프론메이어는 투자자들 앞에서 뽐낼 만한 친환경차를 개발했다. 2017년, 아키모토는 나스닥 글로벌 마켓Nasdaq Global Market에 자사주를 상장하여 1,950만 달러를 끌어모았다.[10] 생산에 착수하기에 충분한 돈이었다. 아키모토는 2019년 초부터 판매하기 시작했지만 가격을 예상보다 높은 약 1만 9,900달러로 책정했다. 프론메이어는 언론에 축적된 전문 지식과 대량생산을 통해 판매 가격을 1만 1,900달러까지 내리는 게 궁극적인 목표라고 밝혔다. 이것은 제조업 분야에서 활동하는 스타트업들이 배우는 데 시간이 걸리는 힘든 일이다. 양산에 관한 한 전통적 업체들은 마법사와 같다. 다른 어떤 업체도 그들과 경쟁이 안 된다.

아키모토의 제조 방법은 다이버전트 3D가 의존하는 로봇공학과 3D프린팅에 비해 원시적이다. 유진 공장에서 일하는 아키모토의 노동자들은 강판에서 금속 부분을 전단剪斷한 다음 프레스를 사용하여 그들을 올바른 모양으로 구부린다. 프론메이어의 말을 빌리자면 "사실상 판금 종이접기"를 하는 식이다. 자동차보다 오토바이에 더 가까운 아키모토의 전기차 SRK는 다이버전트 3D가 설계 디자인할 자동차보다 훨씬 더 단순한 차량이다. 그러나 아키모토는 다이버전트 3D의 미니 공장에 투입되었던 5,000만 달러에 훨씬 못 미치는 돈을 썼다. 아키모토는 겨우 3,000만 달러를 조달했지만 이미 제조 공장을 완전 가동 중이다. 프론메이어는 여전히 은행에 많은 돈이 있다고 설명했다.

차세대 모빌리티 제조 공장을 세우기 위한 싸움에는 수많은 유동적 변수가 개입된다. 자동차 제조원가가 낮아지는 것처럼 제조업에 대한 투자도 감소하고 있다. 한편 차량의 선택폭은 폭발적으로 증가하고 있으며, 매년 배터리는 더 먼 주행거리와 더 낮은 유지비라는 혜택을 제공한다. 현재 제품이 아키모토, 비모, 트위지, 상하이의 새로운 생산 라인에서 출시되는 3D프린팅 자동차 중 하나, 그중 무엇이건 간에 중요한 도전은 끊임없이 변화하는 시기에 맞는 장기적인 사업계획을 세우는 것이다.

완전히 다른 목표

케빈 칭거가 온라인 식료품 사업을 하느라 바빴을 인터넷 시대의 여명기에 모빌리티 혁명은 불가능했을 것이다. 그러나 그 후 20년 동안 중요한 기술이 극적으로 발전하여 3D프린터로 제작한 자동차 같은 비전은 실현하기 힘든 공상에서 공장의 설비로 바뀌었다.

그렇게 짧은 시간 동안 정말로 많은 중요한 조각이 맞춰졌다는 사실이 놀라울 뿐이다. 정보경제의 공급 원료인 데이터 이야기부터 해보자. 21세기로 바뀌는 무렵만 해도 데이터의 시대는 아직 구현되지 않은 상태였다. 우리 대부분이 아직 스크린과 상호 작용하거나, 센서에 둘러싸여 있거나, 소셜 네트워크에서 바쁘게 활동하며 살아가고 있지 않았기 때문이다. 네트워크는 우리에 대해, 즉 우리의 구매습관, 질병, 친구 네트워크에 대해 별로 배우지 못했다.

우리 삶은 여전히 대체로 오프라인에 머물렀다. 오늘날 낯설게 느껴지는 많은 컴퓨터는 '컴퓨터실'에 따로 설치되어 있었다. 노트북은 와이파이 연결이 되지 않았다. 그리고 우리가 플로피디스크에 저장한 데이터를 네트워크에 업로드했더라도, 그것을 저장하고 처리해서 우리의 행동과 움직임을 통찰력으로 바꾸고 인공지능에 중요한 발전을 부채질해줄 강력한 클라우드 컴퓨터가 아직 없었다.

그런 초기 인터넷 시대에는 모빌리티 세계의 눈과 귀에 해당하는 네트워크로 연결된 센서가 걸음마 단계였다. 이러한 센서 중에서 단연코 가장 중요한, 우리가 어디에서나 가지고 다니는 스마트폰은 존재하지 않았다. 스마트폰이 없다면 우버에서부터 '주차 공간 제약이 없는dockless' 자전거와 스쿠터 기업에 이르기까지 모빌리티 경제의 전 영역이 붕괴될 것이다. 그런 기업들에 우리의 스마트폰은 그들의 고객이다. 우리는 고객이 아니라 단순히 함께 타는 물건, 스마트폰의 짐일 뿐이다.

최근 데이터 경제에서 목격되는 혁신 중 하나는 높아진 기계의 인간 언어 숙달 능력이다. 우리의 모든 온라인 낙서와 수다는 컴퓨터에 거대한 언어 집합을 만들어주었다. 사실상 우리가 언어를 가르쳐준 셈이다. 그래서 우리는 우리 주위에서 움직이는 기계들과 대화할 수 있게 되었다. 언어는 모빌리티 기술을 지배하는 인터페이스가 되었다. 2015년경 이전에는 소수의 원시적 차원의 적용이 아닌 이상 이런 일은 불가능했을 것이다.

10년이나 20년 전을 되돌아보면, 우리는 우리를 앞으로 밀어내는 기술 흐름의 속도를 감지할 수 있다. 그것은 빠르고, 가속도가 붙고 있다. AI부터 제조와 네트워크 관리에 이르기까지 모빌리티 혁명을 촉진하는 기술은 향후 10~20년 동안 크게 발전할 것이 확실하다.

3D프린팅도 똑같은 성장곡선을 경험하고 있다. 금세기 첫 10년 동안 자동차 제조에 3D프린터를 사용하자는 어떤 제안도 기이하게 들렸을 것이다. 초기 단계이던 그런 프린터는 주로 취미용이었다. 디자이너들은 냉장고 손잡이나 깨진 선글라스용 새로운 다리 같은 것을 컴퓨터로 그릴 수 있었을지 모른다. 그러나 그리는 과정이 더뎠다. 해변에서 모래성을 쌓는 아이와 비슷하게 프린터가 재료를 층층이 쌓아올리면 점차 어떤 물체가 현실 세계에 모습을 드러냈다. 그것은 '적층additive' 기술이라고 불렀다. 모래가 떨어지는 어린아이의 뭉툭한 손가락 대신에 3D프린터는 정밀하게 보정된 물질(일반적으로 플라스틱)을 내보내는 정밀 노즐을 사용했다. 그것은 그것 나름대로 기적적이지만, 한 번에 하나의 물체만 만들 만큼 신중했다. 다음 단계의 장인정신이 깃들여졌는지는 모르지만, 대량생산에 맞서는 건 사실상 불가능했다.

그러나 그러한 기기들의 제조사는 계속 힘차게 나아갔다. 지난 10년 동안 3D프린터는 인쇄 범위를 획기적으로 확대하고, 한층 진지한 작업을 할 수 있게 무장했다. 이러한 디지털 공장은 이제 다양한 금속 분말과 다양한 합성 물질을 소비할 수 있다. 이것은 그들의 적용 범위를 넓혀준다. 한편 그들의 속도는 다른 디지털 기술에 익숙한 '지수 곡선exponential curve'을 따라 올라갔다. 기존의 자동차 제조사들은 이제 3D프린터로 특정 부품을 만들면서 나머지 대량생산 공정을 그대로 유지하고 있다.

속도에 관한 한 3D프린팅이 전통적인 조립 공장의 놀라운 생산 속도와 경쟁할 수는 없다. 3D프린팅 공정이 틈새시장에서 미니 공장들이 돈을 벌 수 있을 만큼 빨라질지, 아니면 3~4년 안에 충분히 빨라질지 여부가 관건이다.

칭거가 모빌리티 컨퍼런스에서 선보이는 다이버전트 3D의 첫 번째 차는 날렵한 보라색 스포츠카인 블레이드Blade다. 1950년대에 나온 포르쉐의 곡선을 가지고 있지만, 무게는 600킬로그램밖에 되지 않았다. 블레이드에 더 적당한 엔진이 장착된다면 1갤런(약 4리터 - 옮긴이)의 휘발유로 160킬로미터 이상을 달릴 수 있을 것이다. 그러나 자동차 회사 사장과 자동차 기자들을 열광시키기 위해 만들어진 쇼 버전은 성능을 위해 경제성을 포기한다. 블레이드는 700마력의 힘을 갖고 있으며,[11] 불과 2초 만에 시속 60킬로미터까지 가속할 수 있다.

블레이드는 아직 콘셉트 카에 불과하다. 칭거에 따르면 다이버전트 3D의 사업은 자동차를 생산하고 판매하는 것이 아니라 제조 시스템인 소프트웨어를 전 세계의 크고 작은 자동차 회사에 대여해주는 일이 될 것이다. 3D프린팅이 급성장하더라도 대량생산의 생산성과는 결코 경쟁할 수 없을 것이다. 하지만 틈새시장은 그러한 속도나 규모를 요구하지 않는다. 칭거는 상품성을 갖춘 엔진을 장착한 단순한 인쇄 자동차가 마크 프론메이어가 만든 아키모토 SRK의 3분의 1도 안 되는 가격에 팔릴 것으로 추정한다. 상하이 공장에서 매달 1,000대 가까운 자동차를 생산하게 만들 계획이다. 이 숫자는 대량생산 기준으로 볼 때 아주 적지만, 그것은 완전히 다른 사업 모델이다. 이러한 전략이 성공한다면 다이버전트 3D는 세계적인 차량 제조 소프트웨어 플랫폼이 될 수 있다. 그것이 케빈 칭거가 세운 목표다.

제2장

언제까지 자동차에 의존해야 할까?

대부분의 다른 도시와 마찬가지로 LA도 모빌리티의 변화를 겪고 있다. 1880년대까지 LA는 태평양 해안에서 24킬로미터 떨어진 산 가브리엘 산맥San Gabriel Mountains 기슭에 위치한, 작은 강이 흐르는 마을이었다. 그곳에 살던 수천 명의 유럽계 미국인은 동물들이 끄는 마차를 타고 산과 사막을 횡단해야 했다. 한마디로 '끔찍한' 대륙 횡단 여행이었다. 그게 아니라면 남미 남단의 군도인 티에라 델 푸에고Tierra del Fuego 주변으로 1만 9,000여 킬로미터를 항해해야 했다. 이것은 '불필요하게 많은 돈이 드는' 항해였다.

동부에서 출발한 철로가 마침내 LA로 이어지자 이주 물결이 일어났다. 1888년에 철도 회사인 유니온 퍼시픽Union Pacific과 산타페Santa Fe가 초기의 남부 캘리포니아 시장을 차지하기 위해 치열하게 경쟁하면서 가격 전쟁이 불붙었다. 캔자스시티에서 탑승한 승객[1]은 처음에

20달러를 내야 했지만 이후에는 10달러, 그리고 화려한 프로모션 기간에는 불과 1달러만 내고도 LA까지 여행할 수 있었다. 이 첫 번째 여행자들은 기차를 타고 대륙 전체를 정복하는 것이 마법처럼 느껴졌을 게 분명하다.

새로운 철도와 더불어 서부 지역은 발전했다. 여행자들은 새로 생긴 캔자스시티 유니온 철도역에서 열차를 타고 2~3일만 달리면 로키Rockies 산맥, 소노란 사막Sonoran Desert, 시에라네바다Sierra Nevada 산맥을 지나 야자수가 우거져 있고 파도가 물결치는 신생 도시이자 천사의 도시인 LA에 도착했다.

모든 것이 술술 풀렸다. LA는 성장했고,[2] 헨리 헌팅턴Henry Huntington 이라는 철도 상속인이 열심히 성장에 속도를 가했다. 헌팅턴은 1890년 대에 남부 캘리포니아에 도착하자마자 전차 회사를 인수하기 시작했다. 그는 그곳 전역에 걸쳐 선로를 확장해나갔다. 또한 전기 회사도 인수했는데, 전기는 기차를 움직이는 동력이었다. '시너지synergy' 라는 단어가 등장하기 거의 1세기 전에 헌팅턴은 이미 시너지 효과를 내는 데 명수였다.

그에게는 선견지명도 있었다. 사실 그는 아직 존재하지도 않는 거대 도시를 위해 교통편을 만들고 있었다. 그는 전기와 기차 회사를 운영했지만, 부동산 투자로 가장 큰돈을 벌 수 있다는 것을 알았다. 철도의 역사는 철도가 놓이면 인근 토지의 가격이 치솟으면서 나대지가 금싸라기 같은 땅으로 변한다는 사실을 분명히 알려주었다. 그래서 그는 글렌데일Glendale과 패서디나Pasadena 기슭에 있는 마을에서

레돈도비치Redondo Beach에까지 이르는 많은 땅을 사서 철도와 연결했다. 그가 사들인 지역에 정착한 사람들은 그가 운행하는 빨간색 또는 노란색 전차를 타고 시내에 가서 일을 하거나 쇼핑을 할 수 있었다.

이것은 헌팅턴과 소수의 투자자에게 손쉬운 돈벌이 방법이었지만, 많은 면에서 지금 우리가 직면하고 있는 것과 비슷한 중대한 혁신을 예고하고 있었다. 최초의 자동차는 20세기 초에 등장했다. 그리고 1908년 이후 저렴한 '모델 T'가 헨리 포드Henry Ford의 새로운 생산 라인에서 굴러 나오기 시작했을 때 LA 사람들은 그것을 진심으로 반겼다. 1911년에 국내 수요가 급증하자[3] 포드는 LA 시내의 7번 가에 모델 T 공장을 설립했다. 이듬해가 되자 LA의 성인 여덟 명 중 한 명이 자동차를 소유했는데, 이는 뉴욕 같은 기성 도시보다 두 배 이상 높은 비율이었다. 이 새로운 자동차 중 일부는 헌팅턴의 시내 전차와 직접 경쟁하기 시작했다. 저렴한 택시가 전차선을 돌면서 승객을 낚아채어 전차 요금과 같은 5센트를 받았다. 그로부터 1세기 뒤인 지금, 수백 개의 도시에서 이와 똑같은 패턴이 반복되고 있다. 통근자들이 버스와 지하철 대신 차량 공유 서비스를 이용하고 있기 때문이다.

운전대를 잡는 사람이 늘어나자 LA 시내는 혼잡해졌다. 주차된 차들로 인해 거리는 사실상 더 비좁아졌다. 당시 운전자들도 오늘날과 마찬가지로 주차장을 찾아 돌아다니면서 도로는 더 붐볐다. 여전히 대다수의 LA 시민을 태우고 다닌 전차들도 교통체증에 시달렸다. 리처드 롱스트레스Richard Longstreth가 『지역 쇼핑몰로 이어지는 도심부City

Center to Regional Mall』라는 LA에 관한 연구서에서 지적한 바와 같이[4] LA 시의회는 1920년 표결 끝에 도심 주차 금지령을 시행함으로써 교통 체증 문제를 해결했다.

그러자 심각한 우려가 제기되었다. 〈로스앤젤레스 타임스〉는 사람들이 도심에 주차할 수 없다면 할리우드와 글렌데일을 포함한 다른 많은 인근 지역에서 LA와 경쟁할 수 있는 도심이 생겨날 것이라고 경고했다. 그런 도심들은 독자적인 극장과 백화점을 만들 것이고, 더 저렴한 부동산을 토대로 주차를 할 수 있게 해주면 LA 시내가 텅 비게 된다는 것이었다.

실제로 10년 안에 새로운 질서가 확고히 정립되었다. 자동차가 승리했다. 이번에도 변화를 이끈 건 부동산이었다. 개발업자들은 대중교통과는 거리가 먼 지역을 개발했다. 이제 사람들이 운전해서 먼 곳까지 갈 수 있기 때문이었다. 그렇게 교외로 이사한 사람들은 스스로 자동차 운전을 선택한 이들이었다. 이 10년 동안 이어진 격동의 팽창기에, LA의 전차망 뼈대 사이에 있던 많은 땅에 살이 붙었다. 1927년 LA 도시계획부장이자 자동차광인 고든 휘트널Gordon Whitnall은 '여기선 자동차 운전이 워낙 보편적이다 보니[5] 남부 캘리포니아 사람들이 몸에 바퀴를 붙여서 움직이게 되었다고 말할 정도였다'라고 썼다.

이러한 변화가 걱정스러운 점은, 역사가 반복되기를 원하지 않는 LA 시민의 관점에서 그런 변화가 그냥 알아서 '일어난' 것처럼 보였다는 사실이다. LA에 거주하는 보통 사람의 관점에서 변화 과정은 단순했다. 새로운 이동 방법이 생겨났을 뿐이었다. 사람들은 그것을 좋아했다. 그리고 그것은 즉시 이 지구의 상당 부분을 휩쓸었다. 이번 경우에는 남부 캘리포니아를 휩쓸었다.

서던캘리포니아 대학교USC의 교수이자 LA의 최고기술책임자CTO인 피터 마르크스Peter Marx는 "남부 캘리포니아의 자동차는 군집을 대표하는 우점종優點種이며, 우리 인간이 그것을 섬기고 있다"고도 주장한다. 물론 농담으로 한 말이겠지만 그의 생각도 어느 정도 일리가 있다.

자동차가 우리 위에서 군림하는 것 같다. 우리는 자동차에 거액을 지불하고, 그들이 게으른 경향이 있어도 닦아주고 청소해준다. 그들 대부분은 존재하는 시간 중 극히 일부 동안만 일하며, 우리가 그들을 위해 마련해준 값비싼 주차장과 차고에서 나머지 시간을 빈둥거리며 보낸다.

LA 시민들은 거주비로 매달 수천 달러를 쓰는데도 다수는 비좁은 원룸과 다세대주택 같은 데서 거주한다. LA는 긴급히 해결해야 할 노숙자 문제도 겪고 있다.[6] 5만 명이 넘는 사람이 노숙 생활을 하고 있어서다. 이와 대조적으로 자동차는 종종 무료로 주차한다. 한 대당 평균적으로 세 곳 이상의 공간에서 호화롭게 지내는데, 그중 다수는 노숙자들이 차지하고 있는 금방이라도 무너질 듯한 쉼터와 텐트보다 안전하고 크고 튼튼하다. LA의 주차 공간[7]은 약 520제곱킬로미터로, 파리 전체 주차 공간의 다섯 배다.[8]

이 네 바퀴 달린 존재의 요구에 맞춰서 모든 환경이 조성되었다. 외계인이 지구에 와서 인간을 연구한다면, 그들은 우리가 해변, 들판, 산 또는 초목에 둘러싸여 있을 때 더 행복해 보인다는 것을 알아차릴 것이다. 그러나 그러한 아름다운 환경은 자동차가 지내기엔 좋지 않다(그들을 광고하기 위한 배경으로 유용할 수는 있다). 그래서 가수 조니 미첼Joni Mitchell의 노랫말대로 1세기 동안[9] 우리는 천국을 포장하고 주차장을 만들었다.

이러한 기계들에 대한 우리의 굴종을 이해하는 데 유용한 사례가 하나 더 있다. 우리가 부주의하게, 혹은 자존심을 내세우며 자동차가 달리는 포장도로에 뛰어들었다가는 그것에 치여 죽거나 불구가 될 수 있다는 사실이다.

새로운 공간 배치

그렇다면 다가올 모빌리티 시대를 다룬 이 책의 장 하나를 왜 이런 상징적인 자동차 도시인 LA에 할애한 것일까? 이 책에서 논의하는 다른 세 도시는 그 이유가 명확하다. 헬싱키에는 모빌리티 앱이 있고, 두바이는 아무도 원하지 않는 온갖 새로운 기술을 개발하기 위해 수십억 달러를 쓰고 있기 때문이다. 물론 중국, 아니 상하이를 무시하는 것도 분명 어리석어 보인다.

하지만 LA는 부적절한 것 같다. LA는 고속도로와 연결된 무분별한 도시 확산의 세계적 모델을 만들어주었다. 88개의 독립 도시로 이루어진 LA는 수천 킬로미터의 고속도로, 자동차도로, 대로, 주차장, 그리고 교통체증으로 이루어져 있다. 이런 구식 인프라가 미래와 무슨 상관이 있을까?

정확한 지적이다. 샌프란시스코나 파리처럼 전통적 소도시와는 거리가 먼 LA는 스스로를 재창조해야 한다. 에릭 가세티Eric Garcetti 시장을 포함한 시 당국의 책임자들은 바로 그렇게 하겠다고 맹세했다. 그들은 LA가 100년 전에 개척한 자동차로 움직이는 모빌리티를 재연할 수 있다고 말한다. 가세티 시장은 "나와 이 도시의 목표는 세계의 교통기술 수도가 되는 것"이라고 강조했다. 곧 살펴보겠지만, 그런 목표를 가로막는 도전은 가히 엄청나다. 그러나 이런 변화를 이뤄낸다면 좋건 나쁘건 간에 그것은 대부분의 다른 도시보다 훨씬 더 극적일 것이다.

주행거리를 따져보자. LA의 운전자[10]는 하루 평균 총 3억 5,570만 킬로미터를 주행한다. 그것은 태양까지의 왕복 여행과 화성으로의 편도 여행을 합친 것과 맞먹는 거리다. 도로 사정이 덜 비참하다면 LA 시민은 그보다 훨씬 더, 어쩌면 두세 배나 더 많이 차를 몰고 다닐 것이라고 주장할 수도 있을 것이다. 일반적인 LA의 운전자[11]는 연평균 100시간을 교통체증 속에서 보낸다. 일부 통근자는 그보다 몇 배 더 많은 시간을 보내기도 한다.

그러므로 전기버스 제조업체, 비행 기계 설계자, 차량 공유 앱 개발자, 터널링 회사, 즉 온갖 모빌리티 기업에 LA는 거대하고 떠들썩한 주행 시장을 상징한다. 다가오는 변화는 햇볕이 쨍쨍 내리쬐는 광활한 캘리포니아의 경제, 도시 풍경, 그리고 삶 자체를 변화시킬 것이다.

많은 면에서 LA의 다음 단계는 과거로의 회귀일 수 있다. 크리스토퍼 호손Christopher Hawthorne은 이와 관련된 역사를 연구한다. 그는 14년 동안 〈로스앤젤레스 타임스〉의 유명한 건축비평가로 활동했고, 최근에는 시청으로 자리를 옮겨 최고디자인책임자CDO라는 새로운 직함을 갖게 되었다. 그가 맡은 일은 도시의 새로운 배치, 즉 사람들이 살고, 일하고, 공부하고, 놀고, 그리고 자연스럽게 어떻게 한 장소에서 다른 곳으로 이동할지를 고민해보는 것이다. 그런 고민 끝에 그는 20세기에 아주 다른 두 개의 LA가 있었다면 이제 새로운 세기에 우리는 세 번째 LA를 보게 되었다는 결론을 내렸다.

호손은 처음에 LA는 강한 시민문화가 뿌리내린 전통적인 도심지로 출발했다고 주장한다. 그곳은 헌팅턴의 전차선 목적지였고, 그곳에서 사람들은 일하고, 쇼핑하고, 극장에 갔다. 1939년에 스페인 빌라 스타일로 지어진 웅장한 유니온 철도역에서부터 시청에 32층 높이로 세워진 아르데코 타워에 이르기까지 이 LA의 첫 자취들을 아직도 볼 수 있다.

호손이 생각하는 두 번째 LA는 제2차 세계대전 직후에 만들어졌다. 〈로스앤젤레스 타임스〉의 편집부 기자들이 25년 전에 두려워했던 것처럼, LA는 수십 개의 작은 도심을 거느린 치안 중심 도시로 성장했는데 이 도심들은 모두 빠르게 성장하는 고속도로망으로 연결되어 있었다. 당시 LA는 무계획적으로 팽창한 거대 도시였다.

한동안 LA는 아주 큰 성공을 거두었다. 할리우드는 엔터테인먼트 분야에서 세계를 이끌었다. 냉전 시대의 투자에 힘입어 LA는 제조업계의 거인이자 항공우주 분야의 세계적인 선두 주자로 떠올랐다. 그리고 LA의 고속도로 문화는 자유, 햇빛, 섹스로 대표되는 LA 브랜드의 중심이었다. 그룹 비치 보이스Beach Boys는 'LA는 내게 활기를 북돋워주고 내가 운전하고 싶게 만든다'고 노래했다.

그러나 호손이 본 바와 같이 이 기간 동안 시민정신, 즉 공통적인 뭔가에 대한 소속감은 느슨해졌다. 물론 이것이 LA에서만 나타난 현상은 아니었다. 그러나 LA에서는 흔히 그렇듯이 변화가 더 일찍 왔고, 더 극단적인 성격을 띠었다. 사람들이 집과 자동차에 갇힌 채 보내는 시간이 늘어나자 주위 사람들과 대화하는 시간은 감소했다. 지역 범죄가 증가하자 입에 담기 힘들 만큼 끔찍한 사건이 TV에 끝없이 등장하면서 길거리도 위험하게 느껴지기 시작했다. 두 번째 LA에서 차는 안전한 공간이자 방패였다.

이제 호손은 세 번째로 떠오르는 LA를 목격한다.[12] 그것은 많은 면에서 사람들이 전차와 붐비는 인도에서 서로 부딪혔던, 시내를 중심으로 돌아가는 첫 번째 LA를 상기시켜준다. 이 과정에서 LA는 단일 도심으로 회귀하지 않는다. 하지만 그곳은 더 많은 사람이 많은 빈 공간에 몰려들고, 아파트에 사는 사람이 늘어나는 더 혼잡한 장소로 변한다. 이렇게 보다 집중된 인구는 자동차에 훨씬 덜 의존하고, 자동차를 소유할 필요가 있는 거주민은 줄어들게 된다.

이러한 변화는 이미 진행 중이다. 시청에서 도보로 15분 거리에 있는 예술 구역Arts District에서 그것을 볼 수 있다. 오래된 창고와 작은 제조 공장이 있는 이곳에는 이제 갤러리, 카페, 개조된 다락방, 그리고 신식 아파트 건물이 생겨나고 있다. 사람들은 자전거와 스쿠터를 타고, 인도를 거닌다. 이 세 번째 LA의 예고편은 전통적인 도시의 모양과 행동을 보여준다.

이처럼 '공간이 채워지는' 추세가 LA 전역으로 광범위하게 퍼지도록 만들려면 LA 시민들에게 새로운 이동 수단이 많이 필요할 것이다. 이런 이동 수단으로는 낯익은 보행자도로와 자전거도로, 새로운 지하철 노선부터 자율주행 에어택시와 불을 뿜으며 터널을 지나가는 초고속철도에 이르기까지 다양하다.

정말로 선택의 문제일까?

에릭 가세티 시장은 넓은 시청 사무실 소파에 기댄 채 기름 먹는 하마였던, 자신의 첫 번째 차인 1975년형 포드 토리노 스테이션왜건station wagon(접거나 뗄 수 있는 좌석이 있고 뒷문으로 짐을 실을 수 있는 자동차 – 옮긴이)에 대한 기억을 떠올렸다. 그는 전화기로 손을 뻗어서 빠르게 이미지를 검색한 뒤 "여기 있군"이라고 말하더니, 옆면에 가짜 목판을 붙인 상자 모양의 거대한 자동차를 보여주며 "1갤런당 몇 마일이 아닌 1마일당 몇 갤런의 연료가 든 차였다"고 설명했다.

훗날 LA 지방 검사가 된 아버지가 토리노를 사갔던 사람으로부터 되사서 아들에게 선물한 것은 1987년 가세티의 열여섯 번째 생일 두 달 뒤였다. 토리노는 연비가 형편없었지만 자유를 상징했고, LA에서 운전하는 것도 여전히 재미있을 것 같았다. 가세티 시장에 따르면 LA에는 태평양해안고속도로Pacific Coast Highway 위나 멀홀랜드 드라이브Mulholland Drive의 구불구불한 길처럼 '멋진 드라이브 코스'가 남아 있다. 토팡가 캐넌Topanga Canyon도 여전히 멋지다. 이런 모든 길을 합쳐봐도 멋진 드라이브 코스는 전체 도로의 약 2퍼센트에 불과하다. 가세티 시장은 "나머지 98퍼센트의 도로는 교통체증에 시달린다"고 말했다. 거기선 한마디로 차가 기어다닌다는 것이다.

LA에서 운전을 하는 건 브레이크 밟는 연습을 하는 것과 같다. 러시아워 때 산타모니카에서 시내까지 가려면 여섯 살 아이가 모는 자전거보다 느린 시속 15킬로미터 정도로 거북이운행을 해야 한다. 사실 오늘날 LA의 많은 길은 사람들이 모델 T를 운전하던 1920년대보다 더 막힌다.

교통체증이 LA에서의 이동을 방해하고 있다. 도시에서 살고 일하는 중요한 목적은 결국 다른 사람들과 연결되기 위해서다. LA에 산다는 것은 패서디나에서 기업 합병에 대해 협상하고, UCLA에 있는 코트에서 테니스를 치고, 보일 하이츠Boyle Heights에서 성년식을 축하하고, 마리나 델 레이Marina del Rey에서 음료를 마시며 영화 대본을 구상하는 것일지 모른다. 다른 사람들과의 교류는 도시의 신경계와 유사하다. 그것이 작동하려면 사람들이 이동할 수 있어야 한다. 그러지 못하면 높은 집세를 내며 LA에서 살아야 할 이유가 없다. 다른 곳에서 영상통화를 하는 게 나을 수도 있다.

지난 수십 년 동안 나온 해결책은 고속도로 확장이었지만, 거의 항상 효과가 없었다. 1955년 사회평론가인 루이스 멈포드Lewis Mumford는 교통체증을 완화하기 위해 고속도로를 추가로 건설하는 것은 비만을 치료하기 위해 허리띠를 푸는 것과 같다고 꼬집었다. 공급이 늘어나면 수요만 더 커질 뿐이라는 설명이다. 그렇다는 걸 보여주는 가장 최근의 사례는 11억 달러를 들여 남북의 주요 동맥인 405번 도로를 확장한 일이었다. 산타모니카 산맥을 관통하는 도로를 넓히는 데는 꼬박 4년이 걸렸다. 이 기간 동안 수 킬로미터를 돌아 복잡한 우회도로로 다녀야 했던 통근자들은 분노했다. 그렇게 도로 확장이 끝났는데도 405번 도로는 그 어느 때보다도 막혔다. 2002년부터 LA에 거주하고 있는 테슬라의 창업자 일론 머스크Elon Musk는 LA의 대표적 부촌인 벨에어Bel-Air의 거주자 모임에서 405번 도로가 확장되었지만 "지옥의 7단계와 8단계 사이를 왔다갔다하는 수준이다"라고 불만을 터뜨렸다.

이처럼 LA의 자동차 단일 문화에 대해 강력하고 광범위한 분노가 표출되지 않는다면 시 당국은 이곳의 모빌리티를 바꿀 수 있다고 기대하지 않을 것이다. 하지만 차를 사랑하는 LA 시민들조차 이제 두 번째 LA가 지속 가능하지 않음을 깨달았다. 2016년 LA의 유권자들[13]은 당시 상태에 질린 나머지, 40년 동안 지하철 연장을 골자로 한 교통망 확충에 필요한 1,200억 달러의 자금 조달을 위한 가스세 인상안인 '메저 M Measure M'을 승인했다.

현재 가세티 시장은 2028년 LA 올림픽에 집중하고 있다. 그의 사무실은 LA에서 두 차례 열렸던 올림픽의 명장면을 찍은 거대한 흑백사

진으로 장식되어 있다. LA를 정식으로 세계에 알린 파티였던 1932년 올림픽 때는 LA를 상징하는 경기장인 'LA 메모리얼 콜로세움 LA Memorial Coliseum'이 남았다. 냉전이 절정에 치달았을 때 열린 1984년 올림픽은 마치 승리의 행군 같았다. 무엇보다도 뉴욕을 제치고 올림픽을 유치한 것이 달콤했다. 당시의 체조선수 메리 루 레턴 Mary Lou Retton과 단거리 육상선수 칼 루이스 Carl Lewis 등 미국 선수들은 많은 메달을 수확했다. 물론 소련과 동유럽 국가들이 불참한 덕분이기도 했다. 1984년 올림픽 때 LA는 수익을 창출하는 방법도 찾아내어 경제 기적을 일궈낼 수 있는 '능력 있는' 지역으로서의 명성을 키워나갔다. 그해 〈타임〉은 LA 올림픽 조직위원장인 피터 유베로스 Peter Ueberroth를 '올해의 인물'로 선정했다.[14]

가세티 시장의 비전대로라면 2028년 올림픽이 열릴 무렵에 도시의 모빌리티가 크게 바뀐 세 번째 LA가 완전한 모습을 드러내야 한다. LA 메트로는 2028년 올림픽 경기에 맞춰 28개의 주요 교통 프로젝트를 완성할 계획이다. 지하철 노선 두 배 확대, 전기버스 도입, 가난한 사람과 장애인들을 위해 보조금을 지원하는 전기차 공유 서비스 제공, 자전거도로와 보행자용 산책로 확장 등이 포함된 프로젝트다.

LA는 자율주행 소형 버스를 운영하건, 에어택시를 운영하건, 아니면 전기버스를 만들건, 크고 작건 상관없이 모빌리티 업체에 구애의 손길을 뻗치고 있다. "사람들은 '세계의 금융 수도'라고 하면 뉴욕과 런던을 떠올린다. '자동차 도시'라고 하면 디트로이트와 뮌헨과 도쿄를 떠올린다. 그렇다면 교통기술의 선두 주자는 어느 도시인가? LA가 그런 도시로 기억되면 좋겠다." 가세티 시장은 LA의 항공우주 분야 리더십, 소위 실리콘비치Silicon Beach로 불리는 서부 지대를 따라 들어와 있는 500여 개의 기술 스타트업, 두 개의 하이퍼루프 회사, 그리고 실험에 대한 개방성을 거론하면서 "나는 모든 사람이 여기에 와서 뭔가를 시도하면 좋겠다. LA가 이 모든 것을 요리할 수 있는 부엌이 되어주기를 바란다"고 강조했다.

가세티 시장은 LA의 포장도로, LA의 많은 지역을 뒤덮고 있는 아스팔트 태피스트리tapestry(여러 가지 색실로 그림을 짜 넣은 직물 - 옮긴이)를 자산으로 간주한다. 그는 아스팔트 도로의 일부를 자전거도로와 보행로로 바꿀 수 있다고 말한다. 그는 현재 세계적으로 유명한 공원으로 변모한 뉴욕 시의 고가철도인 하이 라인High Line을 보라고 주문한다.

물론 많은 도로는 당면 과제, 즉 자동차의 이동에 계속 집중할 것이다. 다른 선택 수단이 등장하더라도 자동차가 조만간 LA를 떠나는 일은 없을 것이다. LA에서는 640만 대[15]의 자동차와 트럭이 운행 중이다. 차량의 평균 운행 기간은 11년이며, 그보다 훨씬 길게 운행되는 차도 많다. 그래서 설사 오늘 LA 시민들이 일제히 자동차 구매를 중단하더라도 2028년 올림픽 전날에 여전히 수백만 대의 자동차가 LA를 돌아다니고 있을 것이다. 그런데 그렇게 되어서는 안 된다.

그러려면 자동차를 없애는 것이 아니라 자동차 단일 문화를 없애야 한다. 그것은 사람들에게 선택권을 주는 문제와 관련되어 있다. 그렇게 되면 다양한 교통수단이 이용되면서 도시는 더욱 푸르게 변할 것이다. LA의 이런 비전은 헬싱키, 상하이, 그리고 전 세계 수백 개 도시의 비전과 유사하다.

하지만 LA에서는 해결해야 할 중요한 문제 하나가 있다. LA가 새로운 지하철 노선과 버스 운행 확대에 수십억 달러를 쓰고 있지만, 그런 대중교통이 아직까지 충분한 관심을 받지 못하고 있다는 사실이다. LA 인구의 7퍼센트만[16] 대중교통을 이용한다. 설상가상으로 대중교통 이용자 수가 감소하고 있다. 점점 더 늘어나는 가난한 근로자들이 버스와 기차를 타기보다는 중고차를 사고 있는 것으로 나타났다.

이런 문제는 LA의 경제적 성공을 가로막는 장애물이다. 자동차의 부상 이후, 자동차 중심의 다른 많은 도시와 마찬가지로 LA의 대중교통은 주로 개인용 자동차를 구입할 여력이 안 되는 사람들을 포함해 하층민의 발 역할을 해왔다. 그러나 시 당국의 책임자들이 자동차 경제에서 벗어나려고 애쓰는 지금, 오히려 자동차 경제를 '시작하고' 있는 LA 시민이 점점 더 늘어나고 있다. 그들은 혼잡을 가중시킨다. 승객을 찾기 위해 거리를 활보하고 있는 수천 명의 우버와 리프트Lyft 운전자도 마찬가지다. 지난 수십 년 동안 이어진 스모그와의 싸움이 진척되었지만,[17] LA의 공기는 2016년과 2017년이 되면서 더욱 오염되어 미국 내에서 가장 높은 오존 수치를 기록했다.

가세티 시장은 이 문제에 대해 기하학의 원리를 인용하며 "수백만 명이 A지점에서 B지점으로 가려고 하는데 모두 같은 면을 차지하고 있는 격"이라고 간단히 정리해서 설명해주었다. 여기서 면은 지구의 표면과 지구 위에 도배된 도로이다.

현재 상태의 한계를 머릿속에 그려보고 싶다면 시청 건물에서 일하는 사람들을 생각해보면 된다. 그들이 32층 건물에서 층층이 서로 떨어져 일하고 있어서 시청 건물이 아주 붐비지는 않는다. 그러나 그들 대부분이 출근 시간대에 같은 고속도로를 따라 하나의 면 위에 올라선 채 출근했다. 나중에서야 그들을 수직으로 배치함으로써 혼잡을 완화할 수 있게 된다. 가세티 시장은 혼잡을 해결하는 방법 중 하나는 지상과 지하에 이동하는 데 필요한 새로운 면을 추가하는 것이라고 주장했다.

기술을 도시에 맞게

셀레타 레이놀즈Seleta Reynolds에게 도시 항공 모빌리티는 현재 시급하게 해결해야 할 문제는 아니다. 일론 머스크의 보링 컴퍼니Boring Company가 파기 시작한 터널(이 터널에 대해선 제6장에서 다룬다) 또한 그러하다. LA 교통부의 부장인 레이놀즈는 전통적인 방법으로 수백만 명의 사람들 대부분을 이동시키는 데 관심이 있다. 그녀는 어떻게 하면 가난한 사람들에게 우수한 교통수단을 제공할지에 대해 훨씬 더 많이 고민하지, 람보르기니나 포르쉐를 타고 101번 거리를 거북이 운행하는 이들을 걱정하지는 않는다.

브라운 대학교에서 역사학 학위를 받은 미시시피 출신의 레이놀즈는 샌프란시스코 교통국 과장으로 일하다가 LA로 왔다. 그녀는 '살기 좋은 거리' 부서에서 일하면서 베이 에리어Bay Area 지역의 자전거 공유 서비스 출시를 감독했다. 2014년 가세티 시장은 그녀를 LA로 데려와 교통부의 부장 자리에 앉혔다. 이제 그녀는 한 세기 전에 일어났던 전차에서 자동차로의 이동처럼 중대한 전환기에 서 있는 LA를 지켜보고 있다. 당시 홍보와 정치권 로비를 위해 무한정 돈을 쓸 수 있었던 영리 추구 기업들은 대중에게 자동차라는 매혹적인 기술을 팔았다. 그리고 운전대를 잡는 순간 사람들은 그대로 낚였다. 그러자 정부는 운전자들의 요구를 들어주어야 하는 처지로 전락했다. 즉 정부는 고속도로를 건설하고, 사람들이 주차할 곳을 확보해주는 등 한마디로 자동차에 굴복했다.

레이놀즈가 알고 있듯이, 이후 한참이 흘러 LA는 두 번째 기회를 얻었다. 기술기업가들은 저렴하고, 친환경적이며, 재미있는 모빌리티라는 혁신을 약속하고 있다. 그러나 레이놀즈의 관점에서, 정부가 개입해서 새로운 모빌리티의 생태계를 통제하지 않는다면 기술 전문가들이 다음 세기 동안 도시의 모양과 자연을 지배할 것이다. 그럴 경우 도시는 LA에 거주하는 1,800만 명이 아니라 기술 전문가들의 입맛과 그들의 최종 목적에 맞게 만들어질 것이다. 레이놀즈는 "우리는 한 세기 전에 저질렀던 실수를 반복할 수 있다"면서 "'기술을 도시에 맞게'가 아니라 '도시를 기술에 맞게' 조정했던 것은 실수"라고 설명했다.

레이놀즈는 사회적 평등을 가장 중요시한다. LA의 전 지역은 교통수단의 수요가 공급보다 높은 교통 사막 지대다. 그녀는 고속도로 울타리가 쳐진 시내 근처의 역사적인 멕시코계 미국인 거주지인 보일하이츠를 예로 든다. "그곳에서 자동차 없이 산다면 옴짝달싹하지 못하게 된다." 보일 하이츠에 살면서 효율적이고 저렴한 비용을 들여 이동할 수 없는 사람들은 기회를 놓치게 된다. 그들은 직업학교나 취업 면접에 가기 위해 고군분투한다. 모든 취업시장은 가기 힘든 먼 곳에 있다. 이러한 추세는 시간이 흐를수록 악화된다. 가난한 사람들은 임대료가 싼 곳으로 이주하는데, 그런 곳은 대부분 교통이 끔찍할 정도로 나쁘다. 이러한 교통 사막 지대에서 가난한 사람들은 더 가난해지고, 많은 사람들이 임대료를 연체한다. 이로 인해 LA의 노숙자는 전염병처럼 퍼진다.

이런 문제에 대한 분명한 해결책은 LA 시민들을 자동차 중독에서 벗어나게 하는 것이다. LA 메트로가 지하철망을 획기적으로 확장해서 이 전략을 주도하고 있다. 계획에는 공항까지 이어지는 새로운 노선들과 시내, 할리우드 및 웨스트우드에 있는 UCLA 캠퍼스를 연결하는 다른 노선들이 필요하다. 이 계획에 따르면 LA 메모리얼 콜로세움에서 올림픽 성화에 불이 붙을 때쯤 LA는 뉴욕에 이어 미국에서 두 번째로 큰 도시철도 시스템을 자랑할 수도 있다.

모빌리티 혁명의 일부 전도사들에게 이것은 약간의 '퇴행'처럼 보인다. 일론 머스크의 지하 네트워크가 작동하여 LA 시민들 주위를 데이터 패킷처럼 휘젓고 다닌다면 누가 지하철을 탄단 말인가? 그리고 자율주행차, 차세대 전기자전거, 에어택시는 어떤가?

레이놀즈와 마찬가지로 LA 메트로의 CEO인 필 워싱턴Phil Washington 은 스쿠터, 자전거, 자동차 공유는 연결 힘줄 역할을 하고 대중교통은 세 번째 LA의 주요 몸통 및 줄기 역할을 한다고 생각한다. 그의 논리 는 태양까지의 왕복 여행만큼 엄청난 거리의 여행에 기초하고 있다. 그는 수백만 명이 그 거리의 상당 부분을 공유해야 한다고 말한다. 그러지 못해서 각 여행 때마다 한 궤도에서 한 사람씩만 이동한다면, 다음 단계의 교통체계는 세펄베다 패스Sepulveda Pass 405번 도로의 러 시아워 때보다 훨씬 더 심각하게 엉킬 수 있다는 것이다.

워싱턴의 관점에서 볼 때 대중교통과 모든 모빌리티 기업가 간의 경쟁은 공정하지 않다. LA 메트로는 다른 공공기관과 마찬가지로 모 두에게 서비스를 제공해야 할 의무가 있다. 이것은 비용을 극적으로 증가시킨다. 예를 들어 미국에서 1990년 제정된 장애인법은 대중교 통에 대한 보편적인 접근을 의무화하고 있다. 버스는 연석沿石에서 휠체어를 들어올리는 장치가 있어야 하고, 지하철과 기차역은 경사 로와 승강기를 설치해야 한다. 또한 고립된 이웃을 위한 교통수단을 제공하고, 우버를 호출할 스마트폰이 없는 사람들을 찾아 도움을 주 어야 한다. 그러려면 돈이 많이 든다. 대중교통은 모빌리티 기업가들 이 가볍게 무시할 수 있는, 도움이 필요한 사람들을 위해 봉사한다. 레이놀즈는 "그러한 새로운 서비스가 우리의 기반 시설 위에서 사업 을 하고 있다"면서 "대신에 우리는 아무것도 얻지 못한다"고 말했다.

설상가상으로 새로운 민간 소유의 서비스들이 각각 나름의 틈새 시장을 개발하기 위해 서두르면서 닥치는 대로 시장에 뛰어든다면 그들은 모빌리티를 헐값에 판매하면서 시장 점유를 노릴 것이다. 한 세기 전에 이런 일이 일어났을 때, 정부는 비효율적으로 대처함으로써 결국 자동차 단일 문화를 만드는 주역이 되었다. 그런 차들은 또 적어도 그들의 첫 세기 동안 환경을 오염시키고, 도로 혼잡도를 높이고, 소음을 낼 권리를 가졌다. 사람들을 치는 건 부수적 피해였다.

레이놀즈도 대부분의 시 공무원과 마찬가지로 그러한 난장판이 되풀이되지 않기를 간절히 바라고 있다. 그녀는 교통을 감독할 뿐만 아니라 관리하기를 원한다. 쉽지 않은 일이다. 넓은 LA는 상당히 독립적인 수십 개의 도시로 쪼개져 있기 때문이다. 그리고 LA 메트로도 미국에 있는 대부분의 교통기관과 마찬가지로 특별히 인기가 있는 것은 아니다. 운전자들 대부분이 다른 운전자들은 지하철을 이용해주기를 바라면서도 자신은 그것을 거의 이용하지 않는다.

하지만 LA에서도 전 세계의 도시들처럼, 누군가나 어떤 기업이 우리의 움직임을 감시하고 관리하게 될 것이다. 지역마다 감시와 관리 강도가 다를 것이다. 그러나 이러한 통제는 연결된 모빌리티의 특성이자 약속이며, 깨끗하고, 안전하고, 저렴하고, 빠른 이동의 열쇠다. 앞으로 일어날 정치 싸움은 이 통제의 범위뿐만 아니라 누가 통제 책임자인가에 초점을 맞출 것이다. 정부는 크고 작은 기업들과 실랑이를 벌일 게 분명한데, 이때 중요한 요소는 자료일 것이다.

앞으로 몇 년 동안 사실상 모든 교통수단은 네트워크에 연결될 것이다. 대부분은 이미 연결이 끝났다. 하지만 우리가 헬싱키에서 보게 되겠지만, LA에서는 데이터의 이동 흐름이 다르다. 지하철은 라임Lime 같은 주차 공간 제약이 없는 자전거 회사처럼 승객 수를 집계한다. 전화 회사는 구글과 페이스북처럼 사용자의 움직임을 추적할 수 있다. 도로 위를 주행하는 자율주행차가 점점 더 늘어날수록 각각의 자동차는 수많은 데이터를 쏟아낼 것이다.

그러나 현시점에서는 누구도 전체 모빌리티 데이터에 접근하지 못한다. 이 데이터는 아마도 다음 시대의 진정한 보물이 될지 모른다. 데이터를 통제할 수 있다면 그 주체가 누구이건 간에 이동을 관리하고 그것을 토대로 사업을 구축할 수 있는 위치에 설 것이다. LA는 2019년 자전거 공유 및 스쿠터 서비스에 대한 데이터 명세를 확립하면서 첫발을 내디뎠다. 이는 공무원들이 그들의 이동 범위를 추적하고 대중교통과 협력할 수 있게 해줄 것이다. 이 공통 데이터 표준은 이제 모빌리티 데이터셋mobility dataset의 약어인 'MDS'라고 불린다.

네트워크로 연결된 모빌리티를 통제하는 열쇠는 데이터이지만 누가 그것을 소유할 것인지가 중요하다. 어쩌면 구글 같은 하나의 지배적인 업체가 사실상 모빌리티 플랫폼이 될지도 모른다.

LA의 전략은 시 당국이 데이터를 통제하고, 필요에 따라 그것을 다른 곳과 공유하게 하겠다는 것이다. 레이놀즈의 관점에서 보았을 때, 시 당국 외에 과연 누가 모두를 위해 일한다고 주장할 수 있겠는가?

실제로 LA의 교통부 관계자들은 지난 수십 년 동안 교통 시스템의 최적화를 위해 애써왔다. 시청 지하 4층으로 승강기를 타고 내려가 일련의 보안 장벽을 통과하면 자동교통감시통제실Automated Traffic Surveillance and Control Room의 TV 스크린으로 이루어진 벽과 마주하게 된다. 이곳은 1984년 올림픽을 대비해, 연방정부의 자금 지원을 받아 설립되었는데 LA 내 수백 개의 교차로와 문제 지역에 대한 영상 자료를 제공한다. 1984년에는 데이터 분석이 원시적이었다. 즉 사람이 영상을 보고 교통체증을 알아냈다. 대응 방법도 세련되지 못했다. 문제를 확인한 곳에서 빨간색이나 녹색 신호등이 들어오는 시간을 길게 늘리거나, 상황이 심각한 경우 교통경찰을 현장에 파견하는 게 전부였다.

지금은 감시망이 4,700개의 교차로까지로 확대되었다. 센서는 이미지와 함께 통행 차량의 수, 속도, 보행자의 흐름 등 교통 상황에 대한 상세한 보고서를 보낸다. AI 엔진은 이 정보를 분석하여 대중교통의 흐름을 최우선시하면서 차량 흐름을 최적화한다. 예를 들어 시내버스가 할리우드 동쪽을 예정보다 늦게 운행하고 있다면, 컴퓨터는 버스가 신호에 막히지 않고 빨리 갈 수 있도록 노스버몬트 가North Vermont Avenue의 신호등을 자동으로 조정해준다.

시간이 지나면 이 시스템은 공공과 민간 모두에서 증가하는 차량 이동을 조율하려 할 것이다. 예를 들어 자율주행차를 가장 효율적인 경로를 따라 보내고 순식간에 경로를 조정하는 식이다. 신호등은 다른 자동차뿐만 아니라 자전거를 타는 사람과, 심지어 보행자에게까지 경로를 안내해줄 것이다.

이 책에 나오는 두바이와 상하이 부분에서 보게 되겠지만, 감시와 통제는 식은 죽 먹기다. 그러나 LA는 오랫동안 정부의 통제에서 벗어나지 못한 도시들과 달리 운전과 자유를 동일시하고, 정부를 경멸까지는 아니더라도 종종 의심의 눈초리로 바라보고, 잘못된 방법으로 그들을 괴롭히는 관리들에게 투표로 반항할 수 있는 수백만 시민을 관리하려고만 애쓰고 있다.

위험한 모델

산타모니카 해안지대의 번화한 보행자 산책로에는 검은색 전기 스쿠터인 버드Bird가 야자나무에 기대어 서 있다. 그곳 출신인 동명의 스타트업인 버드는 어느 가을밤, 대관람차가 있는 부두에서 브렌트우드Brentwood 마을까지 10제곱킬로미터에 이르는 산타모니카 전역에 수백 대의 스쿠터를 깔아놓고 사업을 시작했다. 다음 날 아침에 이 두 바퀴 유령이 뭔지 알아보기 위해 멈춰 선 주민들은 그것이 스마트폰 앱과 연결되어 있다는 걸 알아냈다. 많은 사람들이 바로 그날 아침에 버드 앱을 내려받았고, 전화기로 스쿠터를 작동해보기 시작했다. (그들은 버드에 임대계약 조건으로 자전거용 헬멧을 착용하겠다고 약속했지만, 그 약속을 지킨 사람은 거의 없었다.) 그들은 이용료로 기본요금 1달러에 1분당 15센트씩 내면서 '내가 목적지까지 갈 수 있을까?'라는 질문 외에는 거의 다른 질문을 하지 않고 마을을 돌아다녔다. 대답은 물론 '그렇다'였다.

〈워싱턴 포스트〉에 따르면 버드 스쿠터가 산타모니카에서 운행을 시작하고 난 다음 날[18] 트래비스 밴더잔든Travis VanderZanden이라는 얼

굴이 둥글넓적하게 생긴 젊은 창업자가 링크드인LinkedIn을 통해 산타
모니카의 시장 테드 윈터러Ted Winterer에게 연락했다. 그는 시장을 버
드 본사로 초대했다. 본사는 시청에서 불과 몇 블록 떨어진 곳에 있
었다. 본사에서 만난 두 사람은 산타모니카 지역에서 버드의 모빌리
티 전략에 관해 논의할 수 있었다.

시장이 먼저 논의해야 하는 법률적 문제가 몇 가지 있다는 사실을
알렸다. 결과적으로 버드는 스쿠터 운행 허가를 요청한 적이 없을 뿐
더러 안전 문제나 인도, 주차 문제에 관해 논의한 적은 더더욱 없었
다. 버드는 전혀 그런 적이 없었다.

밴더잔든에게는 이런 경험이 그리 낯설지 않았다. 밴더잔든은 대
형 차량 공유 회사인 리프트뿐만 아니라 우버에서도 임원을 지냈다.
우버는 먼저 서비스를 시작하고 나중에 법적 문제를 자세히 파악하
는 걸 관행으로 삼았다. 흠잡을 데 없이 훌륭한 논리였다. 모빌리티
스타트업은 많은 승객을 확보해야만 벤처투자자들로부터 수백만 달
러의 투자를 유치할 수 있다. 그러면 그 돈으로 변호사를 고용해 도
시와 법적으로 화해를 모색할 수 있다. 단, 이런 협상에는 간청인 자
격이 아닌, 인기 있고 새로 부자 반열에 오른 강력한 영향력을 가진
기업인 자격으로 나와야 했다. 산타모니카에서 버드 서비스가 출시
된 날, 밴더잔든은 여전히 소규모 엔젤투자에만 의지한 채 회사를 운
영하고 있었다. 하지만 그런 상황은 얼마 지나지 않아 돌변했다. 그
는 몇 주 안에 1,500만 달러의 벤처자본을 유치했고, 이후 곧 1억 달
러의 추가 투자를 받았다. 2018년 초, 버드가 시에 30만 달러의 벌금

을 내기로 합의했을 당시 회사의 시가총액은 10억 달러를 돌파했다. 그 무렵 산타모니카에 내야 할 벌금은 트래비스 밴더잔든에게 팁 정도의 소액으로 여겨졌다. 그는 열성 고객층, 전국적인 확장 계획, 그리고 무시무시한 재산을 가지고 있었다. 도시들이 그와 대적하려면 위험을 감수해야 했다.

이런 식의 모델이 기술 경제 전반에 퍼져 있다. 아마존, 구글, 페이스북 같은 대기업은 마치 자기들이 버드의 '특대 버전'인 것처럼 굴었다. 그들도 수십억 명에게 저렴한 가격이나 무료로 부가가치가 높은 서비스를 제공하면서 시작했다. 초창기에는 정부 규제를 별로 받지 않은 상태에서 전체 산업 경제보다도 큰 시가총액을 구축했다. 샌프란시스코의 스쿠터 회사인 스핀Spin의 공동 설립자 유윈 푼Euwyn Poon은 바이스 뉴스Vice News의 특집기사[19]를 통해 이것을 '규제 측면에서의 혁신'이라고 불렀다.

게다가 이러한 기술기업은 제공하는 서비스 때문에 정부보다 종종 인기가 더 많고, 더 신뢰를 받으며, 꼭 필요하다고 광범위하게 인식된다. 그들이 만든 자율주행차로 누군가가 죽거나, 거짓말을 퍼뜨리거나, 선거를 해킹하는 데 그들의 기술 플랫폼이 사용되는 등 뭔가 일이 잘못되었을 경우에나 종종 정부가 그들을 규제하기 시작할 수 있다. 그러나 그쯤 되면 기술기업은 고객 군단과 광고력, 로비스트 군대를 동원해 맞서 싸울 수 있게 된다.

이렇게 '일단 키운 후 나중에 고쳐나가는' 식의 모델은 모빌리티 혁명, 특히 LA 같은 자동차 도시에서 대재앙을 불러올 수 있다. 레이놀즈는 저렴한 가격에 사람들을 태워 굴러가는 라운지처럼 화려하게 장식된 자율주행차를 머릿속에 그린다. 이러한 차량들은 작은 술집이나 식당, 가상현실의 접속 지점, 그리고 심지어 캘리포니아에서 합법적인 마리화나를 마음껏 골라 피울 수 있는 흡연실을 갖춘 게임룸이 될 수 있다. 하늘에는 드론이 뒤덮이고, 그중 일부는 타코나 두루마리 화장지를 가지러 산타모니카 산맥을 가로질러 날아갈 수 있다.

정부가 세금과 규제를 통해 그들을 통제하지 못한다면, 값싸고 어디서나 볼 수 있는 모빌리티 서비스는 자동차가 그랬듯이 지역 전체를 장악해버릴 수 있다.

차고를 주택으로!

자동차 단일 문화가 시작된 지 100년이 지난 지금, 모빌리티 혁명은 여전히 노숙자를 포함한 LA의 가장 힘든 문제를 해결해줄 기회를 제공한다. 부동산 데이터베이스 회사인 질로우Zillow에 따르면[20] 남부 캘리포니아의 중위소득 가구는 소득의 무려 46.7퍼센트를 중위가격 주택 임대에 써야 한다. 미국 내 최상위 비율이다. 약 13만 가구는 이러한 높은 비용을 더 이상 감당할 수 없어서 메뚜기처럼 옮겨다니며 살거나 아예 무주택자로 산다. 이러한 재앙을 가장 생생하게 보여주는 사례는 스키드로Skid Row로 알려진 LA의 텐트 도시다. 제멋대로 뻗어나가고 있는 스키드로는 LA 시내와 예술 지구 사이에 2.6제곱킬로미터의 면적을 차지하고 있는데, 여기에선 열악한 환경에 처한 약 1만 명의 사람들이 거주하고 있다.

앞서 말했듯이, LA는 물리적 구조상 여러 면에서 사람들보다 자동차에 더 적합하다. 그러나 LA 시민들이 다른 이동 방법을 찾으면서 그들 중 다수는 자동차 시대의 유산을 남기게 될 것이다. 차고 말이다. 산타모니카에 기반을 둔 대표적인 벤처투자가 스티븐 디에츠Steven Dietz는 최근에 유나이티드 드웰링United Dwelling이라는 스타트업을 설립했다. 이 회사는 사용하지 않는 차고를 저렴한 주택으로 바꿔줄 계획이다. 디에츠는 적절한 유인책만 있다면 이 계획이 LA 내 주택 공급을 크게 늘려주면서 1세기 동안 이어진 무질서한 팽창을 차단하는 효과를 낼 것으로 예상한다.

그러면 에어택시나 고속지하철뿐만 아니라 다가오는 모빌리티 시대의 다른 놀라운 이동 수단을 기다릴 필요조차 없어진다. 얼마 전 UCLA의 교수이기도 한 디에츠는 학생들에게 가가호호 방문해 사람들이 차고 안에 무엇을 보관하고 있는지 조사하게 했다. 두 대의 차가 들어갈 수 있는 차고를 가진 700채의 주택을 전수 조사한 결과, 주택 소유자들 중 불과 8퍼센트만 차고에 차를 세워놓고 있었다. 디에츠는 웃으면서 "나머지 사람들은 차도에 차를 주차해놓고, 물건을 보관하는 용도로 차고를 사용했다"고 말했다.

가세티 시장은 차고를 주택으로 바꾸는 사업을 긍정적으로 평가했다. 그는 잠시 빠르게 계산하더니, "LA에는 50만 채의 단독주택이 있다. 그중 10퍼센트만이라도 차고를 개조할 수 있다면 새로운 주택

5만 채가 생겨날 것"이라고 전망했다.

부동산 확보의 기회는 주택의 차고에서 아주 멀리 떨어진 곳에서도 찾을 수 있다. 줄여서 'LAX'로 알려진 LA 국제공항은 현재 4,500대를 수용할 수 있는 주차장을 짓고 있다. 꼭 필요한 주차장이다. 그러나 여행객들이 지하철과 차량 공유에서부터 에어택시까지 공항에 도착할 수 있는 여러 방법을 찾아내면서 그러한 주차 공간이 주차할 사람을 찾으러 다녀야 할지도 모른다. LAX의 저스틴 에르바치Justin Erbacci 최고혁신책임자CIO는 그러한 변화 가능성을 염두에 두고 "새 주차장은 판매 공간이나 주택으로 변모할 수 있도록 설계했다"고 설명했다. 그는 "우리는 평평한 바닥과 더 높은 천장을 만들고 있다"고 말했다. 그의 팀은 건물 안에 경사로를 만드는 대신 램프를 외부에 배치했는데, 필요할 때가 되면 그것을 없애버리기 위해서다.

이것이 LA의 모빌리티 혁명이 가져다줄 미래다. 언제나 그랬듯이, 이것은 부동산과도 관련된 이야기다. 각 토지의 가치와 용도는 사람들이 그곳에 어디서 어떻게 접근할 수 있느냐에 따라 달라진다. 전차 시대에도 그러했고, 자동차가 지배하는 시대도 마찬가지다. 또다시 모빌리티의 변화가 남부 캘리포니아의 생활과 지형을 바꾸려 하고 있다.

제3장

21세기 자동차 사업가의 생존법

1896년 초여름날, 디트로이트의 배글리 거리Bagley Street 이웃들은 귀청이 터질 듯한 굉음을 들었다. 임대 차고에서 나는 소리였다. 그곳에선 헨리 포드라는 서른두 살의 엔지니어가 휘발유로 움직이는 '사륜차'라는 새로운 발명품을 고안해냈다. 그런데 너무나 안타깝게도 포드는 사륜차를 문밖으로 끌어낼 수가 없었다. 그래서 그는 도끼를 들고 자신이 만든 '말 없는 마차'를 차고에서 빼내기 위해 출구를 넓히려고 벽돌담을 마구 두드리고 있었다.

포드의 차고에서 흘러나온 소음은 인류의 새로운 모빌리티 시대가 도래했음을 알려주었다. 그러나 제조업의 관점에서 보았을 때 우리가 알고 있는 자동차 산업은 하일랜드 파크Highland Park 인근에 있던 포드의 첫 번째 조립 라인이 모델 T를 대량 생산하기 시작한 1908년에 비로소 태동했다. 모델 T의 대량생산은 제조업이 공학으로서 비약적으로 발전하는 계기를 마련해주었다. 이후 전 세계의 자동차 산업은 비효율성을 제거하면서 포드가 처음으로 선보인 생산 공정을 지속적으로 미세 조정해가며 수십억 명이 구매할 수 있는 아주 복잡한 수백만 대의 기계를 생산했다. 이것은 사실상 20세기에 인간 사회의 모든 면에 영향을 미친 상당한 공적이다.

자동차 산업은 인간이 만들어낸 조직체의 승리이자 우리를 기다리고 있는 발전의 본보기다. 자동차 회사는 무자비할 정도로 효율적이고 반복적인 공정을 완벽하게 소화해내면서 공정 안에 얽힌 극도의 복잡함을 극복해내고, 필요한 모든 단계와 움직임을 최적화한다. 공장 벽 밖에 있는 길거리와 학교는 혼란에 지배되었을지 모르지만, 자동차 제조 공장은 질서의 축소판이 되었다.

이제 자동차 제조 공장의 통합된 기준이 우리의 생활 속으로 퍼지고 있다. 그 이유를 알고 싶다면 포드의 초기 엔지니어 중 한 명이 한 손에는 스톱워치를, 다른 손에는 클립보드를 들고 2020년경 미국의 어느 지역에서 인간의 모빌리티에 대하여 효율성 검사를 수행하고 있다고 상상해보자. 그는 대부분의 자동차 진입로나 차고 안에서 주차된 차를 한두 대 아니면 세 대 정도를 발견한다. 엄청나게 공간이 남아돈다. 암송아지 한두 마리를 충분히 끌 수 있을 정도로 큰 픽업트럭 한 대가 세븐일레븐 편의점 앞에 도착하여, 운전자는 김이 모락모락 나는 커피 한 잔만 들고 1~2분 뒤에 나타난다. 이보다 심한 낭비도 많다. 대형 버스가 승객 몇 명만 태운 채로 대로를 덜컹거리며 내려갈 때다. 그들이 차량 통행이 거의 없는 교차로에서도 빨간불에 멈춰 서서 연료와 시간을 태울 때도 그렇다. 이 정도로 낭비되는 공장이 있다면 1주일 안에 문을 닫을 것이다.

자동차 시대의 첫 세기 동안 공장 내부의 어마어마한 생산량과 공장 밖의 산더미 같은 폐기물은 완벽한 조화를 이루었다. 낭비가 심할수록 소비는 늘어났고, 수요는 공장이 계속 돌아가게 해주었다. 하지만 지금 우리는 그 한 세기 동안 이어진 현상을 뒤집어놓고 있다. 실제로 모빌리티 혁명의 가장 위대한 기회 중 다수는 낭비의 대폭적인 감축에서 나온다. 뒤에 나오는 자동차 제조업자인 RJ 스카린지는 "우리가 만들고 있는 게 뭔지 궁금한 사람에게 말해주자면, 그것은 이동 수단에 효율성을 삽입한 것이다"라고 말했다. 그리고 이를 위해 공장의 생산 방법이 세계의 다른 곳들로 퍼져가고 있다.

이 모든 게 데이터를 중심으로 돌아간다. 공장에서는 오래전부터 그래왔다. 산업 경영의 토대는 모든 부품, 모든 근로자, 모든 기계 등의 위치를 파악한 뒤 각각의 일정과 움직임에 대한 계획을 수립하는 것이다. 초창기의 근로자들은 이 자료를 장부에 직접 적었다. 오늘날의 제조업계에서는 디지털 데이터가 매초 강력한 분석 프로그램으로 강물처럼 흘러 들어간다. 소프트웨어는 이 데이터를 계속 쌓아나가면서 공장 내의 모든 움직임을 최적화한다. 그게 소프트웨어가 해야 할 일이다.

유비쿼터스 데이터가 모빌리티 경제에서 이와 유사한 과정에 힘을 실어주기 시작하고 있다. 우리는 우리의 위치와 목적지를 주로 우리의 휴대전화를 통해 알려주면서 이런 과정을 가능케 한다. 다음 세대의 자동차, 버스, 고속도로, 신호등에 수천 개의 새로운 센서가 침투하면서 오늘날의 데이터 흐름은 맹렬한 강처럼 변할 것이다. 이런 데이터는 공장에서처럼 점차 최적화 엔진에 유입될 것이다. 머지않아 우리는 우리가 가장 효율적인 길을 따라 오가고 있음을 알게 될 것이다. 마치 멀리 떨어진 납품업체로부터 도요타나 램 트럭Ram Truck을 조립하는 생산 라인으로 향하는 펜더fender나 볼베어링ball bearing처럼 말이다.

이러한 이동의 경제는 엄청난 효율성의 향상을 약속한다. 역설적이게도, 포드가 자동차의 대량생산 방식을 찾아냈지만 우리 사회에서는 그와 유사한 효율성이 자동차와 트럭에 대한 수요를 감소시킬 것이다. 우리는 점점 더 적은 탈것을 이용해 이동할 수 있을 것이다.

그렇다고 자동차가 사라진다는 말은 아니다. 우리는 그것을 더 잘 이용하게 될 것이다. 자동차를 공유하고, 회원 가입하고, 임대하고, 심지어 그것을 타고 비행하는 사람이 점점 더 늘어나겠지만, 그것을 사지 않는 사람도 많아질 것이다. 이런 현상은 우리 산업 경제의 핵심축인 자동차 산업에 지대한 영향을 미칠 것이다.

자동차 회사들에는 계산이 아주 단순해진다. 우리가 각 자동차의 평균 사용률을 현재의 5퍼센트에서 여전히 높지는 않지만 어쨌든 7퍼센트로 높인다고 가정해보자. 어떻게 하면 그럴 수 있을까? 가장 기본적인 경우는 이웃한 두 가족이 카풀에 동의할 때다. 그중 한 가족이 두 대가 아니라 한 대의 자동차만 필요하다고 결정한다. 충분히 많은 사람들이 카풀이나 자율주행, 혹은 수많은 새로운 스쿠터에 자극받아 같은 결론을 내린다면 전 세계의 자동차 중 상당수가 불필요해질 수 있다. 다국적 컨설팅 회사인 프라이스워터하우스쿠퍼스PricewaterhouseCoopers[1]는 유럽과 미국의 경우 2030년까지 현재 운행 중인 차량의 4분의 1인 총 1억 3,800만 대가 감소할 것으로 내다보고 있다. 반면 중국에서는 오히려 1억 대가 증가할 것으로 예측하고 있다.

이제 이번 장에서 묻고 싶은 핵심적인 질문 하나에 대한 답을 찾아보자. 왜 2020년대에 유럽이나 미국에 새로운 자동차 회사를 세우고 싶어 하는 사람이 있는 걸까? 직관적으로 볼 때, 있을 수 없는 일이다. 우리는 그렇게 말할 수밖에 없다.

오늘은 어떤 차로 갈까?

21세기의 자동차 사업가라는 희귀해진 사람들에게서 가장 인정해주고 싶은 장점 중 하나는 그들이 가진 '만족지연delayed gratification' 능력이다. 만족지연이란 더 큰 결과를 얻기 위해 즉각적인 즐거움, 보상, 욕구를 자발적으로 억제하고 통제하면서 욕구 충족의 지연에 따른 좌절감을 인내하는 능력을 말한다. 똑똑한 아이는 거주하는 기숙사 방 안에서 전화 앱을 만들어 몇 주 만에 창업할 수 있지만, 새로운 자동차 회사 창업은 가혹하게도 그보다 훨씬 더 계획적인 모험일 뿐만 아니라 대부분 막대한 돈이 든다.

RJ 스카린지에게 물어봐도 그렇다는 걸 알 수 있다. 플로리다 출신인 그는 페이스북의 창립자인 마크 저커버그보다 한 살 위다. 그런데 두 사람은 극과 극의 길을 걸었다. 대학 시절부터 저커버그는 거대 디지털 기업을 설립해 수십억 달러를 긁어모았고, 사생활과 부정선거로 풍파를 일으켰다. 그의 초창기 경력은 아론 소킨Aaron Sorkin이 만든 전기영화의 소재가 되었는데, 영화는 이미 나온 지 오래되었다.

가상이 아닌 실제 세계에 매달리는 스카린지는 이제 막 사업을 시작했다. 그는 버락 오바마 전 대통령의 백악관 첫 재임 때부터 이제는 '리비안'이라고 불리는 전기자동차 회사를 세워 운영하고 있다. 그 2018년의 여름날 아침, 그는 단 1달러의 매출도 올리지 못했다. 생산 라인에서 첫 리비안 자동차가 조립되어 나오지도 않은 상태였다. 그는 초창기에 매우 어려웠다. 그런데 최근에는 많은 돈을 쓰고 있다. 미시간 주의 플리머스Plymouth에 있는 그의 본사는 확장일로이며 디자이너, 프로그래머, 엔지니어로 구성된 팀을 운영하고 있다. 그는 또한 일리노이 주의 노멀Normal에 있는 대규모의 조립 공장에 인력을 충원하고 있다. 캘리포니아에서는 몸값이 비싼 소프트웨어 팀을 고용하고 있다. 리비안은 첫 번째 전기 SUV 또는 픽업트럭을 판매할 수 있기를 희망하는 2020년까지 10년 동안 이러한 모든 활동과 지출을 유지해야 했다.

그처럼 시장에 첫선을 보이는 것이 리비안의 유일한 기회일지 모른다. 자동차 생산 라인 한 줄에 수억 달러의 비용이 들 수 있는 자동차업계에서 스타트업은 보기 드물다. 한 번 실패하면 재기하는 데 필요한 자금을 지원받기 힘들다. 실리콘밸리에는 '실패하면 보상을 받는다'라는 말이 있다. 자동차업계의 사정은 다르다. 리비안에 2020년은 회사의 '모든 게 결정될' 한 해가 될 것이다(리비안의 전기차 출시 시기는 코로나19로 인한 생산 지연으로 2020년에서 2021년으로 연기되었다 - 옮긴이).

키가 크고 과묵하며 지중해 출신 같은 이목구비에 안경테가 짙은 색인 스카린지는 어린 시절부터 자동차 회사 설립을 꿈꾸었다고 한다. 그는 엄청난 역경을 딛고 성공했다. 하지만 그에 대한 보상은 돈 먹는 하마이자 죽을 고비를 끊임없이 넘겨야 하는 산업에서 해야 하는 노동이었다. 그것도 '좋은 시절'에나 그 정도였다. 샌프란시스코에 있는 모빌리티 벤처기업 트럭스Truks의 CEO 레일리 브레넌Reilly Brennan은 스카린지부터 일론 머스크에 이르는 새로운 자동차 기업가들이 "바로 멸망의 가장자리에서 춤을 추고 있다"고 말했다. 그는 또 대담하고 활력이 넘치는 머스크가 이번 세대의 미디어 스타일지 모르지만, 신중하면서도 부드럽게 말하는 스카린지는 "사위로 삼고 싶은 사람"이라고 설명했다.

얼마 전의 여름날 아침, 미시간 주의 본사에 도착한 스카린지는 거대한 전기트럭과 SUV 시제품, 그리고 예술가들이 만든 자율주행차량 그림으로 뒤덮인 벽 앞을 지나간다. 그는 번창하고 있는 세계 자동차 산업에 관해 논의 중이다. 모빌리티 혁명과 곧 닥칠 혁신에 대한 온갖 법석에도 불구하고 전통적인 자동차 산업은 돈을 긁어모으면서 생산 기록을 갈아치우고 있다. 신차 대부분은 휘발유로 움직인다. 헨리 포드는 하늘에서 자동차업계를 내려다보면서 미소 지을 것이다.

스카린지는 전화기를 꺼내 말에 관한 자료를 검색했다. 말 경제의 전성기는 언제였을까? 그가 고민 끝에 찾아낸 이 질문에 대한 논리적인 답은 1910년이었다. 포드가 모델 T의 대량생산을 시작했을 때나, 아니면 그보다 5년 뒤에 내연기관의 굉음과 자동차의 경적 소리가 도시의 음경音景을 변화시켰을 때란 것이다. 외딴곳에서 농사를 짓는 농부들과 말타기를 고집하는 사람들을 제외하고, 1915년에 누가 말을 타려고 했단 말인가?

스카린지는 '카우보이웨이Cowboy.way'라는 사이트에서 답을 찾은 뒤 스크린에 떠 있는 그래프를 의기양양하게 가리켰다. 1910년에 미국의 말과 노새 수는 2,400만 마리를 조금 상회했다. 그 후 10년 동안 초창기의 자동차 산업이 성장했지만 말 산업은 확장세를 이어가면서 1920년에 2,600만 마리로 최고치에 이른다. 스카린지는 그때를 '말 경제의 전성시대'로 판단했다.

그가 내린 결론은, 새로운 것이 하룻밤 사이에 낡은 것을 대체하기란 거의 불가능하다는 것이다. 습관, 인프라, 경제 논리가 전통 기술을 떠받치고 있다. 1920년에 출시된 모델 T는 지금 가격으로 8,000달러에 상당하는 550달러였다. 말은 그보다 훨씬 더 저렴했다. 게다가 오늘날 많은 사람들이 전통적인 자동차를 좋아하듯, 사람들은 말을 좋아했다.

그래서 10년 이상이 걸려서, 그리고 농장에서는 그보다 훨씬 더 오랜 시간이 걸려서 점진적인 전환이 이루어졌다. 새로운 것과 낡은 것이 어우러지는 동안 말 농장 사업은 기록적인 성과를 거두었다. 마찬가지로, 그로부터 한 세기가 지난 지금 대형 자동차 기업들이 이익을 내고 있더라도 머스크의 테슬라와 알파벳의 웨이모Waymo에서부터 스카린지의 리비안에 이르는 많은 전기, 네트워크, 자율주행차량 신생 업체가 그들을 대체할 준비를 하고 있다. 스카린지는 "지금이 바로 대형 자동차업체의 전성기"라고 말했다. 고통스러운 재편이 일어나기 전 마지막 파티가 열리고 있다는 뜻이다.

하지만 기존의 자동차 회사들이 다음 모빌리티 단계에서 우리를 한 장소에서 다른 장소로 신속하게 이동시켜줄 전기, 네트워크, 그리고 점점 더 자율적으로 주행이 가능한 자동차를 생산하지 못할 이유가 무엇이란 말인가? 이들 전통적인 자동차 회사의 제조 역량에 필적할 수 있는 신생 업체는 없다. 케빈 칭거의 다이버전트 3D 같은 신기술이 전 세계의 틈새 생산자들에게 힘을 실어줄 수는 있지만 다수가 여전히 자동차에 의존하고 있으며, 심지어 매료된 사람이 많은 80억 인구의 세계시장을 수송하기 위해선 당연히 대량생산이 필요하다.

스카린지는 정작 중요한 건 차량을 대량 생산할 장소의 유무가 아니라 우리가 그런 차량을 몇 대나 필요로 하고 그것을 사려고 얼마나 많은 돈을 쓸 것인가의 여부라고 주장했다. 그는 비록 지금은 규모가 작고 볼품없는 시장이지만, 그것이 대기업을 물리치고 리비안 같은 신생 기업에 길을 열어줄 것으로 예측했다.

자동차 산업에서 앞으로 일어날 다원적 광란을 상상해보자.[2] 이 책을 쓰고 있는 지금, 중국 한 나라에서만 리비안보다 훨씬 더 규모가 큰 몇 개를 포함해 수백 개의 스타트업이 신형 전기자동차를 생산하기 위해 애쓰고 있다. 그중 극소수만 살아남더라도 또 다른 10여 개의 제조업체가 가격, 성능, 배터리 수명을 놓고 경쟁하면서 틈새시장 조사에 나설 것이다. 그리고 이런 모든 일이 일어나는 동안 서양의 자동차 시장이 위축될 수 있다. 스카린지가 선택한 산업은 불안정한 시기로 향하고 있다.

유리벽으로 둘러싸인 회의실로 돌아온 스카린지는 화이트보드에 막대그래프를 그리면서 시장의 역동성에 대해 설명해주었다. 가장 긴 막대는 뉴욕에 새로 생긴, 연필처럼 얇은 초고층 건물처럼 보였다. 그것이 100층짜리 건물이라면 스카린지는 그것의 5분의 4를 깔끔한 대각선 격자로 채웠다. 그는 전체 막대는 자동차 소유자의 평균 지출을 나타낸다고 말했다. 지난 한 세기 동안 이 지출에서 가장 큰 몫, 즉 격자로 표시한 부분은 제조업체에 돌아갔다. 사실 우리 대부분은 포드나 폭스바겐이나 도요타 차를 사기 위해 비싼 찻값을 내는 데 필요한 대출까지 받아야 한다.

대형 자동차 회사는 그런 지출을 독차지한 채 마이다스Midas나 유럽카Europcar 같은 자동차 서비스 제공사에는 푼돈만 남겨줄 뿐이다. 예를 들어 2019년 기준, 세계 최대의 자동차 회사인 도요타의 연매출은 2,800억 달러(2019년 회계연도 기준 - 옮긴이)였지만, 우버는 온갖 혁신을 일으켰어도 도요타와 비교조차 되지 않을 정도로 적은 141억 달러의 연매출을 올렸을 뿐이다.

스카린지는 앞으로 몇 년 안에 서비스 회사들이 가져갈 몫이 점점 더 커질 거라고 믿었다. 그는 향후 자동차 지출을 보여주는 작은 막대를 그린 뒤, 그것의 절반쯤만 대각선으로 채웠다. 우리가 앞으로는 자동차 이동에 쓸 돈을 줄일 것이고, 그 줄어든 돈에서 더 적은 몫이 제조업자에게 돌아갈 것임을 보여주는 게 핵심이었다. 넷플릭스와 스포티파이 시대에 영화나 음악을 소유하는 사람이 줄어들듯이 자동차를 소유하는 사람도 줄어들 것이란 게 이유였다. 스카린지는 모빌리티는 점점 더 하나의 서비스로 제공될 것으로 믿고 있다. 그는 "자산을 매매하는 사업을 한다면 사업이 위축되겠지만, 운영 서비스를 제공하고 데이터를 활용하면 사업은 성장할 것"이라고 말했다.

그는 이런 미래의 사례를 보여주기 위해 '생각 실험'을 제안했다. 당신이 고통스러운 선택에 직면했다고 상상해보자. 앞으로 4년 동안 매일 입을 옷을 한 벌만 선택해야 한다. 선택하면 끝이다. 당신은 어떤 옷을 고르겠는가?

음, 당신이 돌아다니거나, 잔디를 깎거나, 테니스를 치고 싶다면 헐렁하고, 편하고, 내구성이 좋은 옷을 골라야 한다. 바깥 날씨가 더우면 긴소매 옷은 답답할 수도 있다. 동시에, 투박한 후드티를 입고 일을 하러 가고 싶지는 않을지 모른다. 딸의 결혼식 날에 후드티를 입고 딸과 함께 입장하는 건 더더욱 말이 안 된다. 세계의 소비계층에 속하는 사람들 대부분이 매일, 그리고 매번 같은 옷을 입고 다닌다는 건 우스꽝스러운 생각이다.

그런데 우리가 지금 자동차로 바로 그렇게 하고 있다. 우리 집 앞

진입로나 차고 안에 주차되어 있는 이 값비싼 기계는 모빌리티의 유일한 해결책을 상징한다. 우리는 한번 산 차를 최소 몇 년 동안 소유한다. 또 대다수는 아이스크림이나 비료를 사러 가거나, 심지어 와이오밍 주의 옐로스톤이나 체코의 프라하로 장거리 여행을 떠날 때 늘 같은 차를 이용한다. 하나로 모든 걸 해결한다.

스카린지에 따르면 머지않은 미래에 우리는 각자 상황별로 적절히 꺼내 쓸 수 있는, 여러 가지 모빌리티 옵션이 담겨 있는 모빌리티 옷장 같은 걸 갖게 될 것이다. 예를 들어 파리에서 마드리드로 운전하고 갈 때는 좌석이 뒤로 접히고, 자동주행속도 유지 장치가 있고, 뒷좌석에 아이들을 위한 TV 스크린이 설치되어 있고, 운전 중에 잠깐 잠이 들어도 차선 이탈을 막아줄 정도로 최소한의 기본적인 자율주행 정도는 가능한 편안한 자동차를 원할지 모른다. 많은 사람들이 대형 SUV를 사는 것도 그 때문인데, 특히 연료비가 저렴한 나라에서 그런 현상이 두드러진다. 하지만 우리가 공유차를 타고 시내를 가로지를 때 우리에게 필요한 건 많이 달라진다. 이때 우리에겐 차를 탈 수 있는 시간과 가격 규정이 중요하지 편안함은 그리 문제되지 않는다. 스카린지는 잠시 공유차량에 대해 생각해보더니 세 번째 이용 조건을 내걸었다. "차에서 고약한 냄새가 나면 안 된다."

그는 결과적으로 우리가 다양한 종류의 자동차 중에서 필요할 때 적절한 자동차를 골라 이용할 수 있게 될 것이라고 주장했다. 차량 공유의 등장은 이러한 선택을 향한 발전의 초기 단계에 불과하며, 많은 사람들에게 그것은 소유에서 벗어난다는 걸 의미한다. 스카린지는 이러한 구독경제로의 변화, 즉 모빌리티를 위한 한 벌의 양복으로부터 많은 양복이 들어 있는 옷장으로의 변화는 우리가 자동차 산업의 사업 모델뿐만 아니라 그 산업 전체를 재창조할 수 있게 해줄 것이라고 주장했다.

이것은 제조업자들에게 고통을 안길 것이다. 첫째, 차량 공유 업체들과 완전히 새로운 서비스 회사의 생태계가 자동차 산업의 전체 수입에서 더 많은 부분을 가져갈 것이다. 대형 자동차 회사들은 이런 변화를 인식하고, 결국 자율주행차도 포함해서 필요할 때 차를 빌릴 수 있는 공유 시스템을 준비하고 있다. 그러나 그것의 운영 주체가 누구건 간에 그들은 자동차 소유주인 우리보다 훨씬 더 효율적으로 운영할 게 확실하다. 차량 공유 업체들이 하루 평균 여덟 시간씩만 차량을 운행해도 여전히 일반 운전자의 여섯 배가 넘는 시간이다.

스톱워치와 클립보드로 무장하고 효율성 검사를 수행한 가상의 엔지니어를 기억하는가? 우리 자동차도로의 모든 유휴공간을 보고 그토록 분개했던 사람을? 차량 공유 산업이 성장하면서 그는 그런 공간을 훨씬 더 적게 보게 될 것이다. 이렇게 효율성이 높아지면 대형 자동차 회사의 판매량은 감소할 것이며, 생산업체의 대량생산 필요성이 줄어든다. 자동차업계가 한마디로 '피바다'가 될 수 있다.

일단 대량생산 업체들은 각각 스스로 문제를 해결하도록 내버려두자. (이와 관련해서는 다음 장에서 다시 설명하겠다.) 이제 RJ 스카린지가 다가올 전투의 윤곽을 설명해주었으니, 그가 어떻게 그 전투로부터 이익을 낼지 따져보는 게 적절할 것이다.

두려웠지만 통했다

디트로이트의 교외 산업단지에 있는 리비안 본사는 시 중심지와 앤아버Ann Arbor라는 대학가의 중간쯤에 위치해 있다. 월마트 슈퍼센터Walmart Supercenter만 한 크기로 그에 걸맞은 초대형 주차장이 마련되어 있다. 건물 내부의 공간 대부분은 전기자동차와 트럭 모형이 여기저기 흩어져 있는 산업디자인 스튜디오처럼 보인다.

이 건물의 임원실에서 만난 스카린지는 의자에 기댄 채 자신의 이야기를 털어놓았다. 그의 말을 들으면 그가 돈에 집착하는 사람이라고 생각하게 될 수도 있다. 그는 돈에 대해 여러 차례 언급했다. 모든 질문이 돈과 연관되어 있었다. 하지만 그럴 만도 했다. 새로운 자동차 회사를 세우는 것이 목표라면, 돈은 음식이나 산소와 같기 때문이다. 돈은 가능성과 지속성을 의미한다. 심지어 틈새시장을 공략하는 자동차 회사도 수십억 달러의 투자를 받아야 한다.

2018년 여름 이날, 스카린지는 5억 달러를 투자받았다. 투자금 중 대부분은 사우디아라비아의 대기업인 압둘 라티프 자밀Abdul Latif Jameel이 낸 것이었다. 하지만 그 정도의 투자금으로는 간신히 독자 브랜드의 전기차를 출시하고, 운이 좋다면 헨리 포드나 페르디난드 포르쉐Ferdinand Porsch나 무자비한 업계에서 살아남은 소수의 생존자 명단에 이름을 올릴 정도밖에 되지 않는다.

스카린지는 열 살 때인 1993년부터 자동차를 만드는 꿈을 꾸기 시작했다. 어느 날 그는 플로리다의 코코아 비치Cocoa Beach에 사는 한 이

웃이 클래식 포르쉐를 새롭게 단장하고 있다는 것을 알게 되었다. 스카린지는 오후 내내 차고에 머물면서 차에 대해 배울 수 있는 모든 것을 배웠다.

스카린지는 다이버전트 3D의 케빈 칭거를 포함해서 모빌리티 스타트업에서 일하는 다른 많은 사람들처럼 매우 똑똑하고 야심 찬 자동차광으로 성장했다. 그의 자동차 사랑은 사람들이 인맥을 늘리거나 고객을 관리하려고 링크드인 프로필에 의무적으로 적어놓은 수준의 '열정'과는 차원이 다르다. 수백만 명의 사람들이 자동차에 대해 느끼는 열정은 실제적이고 본능적이다. 스카린지는 이웃의 차고에 첫발을 들여놓은 이후부터 그렇게 느껴왔다. (그는 결국 자신의 자동차 회사 이름을 코코아 비치 근처를 따라 흐르는 인디언 강Indian River의 철자를 섞어서 '리비안Rivian'으로 지었다.)

고등학교를 졸업한 이후 세운 그의 목표는 단순했고, 오랫동안 지속되었다. 그것은 붐비고 오염된 지구에 안성맞춤인 더 똑똑하고도 효율적인 차세대 자동차를 만들자는 것이었다. 그 목표를 실현하려면 회사가 필요했고, 회사를 세우려면 돈이 필요했다. 또 돈을 구하려면 더 수준 높은 학습을 통해 얻을 수 있는 지식과 인맥이 필요했다. 그는 엔지니어답게 논리적으로 차근차근 설명했다. 그는 "나 자신에게 여러 가지 선택지를 주기 위해 학교 공부에 매진했다. 많이 배워 스스로 자본을 조달할 수 있기를 원했다"고 말했다. 그래서 그의 선택은 뉴욕의 트로이에 있는 렌셀러 폴리테크닉 대학교Rensselaer Polytechnic Institute였다.

스카린지가 대학에 다닐 때 대중적 인터넷이 폭발적으로 성장했다. AOL, 야후 등을 비롯해 수백 개의 닷컴기업으로 투자금이 몰렸다. 당연한 이야기지만, 그의 대학 동기 중 다수가 인터넷과 뜨거운 인기를 누리는 소프트웨어공학 분야로 향했다. 하지만 스카린지는 자동차에 매달렸다. 디지털 경제가 '황금알'을 낳아줄 것 같은 시기에 자동차는 약간 복고적이고, 더럽고, 따분해 보였다.

그렇지만 자동차 산업은 기회와 연구 자금으로 가득 차 있었다. 그것은 여전히 2조 달러 규모의 산업이었다. 스카린지는 대학원에 지원했을 때 여러 곳에서 입사 제안을 받았지만, 매사추세츠 공과대학교의 슬로안 자동차연구소Sloan Automotive Laboratory 박사과정을 선택했다.

차세대 자동차를 만들려는 사람에게는 스카린지가 스물한 살 때 케임브리지에서 직접 찾아낸 것보다 더 좋은 결과를 상상하기란 사실상 불가능하다. 자동차 제조업체들은 슬로안 연구소를 통해 그들 산업의 미래에 대한 그의 연구를 후원했다. 그들은 그에게 자동차 산업 그 너머에 무엇이 있든지 연구하라고 돈을 지원했다.

그는 어느 때보다 또렷하게 혁신적인 디지털 기술 대열(그중 일부는 그의 예전 MIT 동창들이 개발했다)을 볼 수 있었다. 그런 기술들은 산업을 재편성할 준비가 되어 있었다. 지난 20년 동안 컴퓨터 경제는 전화기와 카메라를 정복한 뒤 미디어와 소매업으로 뛰어들었고 광고업계를 파괴했다. 운송이 다음 목표였다. 대형 공장, 노동자, 관료들이 군림하고 있는 대형 자동차 회사에 그것은 목숨을 걸고 투쟁을 벌일 만한 분야로 변하고 있었다.

스카린지는 두껍게 쌓인 유산의 굴레에서 벗어나 있는 더 작고 민첩한 자동차 회사에 적합한 시기가 도래했다고 생각했다. 그는 박사과정을 중단하고 자동차 회사를 설립할지 말지를 고민했다. 당시는 부동산 호황이 정점에 이른 2006년이었다. 대부분 사기성 모기지 담보부 증권mortgage-backed securities(금융기관이 부동산을 담보로 자금 수요자에게 대출해준 경우에 보유하게 되는 모기지를 근거로 발행한 증권 - 옮긴이) 발행을 통해 조달한 수십억 달러가 새로운 기술의 종잣돈 역할을 했다. 운송 분야도 예외는 아니었다. 도요타의 첫 전기 하이브리드 자동차인 프리우스가 소비자들에게 인기를 끌었고, 불행했던 케빈 칭거의 코다 자동차 등 수많은 새로운 전기자동차 회사에 거액의 벤처자금 투자가 몰렸다.

투자금 조달이 수월해지자 자동차 회사 설립의 꿈을 버리지 않고 있던 스카린지는 기회를 놓칠까봐 걱정했다. 그는 자동차 스타트업을 소개하는 파워포인트 프레젠테이션을 제작한 뒤 몇 차례 사업계획 경쟁 대회에 참가해서 발표했다. 투자자들은 지갑을 열며 반응했다. 몇몇 투자자는 그에게 전기자동차 스타트업 창업 자금으로 최대 2,000만 달러의 투자를 제안했다.

그렇지만 스카린지는 그 돈을 받지 않았다. 2,000만 달러가 있으면 분명 좋은 출발을 할 수 있었다. 작은 팀을 꾸리고 차를 설계하기에 충분한 자금이었다. 그러나 그러고 나서는 다시 차를 생산하기에 충분한 돈, 그것도 거액을 조달해야 했다. MIT 박사와 대학원 중퇴자 중에서 누가 10억 달러를 더 잘 모을 수 있을까? 그는 결국 대학원에 남아 박사과정을 끝마치고 박사학위를 받았다.

스카린지는 자신은 원래 차근차근 나아가면서 자동차업계에서 10년쯤 경험을 쌓은 뒤 창업에 뛰어들 생각이었다고 밝혔다. 하지만 2008년 세계경제가 나락으로 떨어지면서 상황이 달라졌다. 금융시장이 붕괴되자 미국의 자동차 산업은 몰락 직전까지 내몰렸다. 판매량이 급감했다. 제너럴모터스GM와 크라이슬러는 파산했고 미국 정부에 구제금융을 요청했다.

자동차 제조에 필요한 투자를 받기에 가장 힘든 시기가 되었다. 2006년경에 넘쳐나던 유휴자본은 사라진 지 오래였다. 설상가상으로 돈만 증발한 것이 아니었다. 그중 상당액이 부채로 바뀌면서 전 세계의 잠재적 투자자들을 압박하고 있었다. 그와 동시에 자동차 산업이 취약해졌다는 데는 더 이상 의문의 여지가 없었다. 위병을 교대해야 할, 다시 말해 더 작고, 군더더기 없고, 환경친화적이고, 저렴한 21세기식으로 전환할 시점이었을까? 스카린지는 그랬다는 걸 알리려고 했다.

그는 작고 전문화된 자동차 회사와 새로운 사업 모델이 필요하다고 주장했다. 그런 회사는 생산 매출액의 더욱 작은 부분으로도 생존할 수 있을 것이며, 맞춤형 소프트웨어 앱과 업데이트를 포함한 서비스 제공을 통해 매출을 확대할 것이라고 생각했다. 스카린지는 애플과 아마존 같은 기업으로부터 힌트를 얻어 디지털 시장을 창조하고 싶었다. 결국 자동차도 네트워크로 연결된 전자장치였다.

약 6,000만 년 전에 작고 지략이 뛰어난 포유류가 거대 파충류가 지배하는 세계에서 승리한 비결이 무엇인지 알려줄 수 있었다면, 그것은 스카린지가 찾아낸 비결과 매우 비슷하게 들렸을 것이다.

스카린지는 불황의 구렁텅이 속에서도 20명의 팀원을 고용해서 차세대 자동차의 시제품을 디자인하기에 충분한 자본을 긁어모았다. 강인한 모양의 고급차였다. 그러나 대부분의 개발은 자동차의 내부, 즉 배터리와 파워트레인에서 이루어졌다. 스카린지는 이 플랫폼을 다른 회사에 팔 생각이었다. 플랫폼을 산 회사는 그 위에 그들만의 자동차를 만들 수 있었다.

스카린지는 투자자를 찾기 위해 모교인 MIT의 자금망을 조사했다. 그러다가 1978년 MIT에서 토목공학 학위를 받은 억만장자 모하메드 압둘 라티프 자밀Mohammed Abdul Latif Jameel과 연락이 닿았다. 자밀의 아버지인 압둘 라티프는 1945년 사우디아라비아의 제다Jeddah에서 주유소 하나로 사업을 시작했다. 그로부터 10년 뒤 그는 당시 고전하고 있던 일본 자동차 회사인 도요타로부터 랜드크루저Land Cruiser 네 대를 수입했다. 아라비아의 사막에서 견고한 랜드크루저는 이상적인 차량임이 입증되었다. 압둘 라티프는 랜드크루저를 추가로 수입했다. 그러다 결국 세계 최대의 도요타 유통업체 중 하나가 되었다. 1993년 아버지가 돌아가신 후 회사를 물려받은 모하메드는 마케팅, 제조, 발전, 금융 서비스 분야로 진출해 31개국에서 사업을 하고 있다.

모하메드는 MIT 동문 네트워크를 통해 스카린지 팀이 개발한 시제품에 대한 추가 정보를 구할 수 있었다. 그는 열정적으로 아시아, 중동, 북아프리카 전역에서 급증하고 있는 중산층을 공략하자고 제안했다. 그 지역에 사는 수억 명은 저렴한 전기자동차를 원할 것이라고 판단했다.

스카린지 팀은 시제품 디자인에 착수했다. 꼬박 2년이 걸렸다. 그러던 어느 날 밤 스카린지는 잠을 이루지 못하고 침대에 누워 있다가 갑자기 자신이 길을 잘못 들어섰다는 결론을 내렸다. 그것은 '개발도상국의 중산층은 최첨단 기술을 추구하지 않는다'는 끔찍한 결론이었다. 실제로 그들에게 중요한 건 가격이다. 휴대전화든 자동차든, 그들은 보통 경쟁이 치열한 상품시장에 몰려들게 마련이다. 스카린지는 광저우와 방콕에서부터 이슬라마바드에 이르기까지 다른 스타트업들과 살인적인 가격 전쟁을 벌여야 할 수도 있었다.

그는 그러한 싸움을 피해서 더 부유한 고객을 공략 대상으로 삼아야 했다. 그래서 그는 테슬라의 고급 자동차를 구매하는 사람들을 생각해보았다. 그들은 많은 돈을 가지고 있다. 게다가 고급 제품을 판매하는 회사는 그들을 대상으로 영업해서 더 많은 이윤을 챙길 수 있다. 그리고 살인적인 대량생산체제로 떠밀리지 않아도 된다.

스카린지가 5만 달러 이상의 가격으로 프리미엄 전기자동차를 팔 수 있다면, 그는 더 많은 기술, 즉 더 많은 센서와 자율주행 기술, 더 꼼꼼하게 보정된 전력 관리 기능, 그리고 결과적으로 한 번 충전으로 480킬로미터 이상 달릴 수 있는, 주행거리가 긴 차량을 팔 수 있을 것이다. 리비안이 그렇게 최상의 품질을 자랑하는 전기자동차를 생산한다면 세계적인 브랜드로 자리매김할 수 있을 것이다.

스카린지는 정말 긴장할 수밖에 없었던 모하메드 라티프 자밀과의 만남에서 자신의 생각을 알리려 했다. 그는 리비안이 근본적으로 전략을 수정하고 2년간의 개발을 포기해야 한다고 설명한 뒤, 다시 시작하기 위해 더 많은 돈을 요구할지 모른다고 말해야 했다. "나는 몹시 두려워하고 있었다."

똑똑한 리스크 테이커risk-taker인 모하메드는 투자하기로 결정했다. 스카린지는 투자금을 받자마자 미래의 전기자동차를 디자인하기 위한 4개년 계획에 돌입했다.

전기차의 성장과 그 이면

21세기 초, 폭스바겐의 임원들은 도전에 직면했다. 도요타의 새로운 하이브리드 자동차인 프리우스는 환경적인 감각을 꽃피우고 있었다. 전기 엔진에 기반한 프리우스는 엄청난 고연비를 자랑하면서 도시의 거리를 질주했다. 폭스바겐을 포함한 많은 자동차 회사는 하이브리드 개념을 오랫동안 무시해왔다. 하이브리드 차량은 휘발유로 구동되는 엔진과 배터리로 작동하는 또 다른 엔진(공간의 상당 부분을 차지했다)이라는 두 개의 엔진을 후드 아래에 가진 어색한 조합으로, 마치 다리가 달린 물고기 같았다. 그렇지만 프리우스는 인기를 끌었고, 성장하는 친환경 시장을 석권했다.

도요타와 세계 자동차 판매 1위 기업 자리를 놓고 경쟁하던 폭스바겐에는 프리우스와 대적할 만한 하이브리드 차가 없었다. 그래서 이 거대 독일 기업은 직관적인 대응책을 생각해냈는데, 그것은 바로 시내버스처럼 검은 배기가스를 내뿜으며 냄새와 연기를 풍기는 차의 엔진 기술인 디젤이었다. 디젤을 친환경 기술로 포장해서 마케팅을 하는 것은 병원의 심장 병동에서 치즈버거를 파는 것과 비슷했다. 디젤 엔진은 휘발유 엔진보다 연비는 좋아도 유독성 산화질소 및 유독성 미립자 구름을 생성한다. 디젤은 스모그를 일으키는 주요 원인이다.

하지만 폭스바겐의 임원들은 구형 디젤이나 그런 문제를 일으킨다고 주장했다. 2009년에 출시된 그들의 신차는 새로운 친환경 버전인 '클린 디젤clean diesel'로 달리게 된다는 것이었다. 폭스바겐의 임원들은 프리우스보다 힘과 성능이 월등한데도 기존의 디젤 엔진보다 오염물질을 훨씬 더 적게 배출하는 클린 디젤 엔진을 개발했다고 주장했다.

폭스바겐의 이런 클린 디젤 엔진 프로젝트는 회사의 브랜드를 깎아내리고 CEO인 마틴 빈터콘Martin Winterkorn을 포함한 많은 임원의 사퇴를 초래한 재난으로 이어졌다. 폭스바겐은 클린 디젤을 생산하지 않고 사기를 쳤다. 폭스바겐은 자동차 엔진을 테스트할 때만 오염 제어 기능이 활성화되도록 소프트웨어를 '임의로 조작'했다. 결과적으로 폭스바겐의 디젤차들은 실험실에서 무공해 친환경차 같았지만 도로와 고속도로를 주행할 때에는 성능과 오염이 모두 올라갔다. 2015년에 이러한 사실이 폭로되면서 회사 전체가 위기에 빠졌다. 폭스바겐에 따르면 벌금 등과 같은 처벌로 회사는 330억 달러의 손해를 입었다.

그런데 여기서 전기자동차의 미래와 RJ 스카린지의 스타트업 모두에게 중요한 사실은 이 범죄를 계기로 폭스바겐이 뒤늦게나마 전기 엔진 개발에 관심을 갖게 되었다는 점이다. 폭스바겐은 속죄하고 미국의 규제당국과 합의하는 차원에서 전기 충전 인프라에 20억 달러를 투자하기로 합의했다. 폭스바겐에 따르면 이 '일렉트리파이 아메리카Electrify America' 프로젝트의 목표는 '소비자 친화적인 충전망[3]을 구축해서 충전에 대한 불안을 낮춰줌으로써 전기차 보급을 늘리는 것'이다. 결국 폭스바겐이 일으킨 디젤 대재앙은 자동차업계를 전기가 지배하는 미래로 움직이게 이끌었다.

자동차 산업 전반에는 이제 전기자동차가 불가피하다는 생각이 퍼져 있다. 세계 최대 시장인 중국이 전기자동차 개발을 추진 중이다. 모든 주요 자동차 회사가 변신할 준비를 하고 있다. 우선 포드는 휘발유 세단을 완전히 포기했다(단, 가능한 한 오랫동안 수익성이 높은 휘발유 트럭과 SUV에 매달릴 예정이다). 블룸버그 뉴에너지 파이낸스Bloomberg New Energy Finance는 2022년에도 전기자동차가 전 세계적으로 전체 자동차 판매량의 약 6퍼센트에 불과한 460만 대가 팔리는 데 그치면서 여전히 틈새시장에 머물겠지만, 2030년이 되면[4] 전 세계 판매량이 3,000만 대에 이르고 그중 40퍼센트 정도가 중국에서 팔릴 것이라고 예측했다.

이런 식의 장기 예측은 신뢰성이 낮은 것으로 악명이 높다. 투자자들이 이런 예측을 믿었다가 자칫 낭패를 볼 수도 있다. 하지만 나머지 우리 같은 사람들에게 장기적으로건 중기적으로건 시간표는 큰 의미가 없다. 어쨌든 10년이나 20년 안에 전기와 휘발유 엔진은 역할을 바꿀 것이고, 전기가 지배하고 내연기관은 틈새 기술로 전락할 것이다. 휘발유 자동차는 시골에 계속 남아서 마니아들에게 한 세기 전의 말과 상당히 비슷한 의미를 선사할 것이다.

최근까지만 해도 전기자동차를 유지하기가 고통스러웠다. 애정이 없다면 못할 일이었다. 전기자동차는 유지비가 많이 드는데다 여러 면에서 성능이 떨어졌다. 주행거리가 짧고 충전소를 찾기도 힘들었다. 구매자들은 웃돈을 지불하면서까지 새로운 것의 매력과 탄소 배출량 제로라는 친환경적인 이점 때문에 부정적인 면들을 참아냈다.

하지만 지금은 전기자동차가 가격과 성능 면에서 전통적인 차를 빠르게 따라잡고 있으며, 판매 증가세가 둔화할 기미를 보이지 않는다. 화학 기반 기술의 발전이 디지털 시스템의 기하급수적인 도약보다 더 어렵고 느린 것은 사실이다. 그렇지만 배터리 관련 연구가 활성화되고 있다. 가장 가벼우면서 가장 효율적인 배터리가 자동차에서 전화기에 이르기까지 거대한 모빌리티 산업의 상당 부분을 차지하게 될 것이다.

이것은 분명 환경에서부터 지정학적 문제에 이르기까지 나름의 문제를 일으킬 게 분명하다. 배터리 처리는 엉망진창일 테고, 그 속에 들어가는 광물 채굴에는 위험이 도사리고 있다. 실제로 석유나 석탄처럼 배터리 산업은 근본적으로 대개 채굴 산업이다. 배터리는 리튬과 코발트 같은 희토류 금속으로 만든다. 국제사면위원회Amnesty International에 따르면 아동노동자가 그런 금속을 채굴하는 경우가 빈번한데,[5] 그들 중 일부는 채 10달러도 못 받으면서 열두 시간 동안 일하고 있다. 푸르스름한 금속인 코발트는 배터리의 안정성과 저장용량을 높여주는데, 이 두 가지는 모두 전기자동차에 필수적이다. 그런데 세계 코발트의 절반은 아동노동이 횡행하는 콩고민주공화국에서 생산된다. 다가오는 전기자동차 경제에서 중앙아프리카 같은 지역은 오늘날 석유 부국인 페르시아 만처럼 폭발적으로 성장하는 중심지가 될 수 있다.

아동노동 등과 같은 문제 때문에 일각에서는 수소 같은 새로운 연료가 다음 세기 모빌리티의 동력이 되어야 한다는 주장이 제기되었다. 수소는 굉장한 매력을 가지고 있다. 그것은 우주에서 가장 풍부한 원소로, 물질의 약 75퍼센트를 구성한다. 수소 연료 전지로 달리는 차량에서 배출되는 유일한 배출물은 물이다.

그렇지만 수소에는 문제가 있다. 480~640킬로미터의 경쟁력 있는 주행거리를 달리려면 수소차가 위험한 고압으로 수소를 저장해야 한다. 더구나 수소 연료를 만드는 과정에서 대량의 천연가스가 필요한데, 이것은 지구온난화를 일으키는 이산화탄소 구름을 만든다. 정부와 세계의 산업이 수소경제를 추진한다면, 의심할 여지 없이 이러한 많은 문제가 해결될 수 있을 것이다. 하지만 대부분은 이미 선택을 끝냈다. 그들은 우리가 이미 알고 있는, 즉 우리가 매일 갖고 다니는 기기들에 들어 있는 배터리 기술 뒤에 줄을 서고 있다.

'아무 걱정 없이' 탈 수 있다면

최신 전기자동차는 무게가 몇 톤에 달하는 사륜 자동차로, 2019년

LA에서 열린 오토쇼에서 가장 주목받았다. 디젤 게이트 사건을 겪은 지 한참 지난 폭스바겐도 전기자동차 시장에 뛰어들고 있다. 계열사인 아우디는 마블 스튜디오가 제작한 영화 「어벤져스 : 엔드게임」에도 등장하여 주목받은 7만 5,000달러짜리 전기 SUV인 e-트론e-tron을 선보였다. 폭스바겐의 콘셉트 밴인 버즈 카고Buzz Cargo는 선루프에 태양 전지판을 부착해 하루 최대 15킬로미터를 더 달릴 수 있다. 폭스바겐은 아마존과 협력해 e-트론 구매자에게 가정용 충전 시스템을 1,000달러에 판매하고 설치해주고 있다. LA 오토쇼에는 SUV를 포함한 기아의 전기자동차 두 대와 BMW가 테슬라와 경쟁하기 위해 만든 전기자동차 아이넥스트iNEXT도 전시되었다. 아이넥스트의 전면 그릴에는 센서가 장착되어 자율주행이 가능하며, 사이드미러 자리에 카메라를 설치함으로써 보다 공기역학적으로 제조되었다.

그런데 이런 전기자동차들 중에서 가장 낯설어 보이는 것은 짧은 침대를 갖춘 은색 픽업트럭이었는지도 모른다. 이 픽업트럭의 실내 공간은 대부분의 다른 트럭보다 넓다. 전면에는 그릴이 없고 전조등 사이로 하얀 줄무늬가 달려 있을 뿐이다. 마치 아놀드 슈워제네거가 분장한 터미네이터가 운전하는 차처럼 보였다. 그 픽업트럭의 이름은 'R1T'다. 트럭 옆에서 RJ 스카린지가 활짝 웃고 서 있었다.

리비안이 노리는 틈새시장이 바로 이런 모험과 탐험에 적합한 고가 SUV 시장이다. 그도 알고 있듯이 프리미엄 시장은 두 가지, 즉 명품 시장과 그보다 좀 더 실용적인 시장으로 나눌 수 있다. 스카린지는 기존 브랜드인 테슬라와, 니오Nio가 이끄는 중국의 경쟁사들이 같은 구매자를 대상으로 삼으면서 명품 전기자동차 시장은 이미 포화 상태에 이르렀다고 말했다.

그러나 다른 프리미엄 전기자동차 시장인 모험 시장은 대체로 한산하다. 그럴 만한 이유가 있다. 구매자들은 자동차 산업을 동력과 묶고, 동력을 낮은 연비와 묶어서 생각하는 경향이 있다. 구매자 대부분은 식료품을 사러 가거나 학교에 아이들을 내려주기 위해 프리미엄 전기자동차를 이용하지만, 막상 그것을 구매할 때는 오자크Ozark 산 지류支流를 건너거나 코모 호수Lake Como 위의 눈밭을 헤치고 달리는 모험을 꿈꾼다. 그러려면 차의 힘이 강해야 한다. 그리고 원하건 원하지 않건 간에 대부분의 사람은 전기자동차가 '친환경'이라서 '에너지 효율성'이 좋다고 생각하면서도, 친환경 전기자동차를 늘 '힘이 약한 차'로 간주했다.

스카린지가 모험을 걸 틈새시장의 롤 모델은 고가 아웃도어 브랜드인 파타고니아다. 플라이 낚시꾼이 세운 이 회사는 모험 시장에서 어느 정도 '정통성authenticity'을 유지하고 있다. 파타고니아가 판매하는 텐트와 등산화, 우의는 가격은 비싸더라도 영구 사용이 가능하다는 믿음을 준다. 스카린지가 원하는 브랜드는 바로 그런 것이다.

스카린지는 LA 오토쇼를 찾은 기자들에게 '아무 걱정 없이' 탈 수 있는 자동차를 만들려고 한다고 밝혔다. 리비안 차량의 운전자는 차 안에서 아무런 잘못도 할 수가 없다. 파타고니아가 판매하는 400달러짜리 배낭이나 암사슴 가죽 등산화처럼 구매자들에게 소재가 질기고 튼튼해서 품질이 뛰어나다는 인상을 주겠다는 것이다. 스카린지는 "나 자신이 만족하는 차, 즉 아이들을 태워 해변에 데리고 가도 걱정할 필요가 없는 차여야 한다"고 강조했다.

이 초창기에 몇 년 동안 전기자동차 시장은 여전히 개인이 자동차를 사고, 소유하고, 운전하는 20세기 모델에 의해 주로 정의된다. 그러나 스카린지는 2030년 말이 되면 기업이 시간 또는 일 단위로 쪼개어 제공하는 전기자동차가 지금보다 훨씬 더 늘어날 것으로 예상한다. 리비안 자동차를 포함해서 스스로 주행하는 자동차의 수도 늘어날 것이다. 그러나 리비안이 그때까지 살아남아서 그러한 미래에 도달하려면 20세기 모델에 훨씬 더 가까운 방식으로 다가올 10년을 견뎌내야 한다. 즉 여전히 운전대를 잡아야 하는 사람들에게 자동차를 팔아야 한다. 이 시장에서 중요한 건 성능이며, 그중 상당 부분은 동력에 달려 있다.

배터리는 전기자동차의 심장으로, 자동차 무게와 가격의 약 3분의 1을 차지한다. 리비안에서는 배터리 패널이 앞바퀴와 뒷바퀴 사이에 있는 낮은 플랫폼 위에 놓여 있다. 이렇게 하면 자동차의 균형 감각은 높아지고 무게중심은 낮아진다. 반면에 휘발유 자동차는 엔진과 무게의 상당 부분이 중심에서 떨어져 있는데, 보통 차량 앞쪽으로 가게 해놓는다. 그렇게 하면 본질적으로 안정성이 떨어진다. 하지만 그보다 더 중요한 것은 리비안의 침대만 한 배터리가 가진 힘이다. 그것은 무려 800마력에 버금가는 놀라운 힘을 낸다. 포드의 상징적인 F-150보다 두 배 이상 되는 힘이다.

전기트럭은 또한 필요한 곳에 힘을 쓰기가 훨씬 더 쉽다. 리비안

트럭의 디자인은 각 바퀴에 동력을 전달하는 작은 모터들을 특징으로 한다. 이렇게 하면 거친 지형을 달리거나 속도를 낼 때 핸들링이 개선된다. 그러나 대부분의 고객은 배터리로부터 가장 큰 이득을 얻는데, 다시 말해 640킬로미터 이상, 그리고 머지않은 미래(스카린지가 1년 안에 가능할 거라고 약속하지는 못하지만)에 800킬로미터를 주행할 수 있느냐에 초점을 맞출 것이다.

그러한 시장의 모양은 어떻고, 도시별로 그런 시장이 생겨나는 시기가 언제일지는 여전히 미스터리다. 모든 자동차 회사, 특히 리비안처럼 작은 회사들이 극복해야 할 과제는 우리를 기다리고 있는, 네트워크로 연결된 다양한 종류의 전기자동차 경제로의 격변 속에서 살아남는 것이다. 여기서 리비안의 일명 '스케이트보드Skateboard' 플랫폼 기술이 필요하다. 전기자동차의 내부, 즉 배터리, 모터, 변속기 등은 퀸 사이즈 상자 스프링 모양의 평평한 검은색 구조물 위에 배치되어 있다. 이것은 트럭이든 SUV든 모든 리비안 차량에서 핵심적인 기능을 한다. 스카린지는 스케이트보드를 플러그인plug-in 부품으로 여러 제조업체에 판매할 수 있기를 바란다. 그는 "스케이트보드는 배달용 밴과 버스 등 어디서나 다양하게 쓰일 수 있다"고 말했다. 다이버전트 3D처럼 맞춤형 제조 방식에 의존하는 기업인들조차도 리비안의 스케이트보드 위에서 틈새시장에 팔 차량을 따로 조립할 수 있다.

스카린지뿐만 아니라 새로운 모빌리티 분야에 뛰어든 다른 모든 사람을 비교하다 보면 항상 과거의 정보 기술 시대로 되돌아가게 된다. 이런 경우 스카린지는 개인용 컴퓨터의 부상을 예로 든다. 1980년 대에 애플의 열정적인 소수집단 밖에 있던 대부분의 컴퓨터 산업은 공통 기반인 반도체 표준 라인 위에서 뿌리를 내렸다. 델과 컴팩에서 소니에 이르기까지 다른 회사들은 그들만의 컴퓨터 모델을 만들 수 있었다. 하지만 그들은 컴퓨터의 두뇌 격인 칩을 만드는 데 신경 쓸 필요가 없었다. 그것들은 표준이었기 때문이다.

리비안을 비롯한 업계의 다른 많은 사람들 눈에 차세대 전기자동 차 시장은 다양한 전문가가 소프트웨어에서 터치스크린 윈도즈에 이르기까지 다양한 구성품을 개발하는 새로운 생태계를 이룰 것이 다. 리비안은 이 초창기 시장에서 엔진과 동력을 제공하기를 바라고 있다. 그것이 가능하다면 8만 달러짜리 전기 픽업트럭들이 주차장 에서 뛰어나가지는 못하더라도 리비안은 여전히 생존의 길을 열 수 있을 것이다.

스카린지는 새로운 신봉자들을 찾는 전략을 쓰고 있다. 2019년 4월, 포드는 리비안에 5억 달러를 투자했다. 두 회사는 앞으로 포드 전기 자동차를 함께 개발하기로 했다. 이 차는 리비안의 스케이트보드에 의해 구동될 가능성이 높다. 2019년에 열린 LA 오토쇼 이후[6] 아마존 은 7억 달러 규모의 새로운 투자를 주도하며 스타트업에 대한 일류 투자자로 떠올랐다. 리비안의 스케이트보드는 다가오는 택배 차량 들에 장착될 것이다. 자동차 회사들 앞에 놓인 '죽기 살기'식 투쟁 속 에서 그것은 큰 승리를 약속해줄 것이다.

제4장

― ― ―

퇴물이 된 도시의 미래

예일 대학교 경영대학원 학생들은 두 번의 여름방학 기간을 이용해 종종 기업에서 인턴으로 일한다. 크리스 토마스Chris Thomas는 특이한 기업으로 가려 했는데, 그런 생각은 그에게 인생의 중대한 전환점을 마련해주었다. 우드워드 애비뉴Woodward Avenue에 있는 넓은 사무실에서 만난 그는 창가에 서서 디트로이트 시내의 어슴푸레한 한낮의 스카이라인을 바라보면서 우리에게 자신의 이야기를 들려주었다. 불혹의 나이를 맞은 토마스는 동안이었다. 그는 머리를 뒤로 빗어 넘겼는데, 마치 젊은 시절의 에드셀 포드Edsel Ford처럼 1950년대 사람 같은 느낌을 주었다.

예일 대학교 인턴십 업무 담당자들은 토마스에게 지원하고 싶은 지역이 있느냐고 물었다. 그는 "디트로이트"라고 대답했다.

당시는 2008년이었다. 자동차 산업은 앞으로 절대 헤어나기 힘들 것 같은 불황 속으로 깊숙이 빠져들고 있었다. 인턴십 업무 담당자들은 그가 런던이나 싱가포르를 선호할 거라고 예상했지만 그는 디트로이트를 고수했다.

디트로이트는 토마스의 고향이었다. 토마스는 디트로이트의 북쪽인 워터포드 타운십Waterford Township에서 자랐다. 가족들 중 처음으로 대학에 간 그는 미시간 주에서 공부했다. 이후 샌프란시스코에 있는 은행에서 일하다가 이라크전에 참전했다. 그러는 동안 내내 그의 머릿속에서는 디트로이트가 떠나지 않았다. 잘난 체하는 것처럼 들릴 수 있어서 예일 대학교 사람들에게 말하지 않았지만 그는 디트로이트의 부흥에 기여하고 싶었다. 그는 "나는 디트로이트를 사랑한다. 솔직히 말해서 정말로 그렇다"고 말했다.

20세기 중반에 미시간 주의 최대 도시인 디트로이트는 엄청난 부를 약속하는 땅이었다. 디어본Dearborn, 폰티악Pontiac, 입실란티Ypsilanti에는 온통 거대한 자동차 공장들이 돌아가고 있었다. 디트로이트는 공장 노동자가 두 대의 자동차 차고가 달린 집뿐만 아니라, 심지어 호수로 끌고 가서 탈 모터보트를 살 수 있는 지구상에 몇 안 되는 곳 중 하나였다. 노동자들은 정부로부터 연구 목적용 토지를 불하받아 지어진, 인근의 앤아버나 크리스 토마스가 공부했던 이스트 랜싱에 있는 명문 대학으로 자식들을 보내 공부시킬 수 있었다.

토마스는 자동차 시대가 저물어가는 무렵에 태어났다. 그는 성장하면서 쇠퇴와 반복되는 위기를 겪는 디트로이트의 모습만 보았는데, 그중 몇몇 위기는 디트로이트의 존립을 위협할 정도였다. 토마

스가 태어나기 5년 전인 1973년에 사우디아라비아가 서방 국가들에 취한 석유 금수 조치는 디트로이트 블록버스터 시대의 막을 내리게 했다. 미국인들이 연비가 좋은 자동차를 찾기 시작하자 일본인들이 시장에 몰려들었다. 일본인들은 데이터에 기반한 새로운 생산 철학으로 무장하고 있었다. 일본어로 '가이젠Kaizen, かいぜん'이라 불리는, '지속적 개선'의 추구를 중시하는 철학이었다. 일본인들은 미국의 산업 전문가인 W. 에드워즈 데밍W. Edwards Deming으로부터 가이젠 철학을 상당 부분 배워갔다. 그런데 정작 미국에서는 누구도 데밍을 주목하지 않았다.

일본의 침략으로 디트로이트는 이제 세계적인 업체들과 경쟁하게 되었다. 디트로이트는 그런 경쟁의 위협을 무시하고 있었다. 이후 토마스가 성장하는 수십 년 동안 자동차 회사들은 노조가 없는 남부와 멕시코로 생산 거점을 옮겼다. 공급망 전체를 중국으로 옮기기도 했다. 디트로이트는 결국 공동화되었다. 토마스가 인턴십을 신청한 지 몇 달 후인 2008년에 금융 붕괴가 일어나면서 GM과 크라이슬러는 파산 직전으로 내몰렸다.

예일 대학교에 입학하기 훨씬 전부터 토마스는 디트로이트를 구하는 일을 돕겠다고 마음먹었다. 디트로이트가 예전 같은 지배적 영향력을 갖기를 바랄 수는 없었다. 슈투트가르트, 도쿄, LA, 그리고 소프트웨어 쪽에서는 실리콘밸리, 텔아비브, 선전 등 다른 많은 도시들이 뜨고 있었다. 그러나 토마스는 세계 최대의 교통 클러스터를 가진 디트로이트가 앞으로도 중요한 역할을 해야 한다고 주장한다. 그는

"타고난 권리까지는 아니더라도, 그것은 우리가 아주 열심히 달리기 위해서 맡아야 할 그 무엇"이라고 말했다.

토마스는 벤처투자사인 폰티날리스Fontinalis의 공동 창업자다. 폰티날리스는 오로지 차세대 모빌리티 사업에 집중하면서, AI에서부터 주차 공간 제약이 없는 자전거에 이르기까지 이 책에서 설명해놓은 많은 기술에 2억 달러 넘게 투자했다. 지금은 모빌리티 분야에 투자하는 기업이 많지만, 폰티날리스는 이 분야에 최초로 투자한 벤처기업이었다. 그 공동 창업자 중 한 명인 윌리엄 클레이 포드 주니어William Clay Ford Jr.는 포드 자동차의 회장이자 설립자인 헨리 포드의 증손자다. 이런 의미에서 제조업 1세의 돈이 2세대의 씨를 뿌리고 있다고 말할 수 있다.

토마스는 인턴 생활을 하던 여름에 포드를 만났다. 당시에 기업 포드는 암울한 시기를 보내고 있었다. 정리해고가 이어졌고, 전망도 어두웠다. 한때 호황을 누리며 뜨거웠던 부동산 시장이 냉각되자 자동차 판매도 둔화하고 있었다. 몇 달 후, 리먼브라더스의 파산 사태는 '대침체Great Recession'를 촉발하면서 디트로이트의 자동차 기업들을 실존적 위기에 빠뜨렸다.

포드에서 인턴으로 일한 첫날 토마스는 자금부에 배치되었다. 그가 은행에서 일했다는 점에서 어떻게 보면 당연한 배치였다. 그런데 그는 머지않아 자신이 좁은 사무실에 앉아 이른바 "상상할 수 있는 가장 지루한 직업"을 마주하고 있음을 깨달았다. 그는 재고 관리와 관련된 업무를 맡았는데 그 일이 싫었다.

그래서 그는 회사 내의 모든 고위 임원에게 이메일을 보냈다. 그는 이메일로 임원들이 하는 일과 회사에 대한 견해를 듣고, 대답까지는 아니더라도 최소한 던져야 할 질문이 뭔지 배우고 싶다고 요청했다. 몇몇 임원이 그를 사무실로 불렀다. 그들은 친절하게 대해주었지만, 결론이 나지 않는 얘기를 나누었다.

그로부터 며칠 뒤 사무실에 앉아 재고 조사를 하고 있던 토마스는 전화 한 통을 받았다. 빌 포드Bill Ford 회장으로부터 걸려온 전화였다. 포드는 토마스에게 30분 동안 시간을 낼 수 있으니 빨리 자기 사무실로 오라고 했다.

포드는 활짝 웃으며 인턴을 맞이해주었다. 그는 토마스에게 인턴 업무가 마음에 드는지 물었고, 토마스는 일이 싫다고 대답했다.

포드는 그런 거북한 소식을 들으면서 "음, 얘기할 시간이 29분 남았네요"라고 말했다.

이후 두 사람은 대화를 이어갔다. 토마스는 포드에게 디트로이트에서 자라고, 미시간 주에서 공부하다가 어떻게 닷컴 붐이 저무는 시기에 샌프란시스코의 투자은행에서 근무하게 되었는지 등 자신이 겪은 일들에 대해 털어놓기 시작했다. 이어 토마스는 2001년 9·11 테러와 이라크 전쟁으로 동생 스콧이 입대를 결심하자 함께 입대했고, 은행원 복장으로 샌프란시스코의 징병소를 찾아갔으며, 1년 뒤 바그다드 북쪽의 한 초소에서 통신병으로 복무했고, 예일 대학원에서 석사학위를 받았다는 이야기를 해주었다. 그리고 그는 포드에게 회사에서 더 재미있는 일을 찾아서 하고 싶은 마음이 간절하다고 털어놓았다. 그는 재고 정리보다 회사에 더 큰 영향을 미치는 일을 하고 싶다고 말했다.

포드는 토마스의 말을 경청했다. 30분이 다 되어 두 사람이 악수할 때 토마스는 포드의 손을 꼭 잡고 부탁 하나를 덧붙였다. 그는 회사에서 가장 흥미로운 프로젝트에 참여할 기회를 달라고 했다. 포드는 확답을 하지 않은 채 주말을 잘 보내라고만 말했다.

그리고 다음 주에 토마스는 재배치되었다. 포드는 그에게 대부분의 사람이 존재하는지도 모르는 일을 하게 될 거라고 알려주었다. 토마스는 세계의 메가시티에서 모빌리티의 미래를 구상하는 포드사의 팀에 참여하게 되었다. 비공식적인 팀이었다. 예산도 배정받지 못했다. 포드는 그 팀을 '스컹크웍스Skunkworks'라고 불렀다. 제2차 세계대전 당시 록히드 마틴Lockheed Martin이 만든 소규모 팀들의 이름을 딴 비밀 혁신팀이었다. 팀원들은 모두 다른 직업을 가지고 있었고 상파울루, 상하이, 뉴욕 등지에서 시간을 맞춰 차세대 모빌리티를 주제로 난상 토론을 벌였다. 전 세계 금융시장의 붕괴를 불과 몇 달 앞두고 이 비공식 팀은 미래를 탐색하느라 분주한 시간을 보냈다.

스컹크웍스는 스마트하고, 네트워크로 연결되고, 로봇 수송의 영향력이 점점 더 커지는 세상을 상상했다. 그들은 이러한 새로운 경향과 기술이 차량 운영사, 배터리 회사, 지도 앱, 소프트웨어 업계 전체, 그리고 바퀴와 날개를 단 새로우면서 이국적인 종류의 운송 수단을 포함한 모빌리티의 모든 생태계를 탄생시킬 것으로 예상했다.

여름이 끝나갈 무렵 토마스는 코네티컷 주의 뉴헤이븐New Haven으로 돌아왔다. 머릿속은 모빌리티의 온갖 가능성에 대한 생각이 가득했다. 그의 동기인 크리스 치버Chris Cheever는 이 새로운 산업에 맞는 스타트업 설립에 여념이 없었다. 그들은 엔진과 자동차와 배터리에 대해 고민했지만, 어느 것을 기회로 여기고 추진해야 할지는 알 수가 없었다.

전략을 세운다고 하더라도 자금을 어떻게 조달할지 확신이 서지 않았다. 세계경제가 급강하하는데다 그나마 있던 투자금은 소셜 네트워크와 등장한 지 1년밖에 안 된 아이폰 앱으로 흘러 들어갔다. 기업인이 노트북으로 사업을 시작할 수 있는 시대가 도래했다. 그러니 누가 산업 스타트업, 그것도 디트로이트의 스타트업에 투자하려고 할지 의문이 들었다.

그런데 바로 그 질문이 역발상으로 이어졌다. 이듬해 봄, 금융 붕괴가 최악으로 치닫고 있을 때 토마스는 다시 빌 포드를 찾아가 열심히 설득했다.

토마스는 자동차 시대에 전 세계의 수도 역할을 했던 디트로이트가 다음 세기도 이끌어야 한다고 주장했다. 그러려면 포드를 비롯한 업계의 리더들이 차세대 모빌리티 스타트업에 투자해야 한다고 강조했다. 그러한 투자는 디트로이트에서 생산된 자동차와 트럭이 잘 팔렸던 몇 년 전에도 '그림의 떡'이라고 할 만큼 받아내기 힘들었을지 모른다. 그러나 2009년 봄, GM과 크라이슬러가 파산하고 포드가 크게 절뚝거리고 있을 때 미래가 갑자기 위험할 정도로 가까이 다가온 것처럼 보였다. 새로운 모빌리티에 대한 투자가 가능성 있는 생명

줄이 될 수 있었다. 심지어 수익을 낼지도 모르는 일이었다.

포드는 토마스와 치버가 세운 벤처기업 폰티날리스의 초기 자본을 댔다. 두 사람은 디트로이트 시내에 있는 사무실에서 폰티날리스를 설립했다. 이후 몇 년 동안 폰티날리스는 모빌리티 벤처 시장을 사실상 독점하다시피 했다.

디트로이트는 시장 붕괴 뒤 처음 몇 년 동안 완전히 디스토피아처럼 보였다. 문은 떨어져나가고 알루미늄 벽널 구멍에서 단열재가 빠져나온 채 방치된, 한마디로 사람들이 버리고 간 집이 주택단지마다 즐비했다. 사람들은 고통을 겪고 있었다. 시내 거리에서 가장 자주 눈에 띄는 보행자들은 그런 물건을 담으려고 개조한 쇼핑 카트에 낡아빠진 소지품을 넣고 다니는 노숙자인 듯했다.

도시는 파산을 선언했고, 많은 사람들은 유명한 디트로이트 미술관Detroit Institute of Arts에 소장된 보물들, 심지어 멕시코 화가 디에고 리베라Diego Rivera(1886~1957)가 경제공황 때 그린 포드의 리버루지River Rouge 공장 벽화까지 빚을 갚기 위해 경매에 부쳐질지 궁금해했다. 디트로이트 시는 너무 텅 비고 가난해서, 눈을 치우거나 통학 버스를 운행하는 것처럼 기본적인 서비스를 제공하는 것조차 버거워했다. 시장은 도시 외곽의 주거단지를 허물고 디트로이트의 규모를 줄이려 애썼지만 성공하지 못했다. 그는 남은 사람들이 모두 더 옹기종기 모여서 살게 하면 되겠다고 생각했다.

모빌리티의 핫스팟으로 이루어진 우주 속에서 금융위기를 겪은 디트로이트는 버려진 동경의 대상이었다. 토마스와 폰티날리스의 파트너들은 유망한 스타트업을 찾아내기 위해 캘리포니아와 매사추세츠 등지를 돌아다녀야 했다. 그런데 어딜 가든 추방당한 미시간 주사람들을 우연히 만났다. 그도 그럴 만했다. 그곳 출신 사람들은 다른 사람들보다 자동차와 모빌리티 산업에 매료될 가능성이 더 높았기 때문이다. 하지만 투자와 인재를 찾을 수 있는 기회가 다른 곳에 있었기에 그들은 미시간 주를 떠났다.

토마스와 파트너들이 만난 사람들 중 한 명이 칼 이아그넴마Karl lagnemma였다. 디트로이트에서 태어나 미시간 대학교에서 공부한 이아그넴마는 기계공학 박사학위를 따기 위해 동쪽에 있는 매사추세츠 공과대학교로 향했다. 박식한 그는 케임브리지에서 자율주행차용 소프트웨어를 개발하기 위해 창업하기 전에 단편소설과 소설도 출간했다. 폰티날리스는 이아그넴마가 세운 누토노미NuTonomy의 초기 투자자였다. 몇 년 뒤인 2017년,[1] 이 벤처 회사는 자동차 부품 대기업인 델파이Delphi가 4억 5,000만 달러에 인수하려고 달려들면서 엄청난 돈을 벌었다.

다른 성공 사례도 많았지만, 대부분 디트로이트에서 멀리 떨어진 곳에 있는 기업이었다. 애틀랜타에 있던 스마트 주차 스타트업인 파크모바일ParkMobile은 BMW에 팔렸고, 뉴욕의 카풀 플랫폼 SPLT는 보쉬에 매각되었다. 보쉬의 인수 금액은 공개되지 않았다. 버라이즌Verizon은 커넥티드 카 관리 소프트웨어 개발업체인 캘리포니아의 텔로지스Telogis를 인수하기 위해 9억 달러 이상 투자했다. 토마스는 "모빌리티 시장이 이렇게 빨리 커질 줄은 몰랐다"고 술회했다.

폰티날리스는 시장 호황 속에서 특권을 누리고 있다. 그러나 사이버 보안이건 운영사 관리건, 그것의 벤처자본이 투자된 기업이 만드는 대부분의 일자리는 재능 있는 엔지니어와 프로그래머라는 특권 계층에 돌아간다. 그것이 기술혁명의 본질이다. 더 적은 사람이 훨씬 더 부유해지고, 그들 대부분은 디트로이트에서 수백 킬로미터 떨어진 기술 천국에 거주한다.

산업도시가 끈질기게 재기(이것은 처음부터 크리스 토마스의 추진 목표였다)하기 위해서는 제조업체가 성공해야 한다. 사실 거대 자동차 회사는 수만 명의 고임금 근로자가 교대 근무하기 위해 몰려들었던 디트로이트의 전성기를 결코 되살리지 못할 것이다. 자동차 공장은 이제 더욱 효율적으로 변했고, 로봇으로 무장했다. 그럼에도 여전히 자동차 회사는 한두 명씩이 아니라 수백 명씩 근로자를 고용한다. 그들이 디트로이트 같은 도시에서 미래를 기대할 수 있을까?

엄청난 공포

2018년 여름. 디트로이트 시내에는 다시 활기가 넘쳤다. 분명 10년 전보다 훨씬 더 그런 느낌이다. 퀴큰 론스Quicken Loans와 도미노 피자의 설립자를 포함한 현지 기업인들은 부동산을 통째로 매입하며 개조하고 있었다. 거리에는 젊은 전문직 종사자가 즐비했고, 식당은 사람들로 붐볐다. 사람들은 버드 스쿠터를 타고 돌아다녔다.

6월의 어느 화창한 아침, 빌 포드 회장이 시내 바로 서쪽 디트로이트의 코크타운Corktown에 있는 철도역으로 기자들을 초대했다. 한때 웅장했던 미시간 중앙역이었다. 1988년에 마지막 열차가 출발한 이후 비어 있던 이 역은 온통 낙서로 뒤덮여 있고 유리창은 산산조각이 나 있었다. 포드는 주정부로부터 지원금을 받아, 미시간 중앙역을 수많은 모빌리티 기술 개발의 중심지로 만들겠다는 계획을 발표했다. 포드는 과학자와 기술자로 구성된 팀들이 이곳에서 자율주행차를 설계하고, 사내 경영자들은 차량 호출과 새로운 배달 서비스 사업을 시작한다고 발표했다. 이어 포드는 "디트로이트에서 향후 50년을 위한 모빌리티의 회랑[2]을 만들겠다"고 공언했다. 마치 크리스 토마스에게 그렇게 하라고 유도하는 말 같았다.

디트로이트의 대형 3사를 포함한 전통적인 자동차 회사들은 이러한 기술 변화에 대비해왔다. 사실 새로운 모빌리티는 일종의 '과거부터 전해 내려온 주문'처럼 되었다. 독일의 폭스바겐에서부터 중국의 장성자동차Great Wall Motor, GWM에 이르기까지 자동차 회사들 모두가 자율주행 기술을 연구하고 있다. 그들은 다른 업체와 제휴하고 배달 서비스, 스쿠터, 센서 분야에 투자하고 있으며, 실리콘밸리에서 텔아비브까지 소프트웨어 사업에 투자했다.

포드 역시[3] 새로운 모빌리티 시대를 대비해 110억 달러의 투자금을 준비해놓았다. 포드는 피츠버그의 자율주행차 업체인 아르고 AIArgo AI의 지분 인수를 위해 10억 달러를 투자했다. 또한 교통용 클라우드 컴퓨팅 인프라를 구축하는 실리콘밸리 기업인 오토노믹

Autonomic과 도시 교통을 관리하는 소프트웨어 개발업체인 노스캐롤라이나의 트랜스록TransLoc을 소유하고 있다. 포드는 리프트와 손을 잡고 자율주행차를 개발하고 있다. 심지어 마이애미에서 도미노 피자를 자율주행차로 배달하는 시범 프로그램까지 시작해 주목을 받았다. 그리고 포드는 RJ 스카린지가 설립한 리비안과 함께 전기자동차를 만들고 있다.

자동차 회사들은 변화가 불가피하다는 데 공감한다. 이 주제에 대해 그들이 하는 말은 진부할 정도로 친숙해졌다. 2018년 포드의 CEO 짐 해킷Jim Hackett은 분석가들을 대상으로 연 실적 발표 설명회에서 "우리는 우리 자신을 모바일 솔루션 제공 회사이자 디지털 연결의 조정자로 간주한다"고 말했다. 다른 자동차 제조사의 중역들도 비슷한 말을 많이 한다.

문제는, 전통적인 자동차 제조사들이 이처럼 어려운 변화에 뛰어들 의사가 있느냐가 아니라 능력이 있느냐의 여부다. 크리스 토마스의 사무실에서 서쪽으로 한 시간쯤 떨어진 리비안 본사에서 RJ 스카린지는 화이트보드에다 대량생산 업체들이 풀어야 할 단순하면서 암울한 방정식을 이렇게 요약했다. "네트워킹과 공유의 효율을 통해 각 차량의 사용량을 두 배로 늘릴 수 있다면 필요한 차량 대수가 줄어들 것이다."

캘리포니아에 있는 케빈 칭거의 다이버전트 3D 공장에서 보았듯이, 새로운 기술은 기업인이 소형 공장을 세우고 틈새시장을 겨냥한 자동차를 생산할 수 있게 해줄 것이다. 그런 자동차들 역시 대량 생산된 자동차와 트럭과 자율주행차 시장을 잠식하겠다고 위협한다.

그런데 아마도 전통적인 자동차 제조사가 직면하고 있는 가장 큰 도전은 그들 사업의 성격 변화 자체일 것이다. 소비자들은 점점 더 서비스 구입을 늘리되 기계 구입을 줄일 것이다. 서비스 시장 규모는 확대될 것이다. 미래의 자동차 사업은 수백만 명의 고객과 관계를 맺고, 고객의 데이터를 토대로 그들이 가고 싶어 하는 곳을 예측해 그곳으로 데려가주면서 도중에 카푸치노를 대접하거나, 가상현실 속에서 모험을 즐기게 해주거나, 아니면 발 마사지 서비스를 제공해야 할지도 모른다.

이를 위해 포드, GM, 도요타 등은 단순히 차량 제조뿐만 아니라 전 세계의 도시에서 차량 제공 서비스를 운영할 계획이다. 그것은 해킷이 말하는 '모바일 솔루션'이자 '디지털 연결'의 일부다. 그리하여 자동차 회사의 임원들은 생존을 위해 열정적으로 소프트웨어 회사와 차량 관리 회사를 집어삼키고 있다. 토마스는 "엄청난 공포가 퍼져 있다"고 말했다.

그렇다면 대형 자동차 회사가 우버, 리프트, 중국의 디디추싱 같은 순수한 차량 서비스 회사보다 어떤 점이 더 유리할까?

다시 포드 이야기를 해보자. 2017년처럼 성과가 좋은 해에는 포드 직원 20만 명이 약 700만 대의 자동차와 트럭을 만들었다. 그해 매출은 1,500억 달러가 넘었고,[5] 그중 약 6퍼센트, 즉 90억 달러가 순이익이었다. 그런 규모는 포드 같은 대기업에 리비안 같은 스타트업보다 세계적인 유통망과 납품업체에 미칠 엄청난 영향력을 포함해 모든 면에서 온갖 유리한 이점을 제공해준다. 전통적인 자동차 회사들은 물건을 만들고 팔 준비가 더 잘 갖춰져 있다.

그와 반대로 규모가 문제될 수도 있다. 전통적인 자동차 회사들이 역사상 가장 큰 규모의 산업 활동을 하고 있지만 그들의 이윤은 규모에 따라 달라진다. 그들이 공장을 100퍼센트 가동하지 못하면 매출은 비용보다 더 빨리 감소하면서 수십억 달러의 이윤이 순식간에 손실로 돌변한다. 흑자가 적자로 바뀌고, 적자폭이 엄청나게 증가한다. 2008년 여름, 크리스 토마스는 재고를 관리하면서 불행하게 보낸 며칠 동안 이런 파괴적인 패턴의 시작을 목격했다.

그래서 대형 자동차 회사가 사업 모델을 전환하여 서비스 강화로 돌아설 때 기존의 거대한 규모가 감당하기 벅찬 짐으로 바뀐다. 그렇다면 기업은 어떻게 실적을 유지하고 핵심 사업을 지원하면서 그 핵심 사업을 파괴할 수 있는 수십 개의 스타트업을 서둘러 세우고 출범시킬 수 있단 말인가?

무엇을 팔 것인가

모든 산업혁명에서 그런 일이 일어난다. 2020년에 작고한 전 하버드 대학교 경영대학원 교수 클레이튼 크리스텐슨Clayton Christensen이 『혁신기업의 딜레마The Innovator's Dilemma』에 설명해놓은 것처럼, 덩치가 큰 기존의 기업[6]은 자신들의 사업을 혁신하면서 생존하는 방법을 찾아야 한다. 이것은 특히 기술 분야에서 반복되는 주제다. 아마도 거대 자동차 회사가 직면하고 있는 문제를 보여주는 가장 좋은 예는 컴퓨터 분야에서 과거에 거인이었던 IBM의 이야기일 것이다.

20세기 중반에는 IBM이 컴퓨터 분야를 지배했다. 컴퓨터 산업에서 IBM은 세계 자동차 시장에서 디트로이트의 빅 3와 도요타, 다임러를 합쳐놓은 것보다 더 강력하다고 주장할 수 있을 정도였다. IBM은 컴퓨팅 자체를 정의했다.

전성기의 IBM은 오늘날의 자동차 회사와 공통되는 점이 많았다. IBM은 대형 기계를 제조했다. 트레이드마크인 파란색 정장을 입고 주로 남성인 판매 사원으로 이루어진, 비교 대상이 없을 정도로 막강한 유통망도 운영했다. 그들은 기업 고객을 찾아가 기계를 팔았다. 그것이 IBM 사업의 핵심이었다. 기계와 그것을 작동시키는 소프트웨어의 유지·보수는 IBM과 기업 고객이 맺은 서비스 계약에 포함되어 있었다.

이것은 엄청난 낭비의 세상이었고, IBM은 그러한 세상에서 막대한 혜택을 누렸다. 회사마다 각각 컴퓨터를 가지고 있어야 했다. 팽창하는 도시의 가구마다 자동차가 필요한 것과 흡사했다. 컴퓨터를 나눠서 쓸 방법이 없었다. 게다가 회사의 경우 납세 기간에, 소매상의 경우 휴가철 성수기 때처럼 1년 중 가장 바쁜 달에 충분한 컴퓨터가 필요했다. 그래서 그들이 구매한 많은 하드웨어는 비수기 때 거의 가동이 중단되어 냉장실에 보관되었다. 그것들은 마치 진입로와 주차장에 세워둔 자동차 같았다.

IBM의 기계는 고가였다. 그러나 컴퓨터 자체는 기하급수적으로 저렴해지고 있었다. 1960년대에 고안된 무어의 법칙은 컴퓨터의 연산 능력이 18개월마다 두 배로 늘어나더라도 그 비용은 절반씩 떨어질 거라고 정확히 예측했다. IBM에 이런 변화는 지속 불가능한 결과를 낳았다. IBM은 큰 컴퓨터를 생산하는 초대형 공장과 고액 연봉의 판매 사원들을 운영했다. 그들에게 나가는 돈은 고정비용이었다. 그런데 1980년대에 개인용 컴퓨터PC가 보급되면서 고객들이 2,000달러짜리 PC만 있어도 IBM의 고가 컴퓨터와 거의 같은 일을 할 수 있다는 걸 깨닫게 되었다.

1990년대 초가 되자 IBM은 붕괴 직전까지 내몰렸다. 이사회는 회사를 살리기 위해 외부에서 루이스 거스너Louis Gerstner를 신임 CEO로 영입했다. 거스너는 컴퓨터에 대해 거의 아는 게 없었다. 그는 신용카드사인 아메리칸 익스프레스의 CEO를 지낸 뒤 대형 식품회사인 RJR 나비스코RJR Nabisco에서도 CEO로 일했다. 그러나 그는 IBM이 돈을 벌기 위한 새로운 방법을 찾아야 한다는 사실을 알 만큼 시장에 대해 충분히 알고 있었다.

거스너가 찾아낸 해결책은 오늘날의 자동차 회사들이 찾아낸 것과 매우 흡사하게 '서비스'에 집중하자는 것이었다. 연산 능력이 일상용품처럼 된다면 IBM은 고객이 그것을 똑똑하게 사용할 수 있도록 도와주면서 돈을 벌면 된다고 생각했다. 그 후 10년 동안 IBM은 제조업을 외면하고 서비스와 소프트웨어 개발에 주력했다. 고통스러운 변화였다. IBM은 수만 명의 직원을 해고해야 했다. 매출은 감소했다. 그래도 거스너는 IBM을 위기에서 구해냈다.

IBM은 살아남았지만 더 이상 시장을 지배하지 못했다. IBM은 변신하는 동안 새로운 컴퓨팅 시대에 등장한 다수의 기업을 상대하게 되었다. 마이크로소프트 같은 소프트웨어 회사는 기계를 만들지 않았기 때문에 제조에 엄청난 비용 부담을 느끼지 않았다. 인터넷 시대에 태어난 구글은 아무것도 만들지 않았다.

이 글을 쓰고 있는 현재, 구글의 모기업인 알파벳의 가치는 IBM의 일곱 배에 이른다. 특히 모빌리티와 관련성이 많은 이런 격차가 생긴 주된 이유는, IBM이 더 이상 많은 기계를 판매하지는 않지만 핵심 사업이 여전히 점점 더 저렴해지는 기술에 묶여 있기 때문이다. 그래서 매출이 줄어든다. 그와 달리 구글에 기술은 하나의 도구에 불과하다. 구글은 기술 가격이 하락할수록 이익을 얻는다. 구글은 기술과 완전히 다른 '광고'라는 것을 팔기 위해 이처럼 더 싸고 더 강력해지는 기술을 이용하기 때문이다. 페이스북도 구글과 같은 방식으로 일한다.

이제 모빌리티 혁명에 대해 생각해보자. 우리는 어떤 회사가 커넥티드 카 분야의 챔피언으로 등극할지, 그리고 어떤 자동화 기술이 최고가 될지 모른다. 현시점에서는 다만 자동차가 앞으로 어떻게 생기게 되고 무엇이라고 불리게 될지 알 수 있다. 하지만 우리가 거의 확실히 알고 있는 한 가지는 주행비용이 더 적게 들 거라는 사실이다.

그것이 바로 디지털 기술이 특정 산업에서 퍼질 때 일어나는 현상이다. 디지털 기술은 희귀했던 무언가를 풍부하고 저렴하게 만든다. 연산 능력의 기하급수적인 성장이 이러한 역동성을 유발한다. 소프트웨어와 실리콘의 성격도 본질적으로 그러하다. 일단 소프트웨어가 어떤 일을 맡게 되면 그 일은 아주 적은 비용으로 무한 복제되면서 전체 산업을 집어삼킬 수 있다.

어떻게 하면 가격이 폭락하는 산업에서 생존할 수 있을까? 한 가지 방법은 다른 회사들이 짊어진 모든 위험과 힘든 노동 위에 앉아서 서비스를 판매하는 사업을 만드는 것이다. 컴퓨팅 분야에서 구글과 페이스북의 성공 비결이 이것이다.

우버와 리프트가 모빌리티 분야에서 바쁘게 구축하는 사업도 그것이다. 그들은 철강과 유리를 사지 않고, 전미자동차노조United Auto Workers와 협상하지 않는다. 그들은 다임러나 폭스바겐이나 중국에서 새로 등장하는 수많은 제조업체와 경쟁할 필요가 없다. 또한 아스팔트를 깔거나 교각을 건설하지 않아도 된다. 그런 문제는 정부가 해결해준다. 그래서 자동차 공유 기업들은 물건을 만드는 데 드는 비용, 위험, 책임과 작별했다. 야생의 세계에서라면 그들은 특히 음흉한 종류의 기생충으로 간주될 것이다.

차량 공유 회사는 전화기의 앱에 불과하다. (구두쇠의 극치라고 할 그들은 지도 제작 기술에도 투자하지 않고, 그 작업의 상당 부분을 구글에 외주를 주었다.) 그러나 그들은 자동차 회사와 달리 수백만 명의 고객과 긴밀하게 접촉한다. 그들은 고객의 데이터를 풍족하게 캐낼 뿐만 아니라 무엇보다도 수천만 개의 전자 결제 관계를 구축한다. 예나 지금이나 어떤 경제에서든 고객의 은행 계좌로 바로 연결되면 노다지를 캘 수 있다.

더 매력적이고 자유롭게

자동차 회사들은 제조업의 비중을 줄여가면서 서로 다른 시장과 수요를 두고 경쟁하게 될 것이다. 그들은 새로운 유형의 차량을 위해 혁신해야 할 것이다.

제이 메이스J Mays는 18년 동안 포드의 수석 디자이너로 일했다. 그는 머스탱을 다시 선보였고, 대중적 인기를 누리던 F-150 트럭을 디자인했다. 짧은 백발에 사각형 테의 안경을 쓴 60대의 그는 현재 월풀Whirlpool에서 식기세척기와 냉장고 디자인에 대한 안목을 키우는 훈련을 받고 있다.

하지만 그는 여전히 앞으로 다가올 차의 모양을 상상하는 데 많은 시간을 보낸다. 그는 우리가 소유 경제에서 승객 경제passenger economy (자율주행차의 보급에 따라 운전자가 운전에 시간을 쏟지 않음으로써 실현될 잠재적 경제 - 옮긴이)로 이동하면서 디자인업계가 상대할 도전은 지금과 완전히 달라질 거라고 예측한다. 자동차는 거의 언제나 사람의 부속물이었다. 사람들은 창밖으로 손을 내밀고 라디오를 요란하게 틀어놓고 운전하면서 자신의 힘과 지위와 성격을 드러냈다. 자동차는 자동차대로 속도와 자유는 물론이고 어느 정도 섹스를 약속했다. 메이스의 머스탱은 분명 그런 것들을 갈망했다.

몇 년 뒤의 파리나 시애틀로 넘어와보자. 한 대학원생이 시내를 가로질러 이동하려고 한다. 그녀는 자율주행차를 부른다. 그녀는 대체로 자기표현이나 지위에 투자하지 않지만 효율성과 함께 가급적 유쾌한 경험을 원한다. 메이스는 "자율주행차는 우리가 목적지에 떠가게 해줄 수 있는 고치에 가까운 느낌을 줄지 모른다"고 추측했다.

그는 자율주행차 서비스가 사람들에게 차에 탑승한 뒤 '약간의 휴가'를 경험할 수 있게 해주어야 한다고 주장했다. 어쩌면 길에 대해 신경을 껐다가 "지루하거나 불쾌한 느낌 없이 즐겁게 하차하는" 것 같은 느낌을 받을지 모른다는 것이다. 이동의 자유도 있지만 정신적인 자유를 더 많이 느끼게 된다는 것이다.

그런 차를 '어떻게' 디자인할까?

그리고 '누가' 디자인할까? 편안한 베개와 새틴 방수 원단을 쓴 공간, 환상적인 센서라운드 Sensurround(귀로 들리지는 않지만 몸으로 진동을 느끼게 하는 음향효과 - 옮긴이) 오디오, 실제보다 더 사실적인 디지털 스크린으로 실내를 꾸며놓는 자동차 제조사일까? 그럴 수도 있다. 하지만 다른 서비스가 여행자를 한 걸음 더 나아가 가상현실로, 어쩌면 열대 해변이나 디즈니월드로 데려갈지도 모른다. 이것은 소프트웨어가 실제 세계의 사업을 가로채는 또 다른 사례가 될 것이다.

소프트웨어와 실리콘은 오락에서 내비게이션에 이르기까지 자동차에서 각각 차지하는 비중을 높이기 위해 계속 싸울 것이다. 컨설팅 회사인 맥킨지앤컴퍼니의 분석가인 아수토시 파디Asutosh Padhi[7]는 향후 15년 안에 자동차에 탑재되는 소프트웨어 콘텐츠의 양이 지금보다 세 배로 늘어날 거라고 예측했다.

소프트웨어 회사들은 자동차를 정복하기 위해 조금씩 나아가고 있다. 예를 들어 보스턴에 본사를 둔 클리어모션ClearMotion은 인공지능 자동차의 서스펜션 개발에 집중하고 있다. 고속도로에서 차가 충돌 사고를 미리 예측해 적절히 반응하게 만들겠다는 것이다. 이 회사는 이 인공지능 서스펜션을 헤드폰의 소음 제거 기능에 비유한다. 이 아이디어가 마음에 든 투자자들[8]은 2억 7,000만 달러를 투자했다. 인공지능 서스펜션 개발이 성공한다면 자동차 개발 예산의 또 다른 한 부분이 디트로이트 등지에서 일하는 기술자가 아니라 대서양 혹은 태평양 연안에서 일하는 컴퓨터 과학자에게로 가게 될 것이다.

자동차는 굴러가는 컴퓨터 조립체로 변모하면서 점점 더 자율주행이 가능해짐에 따라 사실상 새로운 종으로 바뀔 것이다. 그렇게 되면 가격에서부터 기대수명에 이르기까지 그와 관련된 숫자들도 극적으로 변할 것이다. 이제 자동차 회사 입장에서 계획을 세우고 예산을 수립하기가 더욱더 어려워질 것이다.

차세대 자동차(우리가 이런 전기차와 반자율주행차를 그렇게 부른다면)의 시판 가격은 처음 출시될 때 대당 15만 달러가 될지 모른다. 그러나 5년이 지나면 가격이 3분의 1로 떨어질 수 있다. 그런 차들은 전기로 움직이고, 동작하는 부품이 10분의 1만 필요할지도 모른다. 그들은 훨씬 더 신뢰할 수 있을 것이고, 수백만 킬로미터를 달릴 수도 있을 것이다. 그런 차에 많은 돈을 투자한 회사는 새로운 사업 부문을 사들이면서 계속해서 투자할 가능성이 높다.

그것은 어떤 면에서 오늘날의 버스와 좀 더 유사한 색다른 사업이다. 우리 대부분은 버스를 소유하겠다는 꿈을 꾸지 않는다. 버스회사나 지방 교통 담당국이 우리 대신 버스를 관리해준다. 게다가 대부분의 사람은 버스의 대당 가격이 얼마인지도 모른다. 그들과는 상관없는 문제다. 자동차와 달리 버스는 수십 년 동안 운행되는데, 버스를 정비하는 비용이 새 버스를 구입하는 비용보다 훨씬 더 저렴하기 때문이다.

이런 의미에서 버스는 미래의 자동차 시장을 엿보게 해주는 단서다. 그 미래는 중국인들이 포함된 진지한 경쟁을 특징으로 한다.

디젤차는 사라진다

2003년 9월, 얼굴이 앙상한 스물세 살의 시카고 청년 라이언 포플Ryan Popple은 이라크에서 미군 전차장으로 복무 중이었다. 그는 늘 연료 먹는 하마인 탱크 부대가 풍족하게 쓸 수 있는 분량의 휘발유를 확보해놓아야 했다. 이는 휘발유 수 톤을 최대한 효율적으로 공급하기 위한 망을 구축해놓고 있어야 한다는 뜻이었다. 버지니아 주의 윌리엄메리 대학교에서 경제학을 전공한 포플이 맡는 게 당연했지만, 그것은 결코 만만한 일이 아니었다. 내연기관으로 움직이는 탱크 부대는 걸신들린 짐승 같았기 때문이다.

포플은 탱크를 관리하면서 모빌리티, 특히 연료의 경제성에 대해 고민하기 시작했다. 이라크를 돌아다니는 동안 연료가 내뿜는 고약한 부산물, 즉 탱크가 사막의 대기로 토해내는 디젤 연기를 들이마시지 않는 일이 거의 없었다. 그것은 말 그대로 구역질이 나는 독성 물질이었다.

포플은 5년 뒤 제대했다. 이후로 그는 디젤보다 더 깨끗하고, 더 지속 가능한 지구를 만들기 위해 일하고 인류가 화석연료 중독에서 벗어나게 도와야겠다고 마음먹었다. 화석연료 중독은 자살에 이르게 만들 정도로 심각한 문제라는 생각이 들었다. 그는 여전히 이것을 세대 간의 도전으로 여긴다. 그는 1977년에 태어났다. 그의 부모는 늘어나는 미국의 중산층이 마음먹은 건 사실상 뭐든지 사면서 '지속 가능성'이라는 개념을 즐겁게 무시하고 그런 개념이 있는지조차 모르면서 살 수 있었던, 미국이 전후 정치·경제·사회·문화 분야에서 막강한 세계적 영향력을 구사하던 이른바 '미국의 세기American Century' 때 자랐다. 포플은 자신의 세대는 경제공황 시대의 조부모들과 더 비슷한 세계관을 가진 것 같다고 말했다. 그들은 부족한 자원으로 살아가는 법을 배웠고 낭비에 눈살을 찌푸렸다.

제대 직후 포플은 케임브리지에 잠시 머물다가 하버드에서 MBA를 받았다. 이후 그는 일론 머스크가 전기차를 만들기 시작한 서쪽의 캘리포니아로 향했다. 테슬라에 대한 대중적 인지도가 거의 없는 시절이었다.

포플은 머스크가 첫 전기 로드스터roadster(뚜껑이 없는 2~3인승 차 – 옮긴이)를 개발했을 때 테슬라의 자금 조달 업무를 맡았다. 이후 유명한 실리콘밸리 벤처기업인 클라이너 퍼킨스Kleiner Perkins로 자리를 옮겨 친환경 투자 전문가로 일했다.

포플의 대표적인 벤처투자처 중 하나는 프로테라Proterra라는 전기버스 개발 스타트업이었다. 그는 주요 투자자로서 프로테라의 이사 직도 맡았다. 그리고 이사회가 그 회사를 설립한 CEO를 해고한 뒤 (이는 정기적으로 일어나는 일이다) 후임자를 물색하는 동안 임시로 그 직책을 맡았다.

그런데 그는 현재까지도 프로테라를 경영하고 있다.

포플은 프로테라의 경영을 맡고 나서야 회사가 너무 낮은 목표를 지향하고 있다는 사실을 깨달았다. 프로테라는 무엇보다도 정부가 몇 대의 전기버스를 시세 이상의 가격으로 구매해줄 수 있는 오리건 주의 포틀랜드나 위스콘신 주의 매디슨 같은 '친환경' 시장 공략에 집중했다. 새로운 전기버스는 도시를 좀 더 깨끗하게 만들고, 미래지 향적인 사고를 하는 도시라는 이미지를 강화해주고, 친환경을 중시 하는 유권자의 마음을 사로잡는 데 도움을 줄 수 있었다. 프로테라는 이런 틈새시장에 연간 1,000대의 전기버스를 판매해 중견기업으로 성장하기를 희망했다.

그런데 포플은 이런 목표를 살펴보고 아주 다른 결론을 내렸다. 그 는 더 원대한 목표를 정했다. 당시의 추세는 분명했다. 배터리는 업 계 추정치보다 훨씬 빠른 속도로 성능이 개선되고 있었다. 킬로와트 시kilowatt-hour(한 시간에 1킬로와트가 제공되는 양에 상당하는 전력 단위 – 옮긴이) 가격은 폭락하고 있었다. 2020년대 초반이 되면 전기 엔진은 주행거리와 가 격 면에서 디젤 엔진의 상대가 될 수 있다는 생각이 들었다. 모든 조 건이 같고 더 깨끗한 옵션을 선택할 수 있다면 누가 더러운 디젤을 원하겠는가? 포플은 향후 10년 안에 전기가 세계의 버스 시장을 포함한 모든 대형차 업계의 동력원이 될 수 있다고 생각했다. 그는 "디젤차를 주문하는 사람을 볼 수가 없게 될 것이다"라고 힘주어 말했다. 그는 1~2초 동안 곰곰이 생각하더니 2025년을 그런 일이 일어날 해로 지목했다.

프로테라의 본사와 배터리 공장은 샌프란시스코 공항으로 향하는 도로 바로 아래쪽에 있다. 바트BART 고속철도역에서 도보로 10분 거리다. 포플은 종종 자전거를 타고 출근한다. 자전거는 책상 뒷벽 쪽에 세워둔다. 그는 강한 분석력을 토대로 진지하게 말하고, 우리 인류의 생존처럼 '큰 그림'에 집중한다.

그는 인류의 미래에서 많은 부분이 도시를 어떻게 관리하느냐에 달려 있다고 주장한다. 도시에는 이미 인류의 절반이 살고 있으며, 그 비율은 계속 증가할 게 분명하다. 이것은 긍정적인 일이다. 도시는 교외나 시골보다 환경친화적일 수 있다. 촘촘히 모여 사는 사람들은 교외나 시골 거주민만큼 멀리 움직일 필요가 없기 때문이다. 포플은 우리의 미래를 여는 열쇠는 더 깨끗하고 안전하고 건강한 도시를 만들기 위해 도시를 어떻게 운영할지 알아내는 것이라고 말했다.

깨끗한 도시를 만들려는 노력이 도시 버스에서 시작할 수 있다. 세계의 도시 중에서 기차나 지하철을 운행하는 곳은 극소수에 지나지 않는다. 대부분 대중교통이라고 하면 버스를 떠올린다.

포플이 군인이었던 때의 관점에서 보면, 도시 버스는 도시의 거리를 계속 순환하는 탱크 소대와 같다. 그러나 도시 버스는 텅 빈 사막이 아닌, 아이들을 포함해 빽빽이 모여 있는 수백만의 얼굴과 폐에 디젤 연기를 내뿜고 있다. 포플은 초미세먼지라고 알려진 수십억 개의 미립자가 디젤 엔진의 배기가스에 떠다닌다고 주장한다. 초미세먼지는 지름이 2.5마이크로미터 이하인 먼지를 말한다. 초미세먼지는 이 문장의 마침표 크기에 40개 정도의 입자가 들어갈 만큼 작다. 포플은 "초미세먼지를 보면 볼수록 더 무섭고, 아이들에게 더 그렇다"고 말한다. 이 미립자는 암을 유발한다. 멕시코시티에서 광견들을 대상으로 실시한 연구 결과는 그러한 미립자가 뇌에 침투해 신경학적 대혼란을 초래할 수 있다는 것을 보여주었다.

많은 도시가 폐차할 때가 된 디젤 버스를 더 깨끗한 천연가스나 배터리로 움직이는 버스로 대체하면서 이러한 환경문제에 대응하고 있다. 디젤은 여전히 가격 면에서 이점이 있지만 그마저도 줄어들고 있다. 디젤 버스의 가격은 약 40만 달러이고, 천연가스 버스의 가격은 50만 달러다. 그리고 프로테라가 사우스캐롤라이나 공장에서 생산하는 전기버스의 대당 가격은 60만 달러다. 그런데 시 공무원들은 버스의 수명, 연간 정비 비용과 더불어 차량의 성능을 따져봐야 한다.

전기차업계가 해결해야 할 가장 큰 도전이 그것이다. LA는 대체연료에 대한 큰 투자가 어떻게 잘못될 수 있는지를 보여주는 사례연구를 제공한다. LA는 오래전부터 스모그를 감축하기 위해 애써오면서 2030년까지 공공 차량의 탄소 배출량을 '0'으로 줄이겠다고 공약했다. 그래서 중국의 대형 전기차 제조업체인 BYD Build Your Dreams의 대표단은 인근의 랭커스터에서 전기버스를 생산할 계획을 갖고

LA에 도착했을 때 따뜻한 환대를 받았다. 결국 BYD는 최첨단 친환경산업에서 1,000개에 달하는 제조업 일자리도 약속했다. 정치인들에겐 좋은 선전 거리였다. 그리고 BYD는 합법적으로 보였다. 게다가 '오마하의 현인'이라 불리는 투자의 귀재 워런 버핏Warren Buffett이 BYD의 대표적인 투자자였다.

그런데 BYD는 버스를 만들어본 적이 없었다. 1995년 중국 선전에 세워진 이 회사는 처음에 휴대전화용 배터리를 제조했다. 그러다가 전기자동차를, 그리고 결국 버스도 생산하기 시작했다. 타이밍이 딱 맞아떨어졌다. 중국의 도시 주변으로 스모그가 짙어지자 정부는 대중교통수단으로 전기차 보급을 확대하겠다고 발표했다. 사실상 무한한 전기버스 시장이 열린 것이다. (맥킨지에 따르면 2017년 한 해 동안에⁹ 중국의 도시들은 8만 7,000대의 전기버스를 구입했다. 당시 미국 전체에서 운행 중인 전기버스는 7만 대에 불과했고, 최대 시장인 뉴욕에서 6,000대 미만이 운행되고 있었다.)

2008년 9월, 세계 금융시장이 붕괴되고 있을 무렵 버핏의 버크셔해서웨이Berkshire Hathaway 지주회사는 2억 3,200만 달러에 BYD의 지분 10퍼센트를 인수했다. 버핏은 BYD의 억만장자 창업자인 왕촨푸王傳福로부터 모빌리티 혁명의 지도자 모습을 보았다. 버핏의 오랜 사업 파트너인 찰리 멍거Charlie Munger는 왕촨푸 회장을 "토머스 에디슨과 빌 게이츠를 섞어놓은 인물"이라고 추켜세웠다.

아마도 왕촨푸 회장은 회사 규모를 더욱 키우겠지만 여러 장애물에 부딪칠 것이다. 버핏이 투자한 이후 10년 동안 BYD는 캘리포니아 주의 랭커스터에 공장을 세웠고 LA를 포함하여 남부 캘리포니아의 지방자치단체는 BYD에 3억 3,000만 달러 규모의 전기버스, 트럭, 산업 장비를 주문했다. 2018년 〈로스앤젤레스 타임스〉의 조사에 따르면[10] 주문한 버스들은 많은 문제를 일으켰다. 무엇보다 힘이 너무 약했다. 버스가 언덕을 제대로 올라가지 못했다. 실제 주행거리도 표시된 주행거리인 250킬로미터에 훨씬 못 미쳤다. 운전사들은 평균적으로 불과 93킬로미터 주행 후에 재충전해야 했다. 게다가 디젤버스보다 훨씬 더 자주 고장이 났다. BYD의 부사장은 LA 메트로가 너무 많은 정류장을 만들고 너무 가파른 언덕을 운전해야 해서 그런 문제가 생겼다고 주장했다.

최대 경쟁사의 품질에 대한 우려가 라이언 포플에겐 반가운 뉴스일 거라는 생각이 들지도 모르겠다. 그러나 누가 제조했느냐와 상관없이 결함이 있는 전기버스가 등장할 때마다 이 신생 산업의 명성은 망가진다. 같은 논리로, 다른 새로운 모빌리티 산업도 위협한다. 자율주행차가 브로드웨이에서 신호등을 무시하거나 비행 차량이 바다로 추락하면 사람들은 그 기술의 실행 가능성에 의문을 제기할 것이다.

포플은 배터리 구동 버스를 둘러싼 의혹을 불식시키기 위해 테스트를 거치게 한다. 2017년에 실행한 시험 운행에서 프로테라가 만든 버스는 한 번 충전으로 1,770킬로미터를 달리는 기록을 세웠다. 다만 정상적인 상태에서 주행한 것은 아니었다. 승객도 정류장도 없었고, 인디애나 주의 평탄한 도로 위를 달렸다. 그렇지만 시험 운행 결과는 한 번 충전으로 버스가 수십 명의 승객을 태우고 '가다 서다'를 반복하는 도시 노선에서도 400킬로미터를 주행하게 만들겠다고 한 프로테라의 약속에 신뢰성을 더욱 높여주었다. 이후 몇 달 동안 프로테라는 시애틀, 그리고 시카고와 상당한 규모의 계약을 맺었다.

그런데 엔지니어인 포플은 통학용 전기버스의 운행 장면을 상상하면서 특히 흥분했다. 현재 미국에서는 약 50만 대의 통학 버스가 운행되고 있다. 국내 도시에서 운행되는 전체 버스의 일곱 배가 넘는 규모다. 그러나 통학 버스는 월요일부터 금요일까지 오전에 한두 시간, 그리고 오후까지 포함하면 하루에 두 차례만 전면 가동된다. 나머지 시간에는 대부분의 통학 버스가 운행을 중단하고 주차되어 있다.

여기에 에너지 시장을 세울 수 있다. 통학용 전기버스의 배터리를 잘 생각해보면 각각의 배터리는 전기 자산이자 강력한 저장 장치임을 알 수 있다. 통학용 전기버스가 한낮에는 태양열 집열판에서 쏟아지는 값싼 전기에너지를 저장해놓고 있다가 저녁 늦게 사람들이 귀가해 TV와 에어컨을 켰을 때 그중 일부를 가정용 전력망으로 되돌려 보낼 수 있다. 대체에너지의 공급량을 시장 수요에 맞춰 조정하는 것은 산업이 극복해내야 할 엄청난 도전이지만, 통학용 전기버스가 그 문제를 해결하는 데 도움을 줄 수 있다.

게다가 이들 저장 장치에는 바퀴가 달려 있다. 이는 곧 전기가 필요한 곳으로 갈 수 있다는 뜻으로, 재난을 당했을 때도 도움이 될 수 있다. 포플은 "허리케인 마리아Maria가 푸에르토리코를 강타해 전기가 끊기고 병원에도 전력이 공급되지 않았을 때를 생각해보라"고 말했다. 초대형 배터리를 장착한 통학 버스가 '큰 변화'를 만들어낼 수 있다는 것이다.

어떻게 승리할까?

기계식 차량이 단계적으로 전자 제품이 되어갈 때 기업 간의 해묵은 장벽은 사라진다. 통학 버스가 전기사업에 뛰어들고, 접대 산업은 택시로 옮겨간다. 다시 말해 거대한 구조조정이 펼쳐진다. 모두에게 무료다. 그것은 신생 기업에 기회를, 그리고 공익 기업이건 자동차 회사건 기존의 대형 기업에 위험을 초래한다.

이제 다시 크리스 토마스 이야기를 해보자. 그는 더 이상 우드워드 애비뉴 위쪽의 시내 사무실에서 일하지 않는다. 2018년 가을, 그는 새로운 스타트업인 디트로이트 모빌리티 랩Detroit Mobility Lab에 전념하기 위해 폰티낙리스를 떠났다. 그는 "세계의 자동차 생태계를 보면 모든 게 다 여기 디트로이트에 모여 있다. 그것은 우리가 활용할 수 있는 유산이다. 하지만 우리가 어떻게 승리할까? 이것이 내가 항상 자문해보는 질문이다"라고 말하더니 "우리에겐 인재, 창업, 투자가 필요하다. 따라서 우리의 임무는 디트로이트를 모빌리티 경제의 중심에 두기 위해 지역 인재 기반을 구축하는 것이다"라고 자답했다. 보스턴 컨설팅 그룹[11]은 새로운 모빌리티 경제가 미국에서 10만 개의 새로운 일자리를 창출할 것으로 추산한다. 그런데 그중 약 3만 개에 달하는 최고의 직업 중 다수가 AI, 로봇, 사이버 보안 등과 같은 분야일 것이다. 미국 시장에서 그러한 분야에서 일하는 인재는 대부분 해안가에 살고 있다.

디트로이트에서 전문 지식을 쌓기 위해 토마스의 회사는 디트로이트 모빌리티 연구소Detroit Mobility Institute라는 학교를 세울 예정이다. 이곳에서는 도시 전문가와 자영업자에게 21세기에 모빌리티와 관련된 일을 하는 데 필요한 기술을 가르칠 것이다. 포드 출신인 제시카 로빈슨Jessica Robinson 이사는 이 연구소가 2021년까지 제휴 대학·업계와 공동으로 새로운 학위인 모빌리티 석사학위를 수여할 거라고 말했다.

이러한 계획이 성공한다면 연구소의 인재 여러 명이 전통적인 자동차 제조사를 먹여 살릴 게 확실하다. 분명히 그럴 것이다. 졸업생들 중 몇몇은 100년 된 자동차 제조사를 혁신하거나, 심지어 대체할 스타트업을 세울 수도 있다. 본래 건강한 생태계는 그렇게 작동한다.

제5장

마법의 카펫을 짜다

핀란드의 서해안에 위치한 마을 마스쿠Masku는 투르쿠Turku와 북극권 Arctic Circle 근처의 북부 도시 오울루Oulu를 잇는 주요 고속도로 선상에 있다. 동쪽으로는 6,000개가 넘는 섬으로 이루어진 광대한 발트해 군도가 펼쳐진다. 서쪽으로는 자작나무와 오크나무가 우거진 숲으로 둘러싸인 연못들이 장관을 이루고 있다. 인구가 8,000명인 마스쿠는 고속도로 양편으로 뻗어나가면서 텍사스나 알래스카에 있는 작은 마을들처럼 마구잡이로 토지를 점령하고 있다. 공간은 넓은 편이다. 사람들은 차를 타고 돌아다닌다.

마을 건너편으로 축구 연습을 하러 가야 하는 여학생은 이런 마스쿠의 사정 때문에 심하게 짜증이 난다. 이번 장에서는 10대 초반에 마스쿠에 살았던 소냐 헤이킬라라는 금발의 장신 운동선수 이야기를 해보려고 한다. 날씨가 좋은 날이 몇 달밖에 되지 않지만 그녀는 그런 날이면 자전거를 타고 축구 연습을 하러 갔다. 그리고 열다섯 살이 되자 스쿠터를 샀다. 스쿠터는 유용했다. 하지만 긴 겨울에는 스쿠터를 차고에 처박아두어야 했다. 마스쿠에서 돌아다니려면 머리가 아팠다.

2008년에 열여덟 살이 된 헤이킬라는 알토 대학교Aalto University에서 공부하기 위해 수도인 헬싱키로 이사했다. 마스쿠에 비하면 헬싱키는 처음에 대중교통의 열반처럼 보였다. 호수 주변과 거대한 광장을 지나 항구까지 구불구불 이어진 도로 위에서 트램이 끊임없이 사람들을 실어날랐다. 헬싱키는 또한 다수의 버스뿐 아니라 지하철을 운행했다. 그런데도 헤이킬라는 여전히 이동하느라 애를 먹었다. 그녀는 축구 연습이 끝난 뒤 어두운 모퉁이에 서서 진눈깨비와 눈을 맞으며 눈을 가늘게 뜨고 어떤 버스가 오는지 살펴보고 있는 기억을 떠올렸다. 헤이킬라는 "거의 늘 날씨가 형편없었다"고 말했다. 그러다 끝내 그녀는 더 이상 견디지 못하고 툭하면 고장 나는 피아트 몬도Mondo 중고차를 구매했다.

헤이킬라는 신중한 성격이고 머리가 좋다. 그리고 문제 해결에 뛰어나다. 전 세계 수십억 명의 우리 같은 사람처럼 그녀 역시 거의 매일 이동 문제에 시달렸다. 그것이 그녀의 귀중한 시간을 빼앗고 은행 계좌를 비우고 있었다. 그녀는 트램과 버스가 많아도 헬싱키는 여전히 자동차 도시임을 깨달았다. 믿을 만한 차가 없는 사람들이 하류층을 형성했다. 그녀는 "자동차 소유주만 이동의 자유를 만끽하고, 다른 사람들은 그러지 못한다는 건 불공평하다"고 꼬집었다.

물론 헤이킬라는 스마트폰을 가지고 있었다. 손가락만 대면 음악, 날씨, 지도 정보를 얻고 친구에게 문자메시지를 보낼 수 있었다. 하지만 정작 그녀에게 가장 필요한 단 한 가지, 모빌리티 앱이 없었다. 지구상의 다른 모든 곳처럼 헬싱키 내의 교통 데이터는 별도의 경로를 통해 제공되기 때문에 그런 앱은 존재하지 않았다.

그렇게 제공되는 교통 데이터가 무용지물이었다고 말하는 건 아니다. 예를 들어 버스 데이터는 가치 있는 서비스 창조의 도화선 역할을 했다. 1990년대 초, 핀란드인들은 다음 버스가 언제 오는지 알아보고 싶다면 당시의 초보적인 휴대전화로 문자서비스를 받아볼 수 있었다. 15분 뒤에 버스가 온다면 그들은 추위를 피해 커피 한 잔을 더 마실 수 있었다.

이것은 유용하지만 다른 데이터와 연동되지는 않았다. 즉 택시와 트램은 그들만의 데이터를 가지고 있었다. 수도로 이어지는 일곱 개 고속도로의 자동차 운행 상황을 추적할 수 있는, 고속도로 당국이 확보한 데이터도 마찬가지였다. 헬싱키 시내의 관제소에서는 많은 데이터가 모여 수도의 움직임을 1분 간격으로 살펴볼 수 있었다. 그러나 정작 그것을 가장 필요로 하는 사람들, 즉 매일 한 장소에서 다른 곳으로 움직여야 하는 사람들이 사용할 수 있는 앱은 없었다. 그들은 사실상 '깜깜이' 여행을 하고 있었다.

헤이킬라는 다양한 이동 수단을 보고, 평가하고, 결제할 수 있게 해주는 단일 앱을 상상해보았다. 그것은 사람들이 차를 버리고 다닐 정도로 부드럽게 작동되는 앱이어야 했다.

헤이킬라가 꿈꾼 모빌리티 앱은 여러 면에서 음악 등 디지털 경제의 다른 추세와 맥을 같이했다. 그녀가 2008년 열여덟 살의 나이로 대학에 들어갔을 때 그녀와 대부분의 동기는 음악을 소유했다. 그들은 애플의 아이튠즈iTunes 같은 합법적 서비스나 카자Kazaa 같은 해적 사이트에서 음악을 다운로드했다. 드문 경우이긴 했지만, CD 음악을 복사하기도 했다. (2008년에만 해도 여전히 많은 사람들이 아이팟으로 다운받은 노래를 들었다는 걸 감안하면 얼마나 빠르게 변했는지 실감할 수 있다.) 그런데 4년 만에 사업의 판도가 백팔십도 바뀌었다. 노래는 더 이상 소유하는 것이 아니었다. 스포티파이와 판도라Pandora 같은 앱에서 음악 서비스에 가입하는 사람이 점차 늘어났다. 음악 애호가들은 1년에 여덟 장이나 열 장의 CD를 살 수 있는 100달러 정도만 내면 그들이 원하는 거의 모든 노래를 들려주는 '무중력 주크박스' 같은 걸 갖고 음악을 들으며 돌아다닐 수 있게 되었다.

스트리밍이 '서비스로서의 음악music as a service'이라면, 헤이킬라가 꿈꾸는 앱은 '서비스로서의 모빌리티mobility as a service'를 제공해줄 것이었다. 이 개념은 다른 곳에서도 퍼지고 있었지만 그녀는 헬싱키에 특화된 앱을 개발했다. 그녀는 그것을 '마스MaaS'라고 불렀다. 'MaaS'는 '서비스로서의 모빌리티'의 영어 표현인 'Mobility as a Service'의 약자다. 사용자는 노래나 교향곡 대신에 시간과 장소를 요청하면 된다. 마스는 분석 프로그램을 통해 다양한 모빌리티 데이터의 흐름을 토대로 각각 예상 도착 시간과 함께 최적의 교통 조합을 제안해주고, 심지어는 결제까지 매끄럽게 처리해줘 헤이킬라가 버스에 올라탔을 때 거스름돈을 찾기 위해 호주머니를 더듬을 필요가 없게 해주는 앱이었다.

헬싱키는 거대 도시가 아니다. 인구수는 테네시 주 내슈빌이나 오리건 주 포틀랜드와 비슷한 65만 명에 불과하다. 헬싱키 시민 네 명 중 한 명 이상이 지하철을 타지만, 그래 봤자 겨우 15만 명이 넘는 정도다. 이 정도 되는 중간 규모의 시장에서는 대학이든 지하철 당국이든 헬싱키의 교통 관계자 모두 서로를 알고 있다. 따라서 헤이킬라의 아이디어가 그들 사이에서 빠르게 퍼져나갔다고 해서 별로 놀랄 일도 아니었다. 얼마 지나지 않아 헤이킬라의 아이디어에 매료된 시 교통부가 좀 더 발전시켜서 마스에 대한 심층적 타당성 조사를 의뢰했다. 헤이킬라는 이후 몇 년 동안[1] 아이디어를 확장하고 다듬은 끝에 마침내 2014년에 그것을 주제로 석사학위 논문을 작성했다.

그녀의 아이디어에서 핵심은 자동차 소유와 경쟁할 만한 서비스를 제공하자는 것이었다. 그녀는 그 어떤 교통 서비스도 한 가지로는 분명 자동차에 필적할 수 없다고 주장했다. 도시가 트램과 지하철 연장에 아무리 많은 돈을 쏟아부어도 사람들을 결코 집 앞까지 데려다 줄 수는 없었다. 끊임없이 햇볕이 쨍쨍 내리쬐는 핀란드의 여름에 자전거를 타면 정말로 기분이 상쾌해진다. 그러나 자전거는 부분적인 대답이 될 뿐이다. 모두가 자전거를 탈 수 있는 건 분명 아니기 때문이다.

자동차와 경쟁하려면 모빌리티 앱이 택시와 지하철에서 주차 공간 제약이 없는 스쿠터에 이르기까지 '모든' 이동 수단을 제공해주어야 했다. 즉 다양한 이동 서비스의 제공이 필수였다. 헤이킬라는 일단 그러한 앱을 만들 수 있다면 헬싱키가 나머지 세계를 스마트 모빌리티 세상으로 이끌게 되리라고 꿈꾸었다. 그녀가 만든 앱은 도시 전체의 생활과 지형까지도 바꾸고 친환경 공간이 확대될 것으로 기대되었다.

물론 모빌리티 앱은 스포티파이 같은 음악 앱보다 훨씬 더 복잡할 수밖에 없다. 분자 이동에는 디지털망을 통해 '1'과 '0'을 쏘는 것보다 훨씬 더 많은 작업과 돈이 소요된다. 그러나 헤이킬라가 논문에서 지적했듯이, DHL과 페덱스를 포함한 많은 물류회사는 이미 '이동의 수학'을 발전시켜놓았다. 그들은 불과 1~2초 안에 대만의 창고에서 뉴저지 주의 티넥Teaneck에 있는 아파트로 헤어드라이어를 옮기는 최상의 경로를 결정할 수 있다. 최상의 경로에는 6~7가지의 다양한 교통수단이 포함될 수 있다. DHL과 페덱스는 그들 나름대로 이미 '복합운송multimodal' 방법을 익힌 상태였다.

제조업계의 거물들도 마찬가지였다. 삼성과 BMW 같은 기업은 그들이 생산한 전화기, 전자레인지, 자동차 등에 들어가는 부품의 거대한 공급망의 움직임을 조율했다. 이것은 같은 주제에 대한 또 다른 변형이었다. 그래서 최적의 비용과 속도로 복잡한 분자 모음을 A지점에서 B지점으로 이동하는 데 필요한 많은 전문 지식이 존재했다. 이제 그러한 과학을 헬싱키 시민들의 움직임에 적용한 뒤 그것을 중심으로 서비스 사업을 구축하여 앱과 연결하는 게 문제일 뿐이었다.

헤이킬라가 이 계획을 발전시키는 동안 우버나 리프트 등 차량 공유 서비스가 여러 도시에서 등장하고 있었다. 10년 전만 해도 획기적이었던 자전거 공유도 어디서나 가능해졌다. 새로운 교통 옵션이 등장할 때마다 마스의 개념은 더욱 강력해졌다. 헤이킬라도 알았듯이, 서비스 제공업체들은 다양한 수준의 구독 서비스를 판매할 예정이었다. 고가의 서비스에 가입하는 고객들은 택시와 자동차 공유, 그리고 궁극적으로는 자율주행차를 더 쉽게 이용할 수 있게 될지 몰랐다. 반면에 저렴한 요금제는 자전거, 스쿠터, 트램 중심의 서비스를 제공할 것이었다. 사용자들은 가장 빠른 경로, 가장 저렴한 경로, 가장 친환경적인 경로, 심지어 가장 경치 좋은 경로를 마음대로 선택할 수 있었다.

2014년 봄에 논문을 발표할 당시 헤이킬라는 2025년까지 인류의 이동 방식에 혁명이 일어날 것으로 전망했다. 그것은 더 깨끗하고, 더 친환경적이고, 더 빠르고, 더 저렴하고, 더 재미있는 혁명이다. 물론 헤이킬라가 헬싱키만 염두에 둔 건 아니었다. 그녀는 전 세계 도시에서 인간의 모빌리티를 개선하고 싶었다.

모빌리티 구독 서비스

5월 중순, 헬싱키에는 발트 해에서 거센 바람이 불어온다. 현지인들은 여전히 오버코트와 모직 모자를 쓰고 돌아다닌다. 오후 10시가 넘어서야 해가 질 정도로 낮이 길어져도 공원이나 길가의 나무에는 라임빛 녹색의 솜털만 얇게 뒤덮여 있다. 그런데 날씨가 갑자기 돌변한다. 겨우 1주일 만에 헬싱키는 여름처럼 느껴진다. 옆으로 쌍둥이 대로가 뻗어 있는 화려한 에스플라나디Esplanadi 공원을 따라 길거리 카페가 빼곡히 들어서 있고, 햇볕을 쬐려는 핀란드 시민들은 공원 위 잔디밭에 큰대자로 누워 일광욕을 즐긴다.

화창한 월요일, 삼포 히에테난Sampo Hietenan은 1층에 있는 아시안 퓨전 레스토랑에서 점심 식사를 하려고 사무실에서 승강기를 타고 내려온다. 그의 사무실은 상업과 주택지구 중간에 위치해 있다. 그는 반바지에 줄무늬 반팔 셔츠를 입고 있다. 그도 다른 사람들처럼 주말 대부분을 밖에서 보냈다. 그래서인지 얼굴이 검게 탄 모습이다.

헤이킬라가 마스를 꿈꾸었을 때 그것을 가장 먼저 사업 거리로 만든 사람이 히에테난이다. 그가 세운 스타트업인 마스 글로벌MaaS Global은 윔Whim이라는 서비스에 매달 모빌리티 구독권을 판매한다. 아직 실제로 구현되지는 않았지만, 구독자가 앱을 통해 목적지와 도착 시간을 지정하면 앱은 즉시 최적의 이동 경로를 찾아준다. 구독자는 종종 두 개 이상의 경로 중 하나를 선택할 수 있다.

어떤 사람들은 차량 공유 서비스를 이용해 트램 역까지 가서 트램을 이용한 뒤 다시 주차 공간 제약이 없는 자전거를 타고 목적지에 가는 방법을 권유받을 수 있다. 이런 모든 교통편을 이용하는 데 드는 요금이 매달 구독료에 포함된다. 택시 승차를 늘리고 자전거 이용을 줄이는 식으로 돈이 좀 더 많이 드는 이동 방법을 이용하는 사람도 있겠지만, 대중교통 이용 횟수가 더 많은 경제적인 이동 방법을 선택하는 사람도 있을 것이다.

아직까지 이 서비스는 완전히 준비가 끝나지 않았다. 구독자 대부분은 '무료' 서비스를 이용 중이다. 그들은 단지 목적지에 갈 수 있는 교통수단을 알아보기 위해 앱을 사용하지만, 이동하면서 구독하는 교통수단별로 요금을 낸다. 그런데도 구독 사업은 성업 중이다.

40대 초반인 히에테난은 상당히 동안이다. 헤이킬라가 구독 모빌리티에 대한 논문 자료를 정리하고 있을 때 히에테난도 같은 방식으로 생각하고 있었다. 그는 헬싱키에서 모빌리티에 관심 있는 소수의 사람들처럼 그녀의 연구를 믿고 그것을 사업화하기 시작했다. 식당에서 우리를 만난 그는 이마를 뒤덮은 부스스하게 헝클어진 머리를 옆으로 넘긴 뒤 주문한 연어 샐러드에는 손도 대지 않은 채 유창한 미국식 영어로 서비스로서의 모빌리티가 가진, 세계를 바꿀 만한 잠재력에 대해 자세히 설명하기 시작했다. "근 1세기 동안 교통 부문에서 생산성의 도약은 없었다. 그런데 이제 스마트폰과 클라우드 컴퓨팅으로 무장한 우리는 다음 도약을 할 준비가 되었다." 그는 마스의 구독자가 수천 유로를 절약하는 동시에 운송 시간을 크게 절약할 수 있을 것으로 예측했다. 그는 우리에게 매일 90분이 더 있으면 어떻게 할 거냐고 물었다.

히에테난에 따르면 이 새로운 산업이 극복해야 할 가장 큰 도전은 가공할 만한 챔피언인 자동차를 챔피언 자리에서 내려오게 하는 것이다. 그는 말을 이어갔다. "자동차가 등장한 지 1세기가 지났다. 그것은 역사상 가장 성공한 사업일지도 모른다. 그리고 러시아워 때의 교통체증, 치명적인 충돌 위험, 스모그, 과속 단속, 주차 문제 등 상당히 중요한 단점에도 불구하고 자동차는 끈질기게 매력을 유지하고 있다. 사람들은 자유의 꿈을 상징하는 자동차를 원한다. 누구나 어딘가로 가고 싶어 한다. 그런데 바로 그 순간에 대기하고 있던 자동차가 우리를 원하는 곳으로 데려다준다. 그것은 인류가 어디나 갈 수 있는 마법의 카펫을 짜게 된 것에 가깝다."

자동차의 지배력이 단지 비할 데 없는 주행거리와 가용성 때문에 생긴 것만은 아니다. 자동차는 우리의 가장 원시적인 충동, 식욕과도 뒤엉켜 있다. 한 세기 동안 디자인, 심리학, 마케팅 분야의 가장 위대한 인물들 중 여럿이 우리 자신과 기계 사이의 감정적 유대감을 강화하기 위해 애써왔다. 그래서 우리 중 다수는 혼란스러운 도시 한가운데에서 자동차 안으로 자연스럽게 피신한다. 자동차는 개인 공간, 즉 보호막을 제공해준다. 게다가 세계의 많은 곳에서 우리가 살고 있는 바로 그 건물과 도시는 자동차를 중심으로 설계되어왔다. 즉 우리 대부분은 자동차 세계에 살고 있다.

어떻게 스마트폰 앱이 이런 자동차와 경쟁할 수 있단 말인가? 요즘 같은 초창기에는 경쟁이 불가능하다. 너무나 당연하다. 심지어 히에테난과 그의 아내도 네 명의 아이를 태우고 다니기 위해 여전히 자동차를 가지고 있다. 그의 첫 구독자는 대부분 차가 없는 미성년자다. 그의 고객은 자전거 극성팬, 돈이 부족한 학생, 그리고 열성적인 환경보호론자부터 자동차를 살 여유가 없는 사람(그렇지만 스마트폰은 가

^{지고 있다)}까지 다양하다. 당연히 헤이킬라도 앱 구독자다.

그러나 핀란드처럼 번영하는 국가에서 모빌리티 구독 서비스가 이러한 소수집단에만 의존해서는 번창할 수가 없다. 마스가 헬싱키에서 이동 방법을 변화시키고 경제적 성과를 내려면 대중시장을 공략해야 한다. 승객이 늘어날수록 공급이 늘어나고, 트램부터 자동차 공유에 이르기까지 모든 것이 더 많이 공급되어야만 도시가 활기찬 모빌리티 생태계를 창조할 수 있다. 그것은 다양한 모빌리티 앱이 각기 자동차와 경쟁할 만큼 충분한 선택권을 제공하면서 맞설 수 있는 생태계다. 그러한 대중시장을 구축하려면 이 신생 서비스 산업에 규모의 경제가 필요하다. 즉 그것이 헬싱키의 30만 운전자 중 상당수의 관심을 불러일으키고, 그들이 자동차를 타지 않고 다니도록 꾀어내야 한다.

이것은 '닭이 먼저냐, 달걀이 먼저냐'는 식의 문제와 연결된다. 자동차 소유주들의 마음이 바뀔 때까지는 앱 서비스가 좋지 않을 것이다. 그들이 과연 히에테난이 개발한 것과 같은 앱이 적어도 그들의 마법 카펫에 맞설 수 있는 수준의 서비스를 제공해주기도 전에 그것으로 바꾸려 하겠는가? 무엇으로 그들이 그런 변심을 하게 만들 수 있을까? 이런 경우 인터넷 기업이 흔히 쓸 수 있는 방법 중 하나는 시장점유율을 높이기 위해 적자를 감수하고라도 저렴한 가격에 서비스를 제공하는 것이다. 음악업계에서는 스포티파이가, 그리고 전자상거래업계에서는 아마존이 그런 전략을 썼다. 차량 공유 앱들 사이에서 시장지배력을 확보하기 위해 우버가 쓴 핵심 전략도 그것이었다.

하지만 히에테난은 경제 논리만으로는 운전자들의 마음을 바꾸지 못할 거라고 믿는다. 헬싱키에서 많은 사람들이 그러듯, 운전자들은 대중교통을 이용해 출퇴근하더라도 호수와 연못가의 오두막으로 연중 6~7번 여행하기 위해 자동차를 유지한다. 그것은 핀란드식 생활의 기본이다. 자동차에 집착하는 사람들의 생각도 그러하다. 약 20억 명의 선진국 성인 대부분을 대표한다고 할 수 있는 이 사람들은 종종 마음속으로 무서운 상상을 해본다. 그 줄거리는 모두 유사하다. 뭔가를 하기 위해 차가 절실히 필요한데, 차가 없다.

그래서 사람들은 가끔 가장 어리석은 이유로 자동차에 집착한다. 2~3년 동안 골프를 치지 않은 사람들조차 여전히 골프를 칠 기회가 주어졌을 때 어떻게 골프채를 골프장으로 가져갈지 고민한다. 히에테난은 일본에서는 자동차 소유자 중 절반 가까이가 한 달에 한 번 미만으로 운전한다고 주장한다. 그들은 어쩌다 한 번 캠핑하러 산에 가거나, 혹은 교외의 아웃렛으로 바람을 쐬러 가기 위해 자동차를 유지한다. 히에테난의 말대로라면 자동차는 사람들에게 일종의 보험 증권 같은 것이다. 사람들은 그것이 필요할 때 언제나 곁에 있어 안심하는 대가로 자동차의 가치보다 더 많은 돈(세율이 높은 핀란드의 경우 매년 평균 1만 유로 가까이)을 세금으로 지출한다.

히에테난은 사람들이 서둘러 자동차의 소유에서 구독으로 도약할 수 있도록 그들에게 마술을 약속할 계획이다. 그는 "우리가 해야 할 일은 그들에게 꿈을 주는 것"이라고 강조했다. 마스의 구독 서비스는 새로운 경험으로 그들을 유혹해야 한다.

가설 하나를 세워보자. 무너진 휴대전화 회사인 노키아의 본사 소재지로 유명한, 헬싱키에서 만灣을 가로질러 위치한 번화한 교외인 에스푸Espoo에 사는 직장인 페카Pekka의 이야기다. 반짝이는 새 지하철 노선이 에스푸와 헬싱키를 이어주지만 페카는 지하철역에서 몇 킬로미터 떨어진 곳에 살고 있기 때문에 여전히 구입한 지 5년 된 도요타 캠리를 운전해 출근하는 걸 선호한다. (헬싱키에 있는 다른 많은 회사처럼 그가 다니는 회사도 주차비를 지원해준다.)

페카가 운전하는 캠리를 생각해보자. 그것은 분명 그에게 개인적인 공간을 제공해준다. 페카는 러시아워 때의 교통체증 때문에 거북이운행을 하는 경우에도 차 안에서 요란한 음악을 들을 수 있고, 원하는 만큼 큰 소리로 노래할 수 있다. 이것을 마법의 카펫을 타는 경험이라고 말하는 사람은 드물겠지만, 캠리는 적어도 그의 일정에 따라 움직여준다. 그렇다고 해도 더러운 컵 홀더와 뒷자리에 카시트가 장착된 캠리는 그의 동물적 운전 본능을 일깨워줄 만큼 힘이 넘치지는 않는다. 캠리의 힘은 중간 정도이고, 그걸 탄다고 신분 상승 욕구를 느낄 수도 없다. 카시트에는 진흙이 잔뜩 묻어 있다. 페카의 출퇴근 때 모습에선 조금도 성적 매력을 찾을 수 없다. RJ 스카린지의 의상 비유로 돌아가보면, 페카의 캠리는 그가 5년 동안 매일 입는 외벌이나 마찬가지다.

히에테난은 페카에게 이제부터 한 달에 한 번, 렌트한 페라리나 포르쉐를 제공해주면 어떠할 것 같은지 물었다. 제조업체에서부터 허츠Hertz나 버짓Budget 같은 대형 렌터카 회사까지 전통적인 자동차 산업이 서비스 경제에 적응해가면서 이런 식의 계약이 가능해질 것이다. 그는 그들이 하루나, 심지어 한 시간 단위로 그들 서비스의 일부를 마스 생태계를 위해 할당할 거라고 말한다. 아마 단 몇 시간만이라도 고급 승용차를 타볼 수 있다면 대부분의 사람은 자동차 소유로는 절대 경험해보지 못하는 마법을 느낄 것이다. 페카는 토요일 밤에 아내를 페라리에 태우고 다니면서 함께 특별한 경험을 맛보게 될지도 모른다. 아니면 팀원들을 깜짝 놀라게 할 만한 차를 타고 일요일에 열리는 조기축구회에 참석할 수도 있다. 신분 상승의 기분을 느끼는 것이다!

가능성은 무궁무진하다. 향후 10년 내에 헬싱키 상공을 빠르게 날아다니는 수직 이착륙 에어택시를 한 달에 두어 번 타고 다닐 수 있을지도 모른다. 아니면 헬싱키 항구에서 에스토니아의 수도 탈린Tallinn까지 샴페인 한두 잔을 마시면서 90분간 해양 유람선으로 왕복하는 여행을 할 수 있을지도 모른다. 아마도 극소수의 사람들만 그런 여행을 할 시간을 낼 것이다. 히에테난은 그게 더 좋을 수 있다고 말했다. 그는 "사람들이 하지 않는 뭔가를 발견해서 그것을 무한한 가치가 있는 것으로 만들어야 한다"고 조언했다.

히에테난의 꿈은 헬싱키와 에스푸를 넘어 훨씬 더 먼 곳까지 펼쳐진다. 일단 전 세계의 도시들이 각각 모빌리티 구독 서비스를 시행하면, 서비스 제공자들은 로밍 서비스를 제공하기 시작할 수 있다. 로밍 가입이 가능한 핀란드인은 빈이나 LA로 날아가 같은 복합운송 마술을 써서 도시를 여행하면서 버스에 탑승하고 자율주행 택시를 잡을 수 있다는 것이다. 히에테난은 시간이 지나면 마스 구독 가능 서비스에 항공 여행이 포함될 수도 있다고 주장했다. 그렇게 되면 구독은 한 사람이 지구 전체를 이동할 수 있는 티켓을 사는 셈이 될 거라는 설명이다. 히에테난이 자신의 회사 이름을 '마스 글로벌'이라고 지은 이유가 바로 이 때문이다.

그러나 히에테난은 이탈리아 스포츠카 제공이나 상하이에서의 원활한 이동을 장점으로 내세우며 구독자를 끌어들이기 전에 헬싱키에서 실행 가능한 상품을 준비해야 한다. 가장 먼저 모든 교통 데이터를 동일한 표준에 따라 수집하여 동일한 앱에서 모든 데이터가 함께 작동하도록 해야 한다.

이와 관련해서 그는 핀란드 정부로부터 중대한 지원을 받았다. 2018년 핀란드 정부는 모든 참여기업에 모빌리티 데이터를 개방하는 법안을 통과시켰다. 핀란드에서 사업을 하려면 우버 같은 차량 공유 회사나 택시는 자동차의 위치와 가용성, 가격정책, 배차 정보 등 모든 데이터를 공유해야 한다. 히에테난 같은 서비스 공급자는 이 데이터를 그들의 구독자에게 제공할 수 있게 되었다. 헬싱키의 지하철에서부터 주차 공간 제약이 없는 스쿠터까지 모든 모빌리티 서비스 또한 데이터를 공개해야 한다. 이 법안은 결정적으로 핀란드를 헤이킬라가 원래 꿈꾸었던 비전으로 이동시킨다. 즉 모든 교통수단은 법에 따라 공통의 개방형 표준을 채택하고 동일한 앱에서 어우러져야 한다.

핀란드는 통일된 기술 표준 마련에 관한 한 어느 정도 경험이 있다. 기술 표준은 핀란드의 국가 발전 전략의 열쇠가 되어왔다. 1991년 핀란드 회사인 라디오린야Radiolinja는 세계 최초의 디지털 휴대전화 네트워크를 발족시켰다. 핀란드는 나중에 이동통신 글로벌 시스템Global System for Mobile Communications, GSM 기술이 유럽 표준이 되도록 밀어붙였다. 당시 미국은 여러 가지 아날로그와 디지털 셀룰러 기술을 가지고 있었는데, 두 기술은 서로 호환되지 않았다. 오늘날에는 당연하게 여겨지지만, 1990년대에는 핀란드인이나 독일인이 런던이나 리스본으로 전화를 가져가 일할 수 있다는 것이 마치 마법 같았다. 이 유럽 표준은 핀란드 같은 작은 나라가 대륙 시장을 제대로 공략할 수 있게 해주었다. 결국 그것은 핀란드 회사인 노키아가 무선통신 분야에서 세계 1위 기업이 될 수 있게 했다. 2000년경 핀란드는 누구도 예상치 못한 기술의 핫스팟이었다.

휴대전화가 주로 대화용이었던 시대에 노키아는 업계를 장악했다. 그러나 다음 단계의 모바일 기기, 즉 스마트폰이 등장하자 노키아는 쓴맛을 봐야 했다. 2007년에 출시된 애플의 아이폰은 새로운 표준을 만들었고 노키아는 결코 그것을 따라잡지 못했다. 2014년[2] 한때 기업가치가 2,500억 달러에 달했던 노키아는 불과 72억 달러를 받고 마이크로소프트에 휴대전화 사업을 매각했다. 이후 2년도 채 지나지 않아 마이크로소프트는 휴대전화 사업을 접고 인수 금액을 손실로 처리했다.

핀란드인에게 이것이 해피엔딩은 아니었지만 그들의 전화 전략이 이뤄낸 성과를 생각해보자. 인구 550만 명에 불과한 이 작은 나라는 잠시나마 이 시대의 가장 중요한 기술혁명인 이동통신 분야에서 선두 주자였다. 그로 인해 수십억 달러의 투자를 유치했고, 세계적 수준의 기술자와 공학도를 훈련시켰다. 이러한 두뇌 역량은 지금도 여전히 핀란드 경제의 원동력이고, 통신 기반 시설은 핀란드를 선진국 대열에 올려놓았다.

이제 문제는 핀란드가 모빌리티에서도 비슷한 전략을 쓸 수 있느냐는 것이다. 두 전략에는 어느 정도 유사한 면이 있다. 핀란드는 헬싱키를 시작으로 나머지 국가들에 맞는 모델을 개발한 뒤 보유한 모빌리티 전문 지식과 소프트웨어를 수출할 수 있다. 히에테난이 세운 기업 등은 핀란드 국경을 넘어 사업을 확장할 수 있다.

그리고 그보다 훨씬 더 큰 혜택은 헬싱키의 변신일 것이다. 서비스로서의 모빌리티가 약속대로 잘 운영된다면 헬싱키는 세계가 부러워하는 대상이 될 수 있다. 더 혁신적이고 효율적이며, 안전하고 친환경적으로 변신할 수 있다.

히에테난은 소유 경제로부터의 전환은 엄청난 부를 창출해줄 수 있다고도 주장했다. 그는 현재 널리 퍼져 있는 자동차 중심 문화를 투자자의 관점에서 바라보았다. "누군가가 당신에게 하루 중 95퍼센트를 놀고 있는 공장에 투자할 기회를 준다면 어떻게 하겠는가?" 그가 묻고 답했다. "끔찍한 투자가 될 것이다." 그의 계획에서 모빌리티의 기본 기계인 자동차는 이보다 몇 배는 효율적으로 운영되고, 사회는 그로 인한 경제적 보상을 얻어야 한다.

핀란드의 자동차 소유주 수십만 명이 하루 중 대부분의 시간 동안 멈춰 있을 자동차의 구입, 유지, 보험 가입, 운영을 위해 1년에 1만 유로를 쓰는 걸 중단한다면 그들은 각자 임금이 대폭 오른 것 같은 느낌을 받을 것이다.

그렇게 횡재한 돈의 아주 일부만 갖고도 모빌리티 구독 서비스를 마음껏 이용할 수 있을 것이다. 그리고 그것을 이용할 때쯤이면 서비스의 우수한 자원 관리 덕분에 구독료가 훨씬 더 저렴해질 것이다. 모든 크기와 형태의 교통수단은 하루에 장시간 바쁘게 유지되면서 사회에 훨씬 큰 투자수익을 창출해줄 것이다. 그렇기 때문에 히에테난은 최상급의 모빌리티 구독 서비스(원한다면 시골 여행을 할 때 탈 자동차를 준비해줄 수 있고, 심지어 샴페인에 흠뻑 젖은 채 에스토니아로 향하는 유람선 여행을 즐기게 해줄 수 있는)도 한 달에 500유로, 즉 1년에 6,000유로밖에 되지 않을 거라고 예상했다. 다른 구독료는 그 절반 혹은 그 미만일 것이다. 그렇게 되면 1년에 수천 유로를 소비하는 모든 자동차 소유주가 원하는 자동차를 마음껏 이용하게 될 것이다!

미래를 위한 싸움

자동차 이후의 경제는 아주 재미있을 수 있다. 텍사스 주의 오스틴에서 주차 공간 제약이 없는 스쿠터를 잡아타고 대학교까지 올라간다. 탈린에서 공짜 지하철을 타고, 두바이에서 에어택시를 타고 우뚝

솟아 있는 버즈 칼리파Burj Khalifa를 미끄러지듯 지나간다. 마음에 들지 않을 게 뭐가 있단 말인가?

그런데 많은 도시에서 이러한 변화를 추진하려면 달콤한 당근과 매서운 채찍이 모두 동원되어야 한다. 많은 도시에서, 자동차를 운전하는 것은 더 힘들고 돈이 많이 드는 고통스러운 일이라는 것을 행정 조치로 보여주는 것이 중요한 과제다. 런던은 혼잡통행료 징수라는 징벌적 조치로 앞장섰다. 런던은 도시 내 운전은 권리가 아니라 특권이며, 돈이 많이 드는 일임을 분명히 강조했다. 모델 T가 처음 등장한 이후부터 계속 이것이 사실이었지만, 도시들은 점차로 이에 익숙해졌다.

운전자는 혼잡통행료를 낼 때보다 주차 공간이 줄어들 때 더 큰 고통을 느낀다. 이것은 자동차 시대를 퇴행시킬 수 있을 만큼 큰 고통이다. 대부분의 개인 소유 자동차는 연료만큼 주차 공간이 절실히 필요하기 때문에 주차는 운전자에게 여간 신경 쓰이는 일이 아니다. 헬싱키에서 건물의 지하 주차장은 자동차에 바쳐진 지하 세계를 상징한다. 많은 경우 정부가 의무 사항으로 만들게 한 장소다.

많은 시 공무원은 운전하길 좋아하는데, 그들은 주차 공간 축소 문제에 대해 크게 걱정한다. 자신만을 위해 그런 걱정을 하는 건 아니다. 그것은 다수의 유권자 사이에서 논란을 일으킬 수 있는 문제다. 공무원들은 그 문제에 대해 끊임없이 듣는다. 세계의 여러 도시에서 주차 보조금을 지급하고, 많은 거리에서 무료 주차를 허용하고, 금싸라기 땅을 계속해서 주차장으로 만들고자 하는 것은 그만큼 주차 문제 해결이 시급하기 때문이다.

헤이킬라가 상상했고 히에테난이 창조하려고 애쓰는 헬싱키에서는 이러한 20세기적 현상이 설 자리가 없다. 헬싱키에서도 모빌리티 혁명에 직면한 다른 도시들처럼 주차 문제가 정책 싸움이 시작되는 지점이다.

개발자와 도시의 규제당국이 싸우기도 한다. 핀란드의 대표적인 건설업체인 YIT 코퍼레이션YIT Corporation은 최근 항구 근처에 주차 공간을 축소한 고층 주택 건설의 승인을 신청했다. 도시개발 부문 부사장인 주하 코스티아이넨Juha Kostiainen은 "우리 회사는 주차 공간이 불필요한 비용을 증가시킨다고 생각한다"고 말했다. 이미 많은 젊은이가 자동차 없이 이동하고 있다. 주차료를 내지 않아도 된다면 시내의 아파트에 거주할 수 있는 능력이 되는 젊은이가 늘어날 것이다. 지하에 주차장 1면을 만드는 데 약 5만 5,000유로가 든다. 이는 핀란드 국민의 연평균 소득인 4만 유로를 훨씬 웃도는 액수다. 코스티아이넨은 "'우리가 위험을 감수하겠다'고 말했다"고 밝혔다. "주차 공간을 줄인 건물을 만들겠다. 건물이 인기 없다면, 시장이 건물 가격을 알아서 낮출 것이다."

이런 생각은 시 공무원들에게 통하지 않았다. 물론 시 공무원들은 주차 공간이 줄어들면 성난 운전자들이 헬싱키 안을 끝없이 배회하면서 공기를 오염시키고 부족한 주차 공간을 찾아 거리를 메울까봐 걱정했다. 정치인들은 미래를 보지 못한다. 다만 그들이 오늘날 운전자들에게 인내를 강요했을 때 분노한 운전자들이 그들을 공직에서 퇴출시킬까봐 걱정한다.

이것은 전 세계의 모든 도시에 관련된 중요한 정책적 질문이다. 헬싱키에서는 환경운동가들, 즉 녹색당이 이 문제로 보수주의자들과 맞서고, 도시 거주자들은 교외 거주자들과 맞선다. 주차 공간 축소가 정치적 반발을 불러일으킬지가 핵심 질문이다. 아니면 그것이 사람들의 행동을 변화시킬 수 있을까? 주차가 엄청난 골칫거리라면 시내로 차를 몰고 오지 않는 사람이 늘어나지 않을까? 혹은 심지어 차를 버리고 모빌리티 서비스에 가입하는 사람도 일부 생기지 않을까?

오초 키베카스Otso Kivekäs가 이 문제에 어떤 입장을 취하고 있는지는 자명하다. 그는 녹색당 지부원이자 핀란드 자전거협회Finnish Bicycle Association 회장이다. 그는 헬싱키에 있는 천장이 높고 페인트가 벗겨진 오래된 건물 안의 낡은 사무실에서 일한다. 그는 헬싱키의 긴 겨울 동안에도 자전거를 타면서 건장한 체격을 유지하고 있다. 얼굴에는 검은 턱수염이 나 있고, 머리는 포니테일을 하고 있다. 왼팔에는 파란 뱀 문신이 위에서 아래로 그려져 있다.

오초 키베카스 부부는 차가 없다. 키베카스는 네덜란드 전기자전거에 마차를 붙여서 어린 두 딸을 끌고 다닐 수 있다. 그와 그의 동료인 녹색당원들은 페이스북에서 1만 7,000명에 이르는 운동가들의 지지를 받으며 헬싱키 시가 겨울 내내 자전거 중앙 도로를 개방하도록 압박해서 성공을 거두었다. 이것은 단지 길을 연다고 끝나는 일이 아니다. 길에 위험한 얼음층이 생기는 문제를 해결해야 한다. 단, 이때 길 위에 소금을 뿌리는 건 금물이다. 타이어가 터진다. 대신 헬싱키의 운수 노동자들이 긴 빗자루로 눈을 쓸어내는데, 이것은 여간 고된 일이 아니다.

키베카스는 헬싱키의 미래를 위한 싸움에서 강경파에 속한다. 그의 생각에, 자동차를 한쪽으로 다니게 하고 다른 모든 교통편을 다른쪽에서 다니게 하면서 도시 공간을 쟁취하기 위한 전쟁이 한창이다. 공간 자체는 변하지 않는다. 그것은 자동차에 적합한 환경이나, 아니면 키베카스가 강력히 원하듯 자동차에 적대적인 환경을 제공할 수 있다.

헬싱키의 작고 걷기 좋은 도심 외곽에 거주하는 키베카스는 헬싱키는 자동차를 위해 지어진 도시라고 주장했다. 키베카스는 헬싱키가 뻗어나간 모습은 이웃한 스톡홀름이나 오슬로보다 미국의 도시에 조금 더 유사해 보이게 되었다(그러나 헬싱키를 휴스턴이나 LA의 확산된 형태와 혼동하는 사람은 없을 것이다)고 주장했다. 또한 수십 년 동안 도시계획 수립자들이 토지의 용도를 정하여 주거 환경을 보전하고자 기업, 학교, 병원, 주택을 서로 분리한 다음에 고속도로로 이어붙였다고 설명했다. 그는 "수십 년 동안 그들이 해온 모든 일이 잘못되었다"고 강조했다. 녹색당원들이 이루고자 하는 목표는 대도시의 밀도를 높이고, 도로를 줄이며, 더 많은 주택과 상업 공간을 몰아넣어서 지하철이나 트램에서 조금만 걷거나 자전거를 타면 도착하는 거리에서 생활하고 일하는 사람이 더 늘어나도록 만드는 것이다.

당연히 이것은 자동차를 중시하는 보수당 의원들이 수긍하기 힘든 목표다. 그러나 키베카스는 녹색당원들이 상대방을 분열시킬 방법을 찾아냈다고 주장했다. 그것은 특히 돈, 즉 녹색당원들이 원하는 종류의 다용도 건설 프로젝트에 필요한 돈과 연관되어 있다. "보수 당에는 두 부류가 있다. 자동차파와 건설파다." 키베카스는 활짝 웃 으면서 자동차는 표를 가져오지만, 건설은 돈을 가져온다고 말했다. 헬싱키의 확산 현상을 되메우고 다음 단계의 모빌리티를 위한 구역 을 준비하려면 많은 건설 계약이 필요한데, 이는 초당적인 지지를 얻 을 수 있다는 것이다.

그 결과 녹색당원들이 큰 영향력을 행사한 도시계획이 수립될 예 정이다. 일곱 개의 고속도로가 헬싱키와 교외를 연결하는데, 이 새로 운 계획에 따라 불도저를 이용해 넓은 고속도로를 더 좁고 느린 지상 도로로 바꿀 예정이다. 그런 다음에 인도, 자전거도로, 중앙 녹지, 그 리고 트램 선로에 필요한 다차선 공간을 상당 부분 확보할 것이다.

연방정부에는 이것이 다소 무리한 계획일 수 있다. 운전자들의 반 발뿐만 아니라 항구로 향하는 트럭 교통도 고려해야 하기 때문이다. 항구는 핀란드를 나머지 다른 유럽의 국가들과 해운으로 연결해주 는 거점이다. 그러므로 결국에는 두세 개의 고속도로만 녹색길로 바 뀌면서 녹색당의 원래 계획이 상당히 후퇴할 수도 있다. 그렇더라도, 오초 키베카스처럼 자동차를 반대하는 급진주의자들에게는 속도가 너무 더디긴 하지만 어쨌든 변화가 진행 중이다. 헬싱키는 차세대 모 빌리티에 맞춰 스스로의 모습을 만들어가고 있다. 그런 변화는 소냐 헤이킬라가 꿈꾼 서비스로서의 모빌리티에 대한 꿈의 실현을 앞당 겨줄 것이다.

소유할 필요가 없는 세상

안내원이 전화를 걸자 몇 분 후 핀란드 최대 은행인 OP 파이낸셜의 로비에 키가 크고 긴 금발의 젊은 여성이 나타났다. 그녀는 광택이 나는 코발트블루 드레스를 입고 있었다.

소냐 헤이킬라였다. 우리가 자리에 앉자 그녀는 섬세하고 정확한 영어로 은행원이 된 사연을 들려주었다. 그녀는 학위를 마친 뒤 정부 산하 혁신 기술 분야의 자금 지원 기관인 테케스Tekes에서 일했다. 그녀는 자연스럽게 모빌리티 혁명의 조각을 맞춰나가는 데 집중했다. 한편 OP 파이낸셜의 관계자들은 헤이킬라가 주도하는 모빌리티 혁명이 자신들의 회사를 포함한 모든 종류의 사업에 일대 혁신을 일으킬 가능성이 있다고 생각했다. OP 파이낸셜은 예전부터 자동차 금융업과 보험업도 겸하고 있었는데, 수십만 명의 핀란드인이 자동차 소유를 중단하고 모빌리티 서비스에 가입하기 시작하면 두 사업의 수익 흐름에 어떠한 변화가 생길지 궁금했다.

결국 2016년에 OP 파이낸셜은 헤이킬라를 이사 자리에 앉혔고 다음 단계의 모빌리티에 맞게 새로운 은행 서비스를 고안하는 임무를 맡겼다. 헤이킬라는 핀란드의 모빌리티를 개선하겠다는 목표에서 벗어나본 적이 없었다. 그녀는 "하지만 지금은 대형 은행의 자원을 이용할 수 있게 되었다"고 설명했다.

역설적이게도, 차세대 모빌리티를 꿈꾸었던 사람이 이제 사람들에게 자동차를 제공하는 새로운 방법을 고안 중이다. 그녀는 자신이 핀란드의 모빌리티 혁명에 없어서는 안 되는 조언을 해줄 사람처럼 보였던, 열정 넘치던 학창 시절에 많은 사람들이 자신의 목표를 오해했다고 주장했다. 사람들은 그녀가 자동차 없는 세상만을 원한다고 생각했다는 것이다.

헤이킬라는 "하지만 내가 원했던 것은 사람들이 자동차를 소유할 필요가 없는 세상이었다"고 설명했다. 헤이킬라는 아직 차가 없고 삼포 히에테난의 모빌리티 앱인 윔에 가입해 있다. 하지만 그녀는 자신의 경험을 통해 앱에 아직 큰 허점이 있음을 알고 있다. 그 허점은 당분간 자동차만이 채울 수 있다. 예를 들어 그녀는 가족과 해변으로 휴가를 떠날 때나 운동 장비를 갖고 여기저기 돌아다녀야 할 때 차가 필요하다. 자동차는 단점도 있지만 여전히 많은 곳에 가고 물건을 나를 때 타의 추종을 불허한다. 헤이킬라가 생각하기에, 자동차는 적이 아니다. 진짜 적은 몇 시간 동안 계속 운행하지 않고, 귀중한 공간을 차지하고, 무엇보다도 한 번에 한 명만 태운 채 움직이는 '자동차 소유'라는 비효율성이다. 은행에 중요한 것은 여러 가지의 유연한 서비스를 내놓는 것이다. 지금은 다섯 가지, 그리고 계속 추가되는 이런 서비스는 개인과 회사에 필요한 몇 시간이나 몇 분 동안 친환경 전기차를 제공하는 것이라고 그녀는 말한다. 이런 틀에서 자동차를 구입하는 핀란드인의 수는 줄어들고, 운행되는 자동차의 활용률은 100퍼센트에 가까워진다. 그리고 낭비가 줄어든다.

헤이킬라의 것과 같은 자동차 서비스가 삼포 히에테난이 팔고 있는 모빌리티 구독 서비스에 포장되어 팔리는 건 단지 시간문제일 뿐이다. 그것은 자동차가 없는 미래가 아니다. 차들은 여전히 우리 곁에서 돌아다니겠지만 그 숫자는 줄어들 것이다. 자동차는 모빌리티 경제의 거물이라기보다는 단지 굴러다니며 그것을 이루는 또 하나의 조각이 될 것이다.

제6장

하늘과 땅 밑에서 펼쳐지는
모빌리티 파노라마

멕시코시티의 파세오 데 라 레포르마Paseo de la Reforma 거리를 운전하고 가다가 독립기념비Angel of Independence를 지나 차풀테펙 공원Chapultepec Park을 가로질러 오르막길을 따라 몇 킬로미터 정도 더 올라가면 정문에 무장 경비병들이 지키고 있는 곳을 포함해서 위풍당당한 저택들이 따로 모여 있는 동네가 눈에 들어온다. 로마스 데 차풀테펙Lomas de Chapultepec이라는 곳이다.

참나무와 자카란다 나무가 우거져 잘 보이지는 않지만, 뒤를 돌아보면 아래로 거대한 도시가 보이는 곳도 있다. 도시는 지평선까지 뻗어 있고 파스텔 핑크, 파랑, 그리고 녹색 집들은 대부분의 나날을 스모그 장막 속에 갇혀 숨죽이고 있다. 꽉 막힌 멕시코시티의 도로는 에치 어 스케치Etch A Sketch에 그려놓은 회색 선들 같다.

소칼로Zócalo 중앙광장과 16세기의 성당 끝 쪽으로 멀리 떨어져 있

는 멕시코시티의 베니토 후아레스 국제공항Benito Juárez International Airport
은 로마스 데 차풀테펙과 이웃 언덕에 위치한 다른 부촌에 사는 사람
들이 주로 찾는 곳이다. 아무리 좋게 봐도 공항까지 자동차를 운전한
다는 건 유쾌한 경험이 아니다. 빨리 가지도 못한다. 러시아워 때 공
항까지 불과 20여 킬로미터를 이동하는 데 무려 1시간 30분이 걸릴
수도 있다. 만약 공항까지 이어지는 도시고속도로나 내부순환도로
에서 사고라도 난다면 그보다 두 배의 시간이 걸릴 수도 있다. 교통
이 마비되면 특히 고급 승용차에 탄 사람들을 대상으로 한 길거리 범
죄의 위험이 커진다. 그래서 멕시코의 부자들 중에는 경호원과 함께
도시를 다니는 사람들도 있다.

　로마스 데 차풀테펙에서 언덕 아래로 5분쯤 떨어진 곳에서 에어버
스의 자회사인 붐Voom이 헬기장을 운영하고 있다. 140달러 정도만
내면 붐은 멕시코시티 공항이나 그곳보다 더 먼 톨루카Toluca 공항까
지 헬리콥터로 수송해준다. 멕시코시티 공항까지는 10분이면 간다.
붐은 부, 교통, 범죄 상황이 이곳과 비슷한 메가시티 상파울루에서도
헬리콥터 서비스를 판매하고 있다.

　언뜻 보았을 때 멕시코시티엔 별달리 새로운 이야기가 없는 것 같
다. 부자들은 한두 시간을 절약하기 위해 노동자가 1주일 동안 버는
것보다 많은 돈을 한 번에 쓴다. 그들은 다른 사람들이 지겹게 겪는
교통체증의 위험과 두통 위로 날아간다. 부자들만 누릴 수 있는 특권
이다.

　그런데 소형 헬리콥터들이 수도권 전역에 불쑥 등장해서 저렴한

이동 서비스를 제공하면 어떨까? 아니면 조용한 전기자동차가 헬리콥터 요금과 비교하기 힘들 만큼 저렴한 이동 서비스를 제공한다면? 누구나 차량 공유 앱으로 비행기를 호출할 수 있다면 어떻게 될까? 그것이 붐과 전 세계의 많은 항공사가 지향하는 비전이다. 그들의 눈에 미래에는 훨씬 더 작은 전기 수직 이착륙 항공기eVTOL가 운행한다. 우버는 2023년까지 LA와 댈러스에서 이러한 항공기 네트워크를 출범시키겠다는 계획을 발표했다.[1] 에어버스와 보잉, 그리고 독일의 볼로콥터Volocopter를 포함한 많은 기업이 두바이에서 첫 번째 계약을 따내기 위해 노력하고 있다. 계약 체결 시점이 예상보다 빨리 다가올지도 모른다.

우버의 홍보 영상에서는 한 승객이 다른 운 좋은 사람들과 함께 안내를 받으며 에어버스에서 제작한 비행기를 타러 옥상의 이륙장으로 향한다. 이후 그녀는 창문을 통해 평소와 같은 교통체증 광경을 내려다본다. 그녀는 고개를 절레절레 저으면서, 훨씬 더 수준 높은 이동 수단을 이용하게 된 것에 대해 확실히 안도한다.

그런데 하늘 쪽의 모빌리티 혁명에는 중요한 문제가 남아 있다. 비행 기술이 제대로 작동할 것인지가 아니다. 우리는 많은 드론을 보면서 대부분이 적어도 통제된 환경에서 아무런 문제 없이 비행하고 있다는 사실을 이미 잘 알고 있다. 그보다 더 큰 문제는 수익성 있고 지속 가능한 사업을 창출할 수 있는지, 그리고 사회가 안전·환경·사회적 형평성 차원에서 그런 기술을 똑똑하게 관리하고 규제할 수 있는지의 여부다.

헬리콥터와 민간 제트기의 역사에 비추어보았을 때, 하늘이 부자들의 전유물이 될 것으로 예측하는 게 정상이다. 그러나 eVTOL의 경우 대중시장, 즉 많은 사람을 실어나르는 바쁜 네트워크를 기반으로 하는 이상, 상위 1퍼센트만을 위한 사업은 실패로 끝날 것이다.

헬리콥터를 뛰어넘는 기술이 발전하지 않고는 그러기가 불가능하다. 헬리콥터를 타고 멕시코시티나 맨해튼의 중간 지대를 가로지르고 있다면, 그것은 비록 시끄럽기는 하지만 어쨌든 꿈같은 일이다. 하지만 기술에 관련된 많은 것은 꽤 끔찍하다. 헬리콥터는 연료를 많이 소비하고, 숙련된 조종사를 필요로 한다. 이착륙할 때는 프로펠러가 두꺼운 먼지구름을 일으키고 조약돌을 치명적인 BB탄으로 만든다. 헬리콥터를 타면 귀도 먹먹해진다. 볼로콥터의 홍보 책임자인 파비엔 네스트만Fabien Nestmann은 소음 해결이 가장 큰 과제라고 말했다. "자기 바로 옆에서 헬리콥터가 착륙하길 원하는 사람은 아무도 없다."

예상치 못한 일

2010년 미국항공우주국은 버지니아의 랭글리 연구센터Langley Research Center에서 1인용 전기비행기 시제품을 출시했다. 그들은 이 비행기에 밝은색 부리를 가진 건장한 북쪽 바다오리인 '퍼핀Puffin'이라는 이름을 붙여주었다. 실제 퍼핀처럼 승객 한 명이 겨우 탈 정도로 크기가 작았고, 짧은 날개를 가지고 있었다. 또한 시속 240킬로미터가 나올 거라고 예상될 만큼 빨랐다. 미국항공우주국이 퍼핀 시제품 애니메이션을 유튜브에 올리자[2] 동영상은 큰 인기를 끌었다.

퍼핀을 만든 사람은 마크 무어라는 서른 살의 미국항공우주국 연구원이었다. 자신에게 잘 어울리는 조종사용 안경을 착용하고 다니는 무어는 사근사근한 성격이며, 미국항공우주국에서 첨단 항공 디자인을 개발하는 임무를 맡았다. 랭글리 연구센터에서는 관심을 덜 받는 일이었다. 이상하게도 미국항공우주국의 관점에서 보았을 때 무인 화성 탐사는 사실상 충분한 자금을 지원받았지만, 주요 도시를 비행하는 소형 자율주행 비행기에 대한 비전은 주로 '개념의 영역'에서 존재했다.

21세기 초에 전기 기술과 컴퓨터가 발전하고, 전기자동차 회사인 테슬라가 상업적인 성공을 거두자 전기 도시비행기에 대한 생각이 더 이상 이상하게만 들리지 않게 되었다. 무어는 퍼핀 시제품이 공개된 2010년에[3] 소형 eVTOL의 기술적 경로를 정리한 백서를 발간했다. 백서에는 분명 그것의 개발이 가시권에 들어왔고, 10년 안에 가능할 수 있다는 내용이 담겨 있었다. 신생 산업계에서는 백서를 주목했다. 〈블룸버그 비즈니스위크〉에 따르면 구글의 CEO 래리 페이지Larry Page는 무어가 쓴 백서를 읽고[4] 두 개의 항공 스타트업을 설립했다. 보잉과 에어버스도 항공 스타트업에 투자했다. 이로써 세계적인 경쟁이 시작되었다.

오늘날 전 세계적으로 약 100대의 다양한 eVTOL이 개발되고 있다. 이런 경쟁은 사실상 하룻밤 사이에 일어났다. 프랑스와 미국의 합작 기술 인큐베이터인 스타버스트 액셀러레이터Starburst Accelerator를 통해 이 분야에 투자한 프랑수아 쇼파드François Chopard는 이런 경쟁을 '예상치 못한 일'이라고 말했다. 2017년 여름까지는 에어버스 같은 몇몇 대기업과 소수의 스타트업만 경쟁했다. 그런데 불과 1년 만에 경쟁에 뛰어든 스타트업이 80개로 늘어났다는 것이다. 쇼파드는 이런 현상을 1세대 항공 산업에 비유했다. 윌버 라이트Wilbur Wright가 프랑스 르망Le Mans에서 유인항공기를 최초로 공개 시연한 지 1년 만인 1909년이 되자 파리 지역에서만 15개 항공사가 새로 생겨났다.

어떤 사업이건 간에 아무리 많이 떠들고 다닌들 사람들의 관심과 투자가 폭발적으로 늘어나지 않으면 아무런 소용이 없다. 전기 항공의 진화 과정을 살펴보자. 1960년대부터 시작된 초창기에는 대부분의 전기비행기가 장난감이었다. 명절 때 아이들은 리모컨을 가지고 놀다가 새해가 되면 망가뜨리거나 잃어버렸다. 최근 몇 년 동안 디지털 스마트 기술이 잔뜩 들어가서 훨씬 더 정교해진 전기비행기는 드론으로 진화했다. 지금은 만약을 위해 프로펠러와 전력을 더욱더 추가하고, 교통망 속에서 운영하면서 승객을 태울 수 있는 드론을 준비하는 게 중요하다.

드론의 모양과 구성은 제각각이다. 어떤 것은 프로펠러로만 만들어져 있고, 어떤 것은 프로펠러를 고정날개와 결합해놓았다. 이미 화려한 팡파르와 함께 자율비행으로 두바이를 횡단하는 데 성공한 볼로콥터는 열여덟 개의 프로펠러가 장착된 원형 왕관에 의해 작동하며 말파리처럼 날아오른다. 뉴질랜드에서 구글의 페이지가 투자한 회사 중 하나인 키티 호크Kitty Hawk는 코라Cora라는 우주선을 시험해 왔다. 제2차 세계대전 때 쓰인 유서 깊은 영국 전투기인 브리티시 스핏파이어British Spitfire처럼 보이지만, 날개마다 세 개의 전기 프로펠러가 달려 있다.

이처럼 초창기에는 사실상 모든 사업이 투자를 받고, 적어도 승자가 나올 때까지 모든 시도가 진행된다. 보잉 계열사인 오로라 플라이트 사이언스Aurora Flight Sciences의 R&D 담당 부사장인 브라이언 유트코Brian Yutko는 "지금 보이는 것은 실시간으로 재생되는 유전 알고리즘"이라고 말했다. 유트코는 날개와 배터리 설계에서부터 추진에 이르기까지 "모양을 갖추기 시작하는 지배적인 특징이 있다"면서 "그들은 팔과 다리를 가졌고, 늪에서 기어나오고 있는 상태"라고 덧붙였다.

유트코는 우버 엘리베이트Uber Elevate가 후원하는 2018년 원탁회의에서 이런 다원적 진화에 대해 설명했다. 패널 진행자였던 우버 항공Uber Air의 항공사업부장은 다름 아닌 마크 무어였다. 그는 미국항공우주국에서 정년인 2017년까지 일하면 받을 수 있는 혜택을 포기하고 우버에 입사했다. 그것은 무어에게 자신의 연구를 개념에서 현실로 바꿀 수 있는, 다시 말해 공중에서 완전히 새로운 대중 모빌리티 산업을 발전시키는 데 도움을 줄 수 있는 기회였다.

무어의 꿈은 결코 평범하지 않다. 그는 10년 안에 주요 도시에서 하루에 수십만 명을 태워 비행하고, 궁극적으로는 LA 같은 도시에서 하루에 수백만 차례를 비행하는 일명 '역동적인 스카이라인 네트워크'를 예견했다. 그는 그러한 항공운송 비용이 단순한 자동차 여행의 한계비용 수준까지 급락할 것으로 예측했다.

배터리와 AI에서 아직 해결해야 할 기술적 도전이 남아 있다는 점을 고려했을 때 10년 안에 이런 일이 가능할 거라는 무어의 예측은 다소 장밋빛일 수 있다. 그렇지만 우버 엘리베이트의 2023년 서비스 출시 계획은 단언컨대 '확실한 추진 목표'다. 무어도 그렇다는 걸 인정했다. 그리고 무어는 우버처럼 야심만만하고 호주머니가 두둑한 기업이 정해놓은 촉박한 마감 시한은 전체 산업에 활기를 불어넣어서 수십억 달러의 기술 R&D 투자를 일으켰다고 주장했다. 약간의 과대 포장도 현명하게 사용되면 그렇게 꼭 나쁜 것만은 아니다.

도시 비행 서비스

신기술을 구상할 때는 현재 상태에 얽매이지 않고 자유롭게 상상해야 한다. eVTOL을 단순히 작고 저렴하면서 전기를 동력으로 자율 비행하는 헬리콥터라고 생각하면 이해하기가 쉽다. 이런 생각에 따라서 로마스 데 차풀테펙 근처에서 공항까지 이어지는 항공 서비스는 중단되지 않겠지만 요금은 인하될지도 모른다. eVTOL은 훨씬 더 조용하고 눈에 덜 띄기 때문에 아마도 부촌인 폴랑코Polanco나 옆 계곡 쪽에 있는 쿠에르나바카Cuernavaca에서 남쪽으로 향하는 다른 항로를 비행할 수 있을 것이다. 하지만 그건 헬리콥터에 적합한 생각이다.

대부분의 여객 헬리콥터는 A지점에서 B지점으로 비행하지만 eVTOL은 도시 네트워크로 기능한다. 무어의 설명대로, 도시에는 고가高架 지하철역의 규모와 비슷한 수십 개의 작은 비행 정류장이 생겨날 것이다. 사람들은 한 역에서 다른 역으로 비행하면서 도중에 다른 승객을 태우거나 내려주기 위해 착륙하기도 할 것이다. 다양한 eVTOL 사업자는 버스와 택시가 도로에서 경쟁하는 방식처럼 같은 네트워크에서 경쟁할 수 있다. 그런데 근본적인 차이점이 있다. 즉 50개 역이 있는 지하철에 51번째 역이 생기면 노선 중 하나가 좀 더 길어진다. 그러나 그러한 항공 네트워크에 역이 추가되면 50개의 새로운 항로가 열린다. 그것이 우리의 머리 위로 다니는 새로운 대중교통의 모습이다.

모두가 이런 생각에 열광하지는 않는다. 모빌리티 기술도 결국 해결해야 할 문제가 있다. 20세기 초에 최초의 자동차가 도시의 거리를 돌아다녔을 때 그들이 수십 년 안에 도시를 식민지화하고, 그들만의 필요에 맞게 도시를 포장하고 재창조하리라고 상상한 사람은 거의 없었다. 도시 교통의 상당 부분이 공중으로 이동하면 우리의 하늘이 더럽혀지지는 않을까?

무어는 그런 일이 벌어지지 않을 것이라고 주장했다. "수천 대의 우주선이 머리 위로 날아다니는「스타워즈」의 하늘을 상상하지 말아달라. 대부분의 사람은 사실상 비행선을 보거나 비행선 소리를 들을 수조차 없을 것이다. 그들은 제트기보다 독수리에 더 가까울 만큼 크기가 작을 것이며, 그들이 내는 소음은 도시 음경音景에서 나오는 둔탁한 굉음과 뒤섞일 것이다." 그래도 하늘에서 사업을 하는 사람이 내놓는 확약이 모두를 만족시키지는 못할 것이다.

특히 자율비행에 관한 안전 문제를 해결하려면 대부분의 서비스는 인간 조종사와 함께 서비스를 시작할 것이다. 그러나 결국에는 2030년 말까지 소프트웨어가 비행기를 통제하도록 만드는 게 계획이다. 사실 자율성은 사업 모델의 중심이자 에어택시의 대중화를 위한 열쇠다. 남부 캘리포니아의 스타트업인 카렘 항공Karem Aircraft의 제품 책임자 라이언 도스Ryan Doss는 우버 엘리베이트가 주최한 컨퍼런스의 참석자들에게 "필요한 곳에서 경제성을 높이려면[5] 조종사를 빼내야 한다"고 강조했다. 게다가 전 세계의 주요 도시에서 대규모 eVTOL 네트워크를 운영할 만큼 충분한 숫자의 조종사도 없다. 도스는 "엄청난 수의 조종사를 훈련시키기는 믿기 힘들 만큼 어려운 도전이 될 것"이라고 말했다.

자동차업계에서는 아직까지 자동화가 새롭지만, 항공업계에서는 이미 오래전부터 도입된 기술이다. 제2차 세계대전 발발 전에도 비행기 제조업체들은 자동주행속도 유지 기능을 도입하고 있었다. 지구 위의 혼란스럽고 복잡한 도로에서 이런 기술을 적용한다는 건 상상할 수조차 없었을 것이다. 그러나 탁 트인 하늘에서는 가능했다. 이후로 항공 산업은 자율주행 기술을 추가했다. 그것은 안전도를 높여줄 뿐만 아니라 일정한 속도, 고도, 방향 유지 등 조종사가 가장 지루하게 느끼는 일의 부담을 덜어준다. 다만 가끔 오류도 발생한다.

2018년 말과 2019년 초에 각각 인도네시아와 에티오피아에서 발생한 두 건의 보잉 737 맥스 여객기 추락 사고의 원인은 소프트웨어 결함으로 추정되었다. 그렇지만 여객기는 가장 안전한 여행 방법이며, 자동화는 중요한 역할을 한다.

현대의 여객기는 테슬라의 자율주행 전기차와 유사한 '레벨 3' 수준으로 자율비행을 한다. 부분 자율주행 혹은 반자율주행이라 불리는 3단계 주행에서는 변수 감지와 주행 주체는 운전자이지만 주행을 제어하는 주체는 시스템이 되어야 한다. 대부분의 경우 자동차가 해야 할 일을 스스로 판단하고, 필요에 따라 운전자가 개입한다. 운전자는 고속도로와 같은 일부 조건에서는 자동차의 시스템에 주행을 맡겨도 된다. 비행기에도 이런 자율주행차처럼 풍력, 기압, 온도, 습도, 난기류 및 기타 모든 정량 가능한 변수를 측정하기 위해 수십 개의 센서가 장착된다. 비행기에 설치된 컴퓨터는 모든 정보(대부분의 경우 그 정보의 양은 1페타바이트가 넘는다)를 수집하고, 비행에서 가장 큰 몫을 혼자 담당한다. 대부분의 비행에서 인간 조종사가 이륙한 뒤 컴퓨터에 조종을 맡기면, 컴퓨터는 안정된 항로와 고도를 유지하면서 변화하는 조건에 대응할 수 있다. 많은 경우 컴퓨터가 착륙까지 처리한다. 이후 조종사가 비행기를 터미널로 이동시키면 된다.

도시 비행은 훨씬 더 간단하다. 여객기가 제트기류와 윈드시어wind shear(바람의 방향이나 세기가 갑자기 바뀌는 현상 - 옮긴이)에 주의하며 약 1만 미터 상공에서 비행하는 반면에 eVTOL은 초고층 마천루 바로 위인 지상 2,000미터 정도의 높이에서 비행한다. 간단히 비유하자면, 대형 비행기가 공해상을 누비는 원양 항해선이라면 eVTOL은 정박지 주변을 드나드는 쾌속정에 가깝다.

eVTOL에 가장 큰 도전은 서로 확실한 거리를 유지하는 것인지도 모른다. 그러기 위해 eVTOL은 각각의 속도와 위치, 그리고 예정 경로에 대한 정보를 공유하면서 네트워크를 계속 연결해놓아야 한다. 시간에 맞춰 뜨고 내리는 찌르레기 떼처럼 서로의 움직임을 조율하고 인식할 수 있어야 한다.

네트워크 제어와 비행기 자동화에서 소프트웨어 문제는 매우 중요하다. 기술자들은 엔진이나 프로펠러가 고장 나거나, 폭풍이 일어나거나, 기지국에서 나오는 전자파 전하에 의해 오작동을 일으키는 등 문제가 생겼을 때 안전을 보장해야 한다. 99.9퍼센트의 성공률만으로도 충분히 만족한다고 말할 수 없을 정도다.

그래도 안전하려면 자율주행이 꼭 필요하다. 그 이유를 이해하기위해 가까운 미래의 LA나 두바이에 있는 항공 네트워크 관리자의 회전의자에 앉아 있다고 상상해보자. 항공관제탑 같은 느낌이 나지만 기분만큼은 끝내줄 것이다. 화면에는 경쟁사들이 운영하는 수백 개의 항공편이 수십 개의 비행 정류장 사이에서 분주히 움직이며 운행되는 것이 보인다. 이 경쟁사들은 항공업계의 우버와 리프트 같은 곳들이다. 이제 이들의 비행기가 모두 이상적인 속도와 방향을 스스로 알아내는 인간에 의해 조종되고 있다고 상상해보자. 어떻게 그 모든 조종사를 관리하면서 서로 운항하는 데 방해되지 않게 만들 수 있을까?

아무리 조종사 각자가 관제탑의 명령에 열심히 주의를 기울이더라도 명령이 인간의 뇌에 전달되고 처리되어 실제 행동으로 옮겨질 때까지 귀중한 몇 초의 시간을 잃어버리게 된다. 전통적인 항공관제 시스템이 주요 공항의 지속적인 이착륙 흐름을 관리하는 건 사실이지만, 수백 대의 에어택시를 관리하려고 그러한 시스템을 확장한다는 건 비현실적이고 위험하다.

이 네트워크 관리자에게는 매초마다 비행경로를 자세히 관리하는 컴퓨터와, 기계만큼 정확히 명령을 수행하는 전체 eVTOL의 능력이 중요하다. 이것은 자동화가 없으면 번창은커녕 스스로 지탱할 수조차 없는 산업이다.

그렇다고 자동화가 쉬운 일도 아니다. 네트워크는 빠르고 안전해야 한다. eVTOL은 중앙 지휘소와뿐만 아니라 서로 통신해야 한다. 그리고 가장 효율적인 경로를 계산해야 한다. 대부분의 러시아워 항공편이 시내로 향하는 경우, 승객이 없는 비행을 최소화하면서 eVTOL을 어떻게 재배치할 수 있을까? 그들도 대폭적인 할인이나 기타 특별 서비스를 제공하는 모객 활동을 할 것인가? eVTOL이 성공하려면 경로 관리를 잘하고 도시 항공 시장에 필요한 새로운 가능성을 꿈꿔야 한다.

강력한 배터리도 중요하다. 에어택시 서비스를 대규모로 운영하려면 택시가 공중에서 하루에 여러 시간 동안 돈을 벌어야 할 것이다. 택시가 배터리를 재충전하는 시간을 소비할 때마다 생산성은 떨어지게 마련이다. 두바이 도로교통청RTA의 대중교통 책임자인 아흐메드 바로잔Ahmed Bahrozyan은 "강력한 배터리를 구하는 게 중요하다고 믿지만, 언제 그것이 가능할지는 모르겠다"고 말했다.

한편 시 정부는 많은 합당한 우려를 제기할 것이다. 그들은 무엇보다도 먼저 하늘을 날아다니는 기계가 추락하면 어떻게 되느냐고 물을 것이다. 자동차도 충돌한다. 일어나면 안 되는 일이다. 하지만 자동차는 인도나 아파트 건물이나 놀이터에 폭탄처럼 떨어지지 않는다. 특히 놀이터에 떨어지면 절대 안 된다.

에어택시에 회의적인 사람들 중에는 그것이 조용하고 사실상 보이지 않을 것이라는 업계의 광고를 신뢰하는 사람이 거의 없을 것이다. 반대론자들은 틀림없이 에어택시가 윙윙 소리를 내며 하늘을 가득 메울 거라고 경고할 것이다. 많은 도시 거주자는 이미 거리와 인도에서 전기 스쿠터가 급증한 것에 대해 불평하고 있다. 그런 그들이 에어택시를 너그럽게 봐줄 리 만무하다.

물론 그들은 안전에 대해 합당한 질문을 던질 것이고, 거기에 계급 투쟁을 일으키는 강력한 알약을 섞어 넣을 가능성이 높다. 결과적으로 eVTOL 서비스의 첫 번째 후원자는 헬리콥터를 탔던 로마스 데차풀테펙의 부자들과 같은 부류의 사람들일 것이다. 화려한 동네에서 공항과 비즈니스 허브를 연결하는 항공 서비스는 바로 가장 쉽게 제공될 수 있는 서비스다. 그렇지만 모두가 그것에 기뻐하지는 않을 것이다.

스쿠터에서부터 자율주행차에 이르기까지 우리가 이 책에서 살펴본 모든 모빌리티 기술은 시 정부와 규제당국에 골치 아픈 과제를 안긴다. 하지만 그들 중 누구도 에어택시라는 도전에 가까이 다가가지 않고 있다. 예를 들어 미국에서는 연방항공국이 공항을 오가는 항공교통의 경로를 감독한다. 그러나 eVTOL이 다저스 스타디움에 착륙하든 뉴욕 퀸즈 뒷마당에 충돌하든, 그것은 시 정부의 통제와 규제 대상이다. LA 시장인 에릭 가세티는 "연방항공국에 에어택시의 비행허가권이 있다면 우리에겐 착륙허가권이 있다"고 말했다.

이렇게 새로 등장한 항공교통수단을 규제할 규칙을 제정한다는 건 시 정부에 만만치 않은 일일 수 있다. 안전 규정, 기술 인증 및 면허, 수수료 체계, 사이버 안전 보증이 모두 필요하기 때문이다. 2001년 9월 알카에다가 여객기를 조종해 공격했던 것처럼 해커들이 eVTOL을 무기로 삼아 상당한 피해를 줄 가능성도 있다. eVTOL과 관련된 모든 일이 열띤 논쟁을 불러일으키고, 그로 인해 일부 지역에서는 맹렬한 시위가 벌어질 것이다.

그러나 정부는 항공 시대가 도래한 1세기 전에도 이와 유사한 문제를 다루었다. 항공 당국이 관련 규정을 놓고 논쟁하는 사이에 도시 주민들, 특히 신공항 인근에 거주하는 사람들은 안전과 소음 문제를 걱정했다. 신문 편집자들은 왜 규정 도입을 그렇게 서둘러야 하는지 궁금해했다. 그들은 정말 그럴 필요가 있느냐고 물었다.

항공 산업이 가장 먼저 한 일은 우편물 운반이었다. 그런 맥락에서 정부가 항공 산업을 육성하면서 민간 항공사가 여객 사업을 시작하기 전에 안전기준을 확립할 수 있었다. 대중은 항공교통의 맛을 보자마자 순식간에 중독되었다. 1926년 미국의 항공기 이용 승객 수는

6,000명이 채 안 되었지만,[6] 불과 3년 만에 17만 명 이상으로 급증했다. 1930년대 말이 되자 미국에서는 100만 명의 승객이 비행기를 이용하고 있었다.

그 후 수십 년 동안 우리 경제의 지도는 상당 부분 공항을 중심으로 그려졌다. 애틀랜타, 댈러스, 두바이 같은 도시는 거대한 공항이 없었다면 지도 위의 작은 점에 불과할 것이다. 동시에 우리는 시간과 공간에 대한 감각을 점보제트기에 맞추었다. 파리는 뉴욕에서 여섯 시간 거리에 있었다. 런던은 다섯 시간 거리였다. 우리는 비행기를 탔다. 그것이 더 빠르고 더 효율적이었기 때문이다.

'더 빠르면서도 더 좋다.' 엄청나게 매력적인 말이다. 그래서 LA와 댈러스 등 많은 도시가 이 작은 하늘의 배를 너무 갈망하는 나머지 어려운 문제들과 맞설 준비를 끝냈다. 그들은 기술자와 보험회사를 만날 것이고, 에어택시의 추락 위험성에 관해 논의할 것이다. 그들은 변호사, 주·연방 공무원과 함께 규제에 대한 타협안을 만들어낼 것이다. 그들은 무엇보다도 혼잡한 교통체증에서 벗어나길 간절히 원하기 때문에 이런 모든 일을 할 것이다. 교통 분석 회사인 INRIX가 2017년에 실시한 조사의 결과를 보면 미국에서 가장 혼잡한 도시로 LA가 꼽혔다. 댈러스는 12위였다. 멕시코나 상파울루처럼 이들 도시는 LA의 벨에어와 댈러스의 터틀크리크Turtle Creek처럼 부유한 지역에서 우선 eVTOL 서비스를 선보인 뒤 그 지역을 비행 정류장으로 채워나갈 것이다.

서로 다른 계산법

에어택시 서비스가 단기간에 대도시의 지상 차량 흐름을 충분히 개선할 정도로 확대될 것 같지는 않다. 세계의 대도시 통근자 수는 수백만 명이고 그들 대부분이 자동차를 운전한다. 항공 서비스가 그 것에 영향을 줄 수 있을까?

지난 수십 년 동안 수학자와 기술자들은 교통 역학을 논의하기 위해 여러 컨퍼런스와 학회에서 교류해왔다. 그들은 결코 의견 일치를 보지 못하는 것 같다. 예를 들어 무엇이 원인을 알 수 없는 교통체증을 유발하는가?[7] 보통 속도로 고속도로에서 운전하는 중에 교통이 마비되는 경우가 있다. 몇 분간 차가 짜증 날 만큼 더디게 기어가는 듯하더니 갑자기 다시 전속력으로 달릴 수 있게 되는 경우 말이다. 사고가 났는지, 진입 차선에 문제가 있는지 알아보지만 교통체증은 그냥 일어났다가 그만큼 빨리 사라진 것처럼 보인다.

일부 전문가들은 이런 현상이 충격파 추진력의 계산 법칙을 따른다고 주장한다. 운전자가 고개를 돌려 뒤돌아보기 위해 브레이크를 밟았을 때 감속하려는 힘이 모든 앞으로 나아가려는 힘이 사라질 때까지 연이어 몰아치는 파도처럼 뒤로 전달되는 식이라는 설명이다. 일각에서는 자동차 여행의 역학을 꿀 같은 점성액의 역학에 비유한다. 이처럼 다양한 이론이 존재한다. 그런데 공통되는 한 가지는, 교통이 선형 모델linear model을 추종하지 않는다는 사실이다. 즉 고속도로에서 승용차를 10퍼센트 줄이더라도 10퍼센트만큼 속도가 빨라지지 않는다. 그보다 훨씬 더 영향이 클 수도 있다.

마크 무어가 간절히 말하고 싶어 하는 것이 바로 이런 일이다. 그는 에어택시가 출퇴근 시간의 교통량을 2~3퍼센트만 줄여주면 차량 흐름이 10~20퍼센트까지 개선될 수 있다고 주장한다.

교통 전문가들이 이처럼 점성액이나 충격파 모델을 활용해 에어택시에 대한 설득력 있는 주장을 펼치더라도 게임이론 옹호론자들은 반론을 제기할지 모른다. 결국 도시계획 수립자들은 새로운 다리, 자전거도로, 항공 서비스 등 어떤 새로운 요소를 도입했을 경우 첫날의 영향만 계산하는 것으로 끝나지 않고 사람들의 반응까지 예상해야 한다는 것이다. 새로운 에어택시가 교통체증을 10~20퍼센트 줄여준다면, 대중교통에서 자동차로 다시 옮겨갈 사람이 늘어날 수 있지 않을까? 그건 아무도 모른다.

그러나 에어택시가 교통혁명을 일으키지 못하더라도 권력자들의 관심을 끄는 건 사실이다. 당신이 뉴욕 시장인 빌 드 블라시오Bill de Blasio의 자리에 앉아 있다고 상상해보자. 시장은 금융계의 거물, 영화제작자, 그리고 기술 임원들을 만난다. 그들은 수백만 달러의 투자금을 끌어오고 일자리를 창출해줄 수 있다. 시장은 그들이 런던이나 LA가 아닌 뉴욕에 투자해주길 원한다. 그런데 그들이 뉴어크Newark나 라과디아LaGuardia, 혹은 절대로 그러지 않으면 좋겠지만 JFK 국제공항을 통해 뉴욕에 온다면 그들 중 다수는 비좁고 낙후된 공항뿐 아니라 맨해튼까지 가는 내내 택시나 리무진 안에서 끔찍한 여정을 견뎌내야 할 것이다. 그들은 시장 사무실에 도착해서도 그 경험을 아주 생생하게 떠올릴 것이다. 상상하기 싫은 최악의 환영을 받은 셈이기 때문이다.

이들 거물 투자가가 LA를 방문하려 하는데, 아직 초기 단계이긴 해도 항공망이 작동하고 있다면 위의 경우와 전혀 다른 경험을 맛볼 수 있다. 그들은 조용하고 저렴한 가격의 비행기를 타고 공항에서 시청까지 갈 수 있기 때문이다. 그들은 도중에 이 서비스가 산타모니카, 패서디나, 할리우드까지 확대될 것이라는 이야기를 듣는다. 이것은 도시가 원활하게 돌아가고 있으며, 아직까지 모빌리티의 미풍이 불지 않고 있더라도 조만간 그렇게 될 것임을 알려주는 메시지나 다름없다. 모빌리티에 대한 약속조차도 도시의 성장을 촉진할 수 있다.

교통체증의 해결책은, 붐비는 도로 위에서 벗어나게 해주는 것 같다. 그러나 반드시 하늘에서만 그런 자유를 누릴 수 있는 건 아니다.

지하에서 초고속으로 달린다

일론 머스크는 분명 항공 산업에 반대할 이유가 없다. 그는 민간 우주개발업체인 스페이스X의 설립자로서 언젠가 우주선을 화성까지 보낼 수 있기를 희망한다. 그렇지만 그는 LA의 하늘을 날아다니는 자동차 떼로 가득 채우겠다는 생각을 비웃는다. 그는 그런 자동차들 중 한 대가 정비를 받아야 할 정도로 상태가 좋지 않아서 "타이어 허브캡hubcap이라도 떨어뜨리면 (땅 위를 걷던) 누군가는 목이 날아갈 것"이라고 경고한다.

머스크는 교통체증이 심한 부자 마을 벨에어의 유대교 회당에 모인 신자들을 상대로 한 연설에서[8] 이런 위험을 막으려면 교통체증의 해결책을 하늘이 아닌 지하에서 찾아야 한다고 역설했다.

머스크는 이런 비전을 갖고서 로켓과 전기자동차를 넘어서는 또 다른 모빌리티의 선도적 기술인 '지구 굴착 기술'에 관심을 쏟았다. 그가 세운 터널 굴착 전문 스타트업인 보링 컴퍼니는 오랫동안 벌레, 두더지, 하수도가 지배해온 영역에서 노다지를 캐내려 하고 있다. 목표는 시속 240킬로미터로 승객들을 지하 미로를 통해 이동시키는 것이다. 이 꿈이 실현된다면 보통 자동차로 한 시간 정도 걸리는 공항에서 다저스 스타디움까지 32킬로미터를 10분 만에 주파할 수 있을지 모른다.

머스크가 2016년에 보링 컴퍼니를 설립했을 때 터널 굴착은 몹시 고통스럽고 인내심이 필요한 작업이었다. 최고운영책임자인 스티브 데이비스Steve Davis는 터널 굴착 작업을 '1인치씩 나아가는 투쟁'에 비유한다. 사람은 보통 한 시간에 5킬로미터 정도를 걷는다. 달팽이는 카펫 위에서 그보다 약 100의 1의 속도로 움직인다. 최첨단 터널 굴착기는 달팽이보다 열 배 느리게 움직인다. 머스크가 보링 컴퍼니에 맨 처음 내린 명령은 달팽이의 속도에 맞추기 위해 터널 굴착 속도를 열 배 더 높이자는 것이었다.

그 목표는 달성되었다. 다음 목표는 걸음마를 배우는 아기 단계까지 속도를 50배 정도 높이는 것이다. 그 정도의 속도로 진행된다면

LA와 샌프란시스코 사이의 지하 668킬로미터를 연결하는 데 2주밖에 걸리지 않을 것이다. 그렇게 되면 머스크가 꿈꾸는, 도시 사이를 기차가 초음속으로 진공관을 가르며 달리는 초고속 교통수단인 '하이퍼루프' 건설의 꿈을 이룰 수 있을 것이다. [데이비스에 따르면 진공관은 음파가 만들어내는 음속폭음sonic boom(초음속 항공기가 비행할 때 발생하는, 폭발음과 비슷한 굉음 - 옮긴이)의 영향을 받지 않는다.]

머스크는 하이퍼루프와 별도로 LA의 지하에서 고속 지하터널 '루프'를 건설하고 있다. 루프는 자율주행 전기차 전용 지하 고속도로다. 지상에 설치한 벽 없는 승강기를 통해 자율주행 전기차가 지하터널로 내려간 뒤 간선도로에서 최대 시속 240킬로미터로 달리게 하는 방식이다. 머스크는 공항에서 LA 메모리얼 콜로세움과 다저스 스타디움까지 첫 노선을 건설하고 싶어 한다. 이 노선은 대부분 110번 주간고속도로를 따라서 간다. 두 번째 노선은 LA 시내 북쪽의 셔먼오크스Sherman Oaks에서 롱비치 공항까지 이어지는 지옥 같은 405번 고속도로 아래 64킬로미터를 달리는 것이었지만, 지역사회의 단체들이 제기한 소송으로 보링 컴퍼니는 이 계획을 보류할 수밖에 없었다.

첫 번째 노선의 경우 모든 과정이 계획대로 진행되어 루프가 제대로 작동한다면, 머스크는 LA 시민들의 거주지 아래에 한 층의 터널만 뚫는 것으로 만족하지 않을 것이다. 절대 그럴 리가 없다. 그렇게 되면 지상의 꽉 막힌 고속도로처럼 성장이 2차원으로 제한될 것이다. 머스크의 목표는 최대 100개에 이르는 다차원 터널을 만드는 것이다.

그는 또한 여러 면에서 자동차를 탔을 때와 비슷한 이동 경험을 줄 수 있도록 루프를 설계할 계획이다. 머스크는 루프가 집단이 아닌 개인에게 도움이 되기를 바란다. 고객을 역에 모이게 하지 않을 것이다. 그랬다가는 혼잡이 유발되기 때문이다. 머스크가 보기에 사람들은 역에 있다고 해도 그들이 원하는 곳에 있는 것이 아니다. 역에서도 여전히 다른 어딘가로 가야만 하기 때문이다. 그것은 엄청난 비효율이다.

그래서 머스크는 역과 허브가 있는 운송망이 아니라 마크 무어의 항공 비전과 훨씬 더 흡사한 계획을 구상하고 있다. 그것은 소프트웨어가 정보망을 빠르게 통과하는 데이터 패킷처럼 수만 대의 전기자동차를 보내면서 교통을 관리하는 분산형 네트워크다. 데이비스는 "결국 사람들이 자기 집에서, 아마도 그들의 차 없는 차고에서 내려와 이 터널에 접근할 수 있게 된다"고 설명했다.

향후에 맞닥뜨릴 기술적 도전이 화성 우주왕복선을 개발하는 것만큼 힘들지 않을 수도 있다. 하지만 지구상에서 사업을 하는 건 어쨌든 어렵고 힘든 일이다. 터널 굴착 속도를 50배 높이는 것만으로도 도전적 목표다. 완전히 새로운 교통수단을 건설하고 배치하는 것역시 마찬가지다. 하지만 아마도 가장 큰 도전은 홍보 업무일 것이다. 머스크가 LA에 이어 다른 도시에서 지하 교통수단의 꿈을 이루기 위해 전진하려면 신뢰와 호의를 쌓아야 한다. 그와 그의 회사 운영책임자가 벨에어의 유대교 회당에 온 것도 그 때문이었다.

가장 빈번하게 제기되는 문제는 지진이다. 머스크는 사실 지진이 발생했을 때 가장 안전한 곳은 터널이라고 주장한다. 지진이 발생하면 지하보다 지표면이 훨씬 더 흔들린다는 것이다. 데이비스는 지진을 해저 근처에서 작전 중인 잠수함을 남겨둔 채 중무장한 전함만 침몰시킬 수 있는 쓰나미에 비유했다.

또 다른 일반적인 우려는 소음이지만, 머스크는 그것에 대해 걱정하지 말라고 조언한다. 테슬라 배터리로 구동되는 터널 굴착 엔진은 표준 디젤 엔진보다 소음이 훨씬 작기 때문에 지상에서 활동하는 사람들이 9미터 아래에서 진행되는 작업을 인지할 수 없다는 것이다. 게다가 터널 굴착 작업은 대도시의 지하에 매몰되어 있는 전선, 수도, 하수관보다 훨씬 아래에서 진행되는데, 그 깊이에서 거대한 굴착기는 야생동물과도 마주치지 않는다는 설명이다. 머스크는 아무리 단단한 벌레라도 지표면에 더 가까이 붙어 있다고 주장한다.

각각 시詩의 제목을 따서 이름을 지어놓은 터널굴착기는 아직 아기 걸음마보다는 달팽이에 훨씬 더 가까운 속도로 땅을 파고 있다. 가장 큰 문제는 지하 9미터에서 파낸 흙을 어떻게 처리할 것인가이다. 머스크는 터널 굴착 비용의 15퍼센트는 흙을 처리하는 비용이라고 말했다. 보링 컴퍼니가 내놓은 해결책 중 하나는, 흙을 수백 킬로그램의 무게로 압축하여 단단한 벽돌을 만든 뒤 그 벽돌로 터널을 보강한다는 것이다. 머스크는 "매우 아름다운 벽돌"이라고 말했다. 사람들은 그의 말을 농담이라고 생각하며 웃음을 터뜨렸다. 하지만 그는 100퍼센트 진지하다. 벽돌은 그것들을 더 많이 필요로 하게 될 야심 찬 공정의 1차 돌파구를 상징한다.

제7장

데이터와 네트워크의 실험실

11월의 어느 화창한 오후, 급속한 젠트리피케이션_{gentrification} 현상 (낙후된 구도심이 활성화되어 사람들과 돈이 몰림으로써 원주민이 밀려나는 현상 – 옮긴이)을 겪고 있는 LA 시내의 예술 지구에서 전 세계 모빌리티 혁명을 이끄는 거물들이 참석하는 코모션 LA CoMotion LA의 첫 번째 정례 모임이 열렸다. 참석자들은 새로운 모빌리티 스타트업이 늘어서 있는 차단된 골목길을 따라 최신형 전기자전거와 스쿠터, 그 밖의 기발한 기계를 타고 왔다갔다하고 있었다. 바퀴가 숨겨진 회전식 로봇이 사람들에게 끌린 듯 따라다니고 있었다. 여유로운 광경이었다.

그런데 그날 모임이 끝나갈 무렵, 공식 인사가 모습을 드러냈다. 대머리에 짙은 색 비즈니스 정장을 차려입은 중년 남자가 강당으로 들어와 연단을 향해 조심스럽게 걸어갔다. 그는 또박또박 신중하게 연설하기 시작했다. 그는 여느 연설처럼 일화를 예로 들지도 않았고,

농담을 하지도 않았다. 그는 파워포인트 슬라이드를 보여주며 설명했다. 일부 청중은 후원사들 중 하나가 가장 연설하기 좋은 오후 시간대를 잡아놓았다고 의심했을 게 분명하다. 그런 일은 늘 일어난다.

연설자는 두바이 도로교통청장인 마타 알 테이어Mattar Al Tayer였다. 그의 연설 방식은 무미건조했지만 내용은 전혀 그렇지 않았다. 다가오는 모빌리티 혁명을 설명하거나, 자신들이 만들고 있는 혁명의 구성 요소를 상세히 늘어놓은 대부분의 코모션 LA 연사와 달리 알 테이어와 두바이 교통팀은 모빌리티의 미래를 창조하면서 모빌리티 혁명을 빠르게 통합하고 있었다. 그는 구체적인 상품과 서비스, 그리고 심지어 날짜까지 언급하고 있었다.

알 테이어는 점점 더 늘어나는 두바이의 마천루와 복잡하게 얽힌 고속도로 위로 로봇 에어택시가 사람들을 들어올리는 미래만 상상한 게 아니었다. 그는 2020년까지 에어택시가 하늘을 윙윙거리며 날아다닐 것으로 예측했다. 그는 두바이 정부가 이미 독일의 볼로콥터가 만든 비행체의 시험 감독을 끝냈고, 두바이와 이웃한 아부다비가 하이퍼루프로 연결되면서 자동차로 두 시간 걸리던 이동 시간이 14분으로 단축될 것으로 내다보았다. 이어 그는 10년 안에 인구 300만 명의 고도성장 도시 두바이의 이동 수단 중 4분의 1이 자율운행차가 되도록 하겠다고 약속했다.

페르시아 만의 사막에 위치한 두바이는 애니메이션 「우주 가족 젯슨The Jetsons」(1990년)에 등장하는 미래를 건설하느라 바쁜 것처럼 보였다.

이 책을 구상하던 우리는 애초부터 두바이를 위해 한 장章을 할애해야겠다고 마음먹었다. 다른 도시는 우리의 차례 목록에 넣었다 뺐다 했지만, 두바이는 고정이었다. 두바이는 LA나 헬싱키와 전혀 다른 모델을 상징한다. 이 두 도시는 모두 문호를 개방하고 규제를 조정함으로써 모빌리티 혁명을 장려하고 있다. 그들은 변화를 유도하고 있지만, 변화를 구축하거나 위임할 수 있는 자원이 부족하고 정치적 권한은 더더욱 적다.

두바이는 다른 배를 타고 있다. 두바이는 우리가 앞으로 보게 될 중국과 더 많은 공통점을 가지고 있다. 어느 쪽도 민주주의 때문에 생기는 골치 아프거나 지겨운 지연 문제를 겪지 않는다. 예를 들어 뉴욕은 맨해튼 이스트사이드 지하철을 고작 세 정류장 연장하는 방안을 두고 50년을 머무적거렸다.

두바이가 불과 20년 만에 이룬 일들을 생각해보자. 두바이는 지하철뿐만 아니라 대표적인 초고층 빌딩인 버즈 칼리파를 구상하고 건설했다. 수많은 도로를 놓았고, 초고층 빌딩으로 이루어진 지역을 만들었다. 건축 면에서는 중국의 거대 도시들만 두바이와 비슷하게 대규모로 운영된다. 두바이에서 추진되는 프로젝트는 민원이나 시의회에서 벌어지는 치열한 싸움으로 인해 지연되는 법이 없다. 왕세자가 명령하면 그걸로 끝이다. 독재국가는 그것을 옹호하는 사람들이 오랫동안 주장해왔듯이, 적어도 일 처리는 훨씬 더 효율적이다. 두바이는 분명히 잘 돌아간다.

그리고 두바이 정부는 두바이가 2020년 미래 인간의 기술과 가능성을 웅장하게 보여주는 전시회인 엑스포를 개최하기 전에 가능한 한 많은 놀라운 모빌리티 비전을 구현하기 위해 수십억 달러를 투자하려 했다. 하지만 두바이는 우리가 살펴보게 될 또 다른 권위주의 국가인 중국과 사뭇 다르다. 중국이 다가오는 기술혁명을 주도하고 기술 강국으로서 미국을 뛰어넘으려 하는 반면에 두바이는 주로 최첨단 기술에 열정과 관심이 많고 소비가 활성화된 곳이다. 두바이는 미래로 경제를 도약시키고 두바이 기업 브랜드를 더욱 빛내줄 기술을 찾고 있다.

누구나 아랍에미리트UAE의 일부인 두바이가 새로운 모빌리티를 경제적으로 후원하기 위해 풍부한 석유 매장량에 의존할 거라고 생각할 수 있다. 그러나 그것은 사실과 다르다. 남쪽으로 약 130킬로미터 떨어져 있는 부유한 아부다비와 달리 두바이는 에너지 면에서 상대적으로 빈곤하다. 두바이에 매장되어 있는 석유는 대부분 고갈된 상태. 대신에 두바이는 활발한 해운, 상거래, 은행, 관광 중심지로서 돈을 벌어들인다. 아마도 두바이에 가장 가까운 모델은 싱가포르이지만 라스베이거스와도 유사한 점이 있다.

두바이 경제의 기반은 그곳으로 유입되는 사람과 돈이다. 두바이의 성장은 아랍에미리트로 꾸준히 유입되는 수백만 달러에 이르는 투자금의 흐름에 달려 있다. 두바이로선 투자자를 끌어들여 그들이 고층 빌딩과 호텔을 짓고, 심지어 나무 모양의 인공섬을 계속 만들도록 유인해야 한다. 두바이의 경제 기반은 부동산이며, 끊임없이 부동산을 홍보해야 한다.

두바이에는 온갖 새로운 모빌리티 서비스가 등장한다. 나날이 길어지고 있는 지하철 노선에서부터 자율주행 택시에 이르기까지 두바이의 모빌리티 프로젝트는 분명 도시의 이동성을 향상시켜줄 것이다. 그것이 중요하다. 그것들은 또한 두바이라는 빛나는 브랜드의 핵심이다. 관광객과 투자자를 계속 끌어들여 건물을 짓기 위해 두바이가 가장 인기 있는 기술을 원하기만 하는 것은 아니다. 그들은 그런 기술을 '가장 먼저' 원한다. 두바이의 통치자[1] 셰이크 모하메드 빈 라시드 알 막툼Sheikh Mohammed bin Rashid Al Maktoum은 2012년에 쓴 책 『마이 비전My Vision』에서 '우리는 우리 자신의 운명을 개척해나가는 데 앞장서야 한다'고 썼다. 그는 기술이 '지금껏 세계가 목격한 가장 중요한 경제 경쟁을 촉발시켰다'고도 주장했다.

한 세대 전만 해도 두바이를 방문한 사람의 눈엔 이 사막 도시가 그러한 위대함을 갈망한다는 게 사실상 우스꽝스러워 보였을 것이다. 하지만 두바이는 선전이나 올랜도와 마찬가지로 많은 시민의 세대가 바뀌기 전에 완전히 변모했다. 1930년대와 1940년대에 두바이는 폐활량이 좋은 잠수부들이 진주조개를 채취하던 조그만 무역 전초기지였다. 두바이의 유일한 자산은 작고 깊은 만에 있는 항구였다. 바닷가에 있는 이 작은 지역이 자유로운 상거래를 보장하고 세금을 낮추자 많은 이란 상인이 페르시아 만을 건너와 가게를 차렸다. 20세기 초, 세계의 진주 시장이 호황을 보이자 두바이는 잠시 번창했다. 그러나 전 세계적인 불황으로 사치품 판매는 곤두박질쳤고, 두바이의 진주 채굴 기업은 1930년대에 쇠퇴했다. 그나마 남아 있던 기업도 떠오르는 일본의 양식 진주 산업에 밀려 완전히 무너졌다. 두바이는 작은 항구와 교역소로 근근이 버틸 수 있었다. 두바이 사람들은 마침내 노예제도를 폐지한 1960년대가 되기 전까지 전기는 물론 에어컨도 없이 살았을 것이다.

아랍에미리트는 아부다비, 두바이, 샤르자, 라스 알 카이마, 아즈만, 움 알 카이와인, 푸자이라 등 7개 '토후국Emirates'으로 구성되어 있다. 영국은 19세기 이후 이들 7개 토후국에 지배적인 영향력을 행사해오다가 1968년에 모든 영국군을 1971년까지 철수하겠다는 성명을 발표했다. 1971년 영국군이 걸프 연안에서 철수하면서 아랍에미리트는 그해 12월 2일 라스 알 카이마를 제외한 6개 토후국으로 구성되어 독립함으로써 국방·외교권을 되찾았다. 영국이 철수할 때 일각에서는 시아파인 이란이 페르시아 만을 가로질러 그들을 집어삼키거나 세력 다툼이 그들의 통합을 해칠지 모른다는 걱정이 불거졌다. 그러나 토후국들은 셰이크 자예드 빈 술탄 알 나흐얀Sheikh Zayed bin Sultan Al Nahyan을 대통령으로 선출하여 단일국가로 뭉쳤다. 싱가포르의 개발 모델과 비슷한 아랍에미리트의 개발 모델은 서구의 자유에 대한 관용의 척도와 확고하고 한결같은 권위주의적 요소를 결합한 형태다. 아부다비의 석유와 두바이의 상거래 및 건설에 힘입어 아랍에미리트는 아랍 세계에서 보기 드문 경제적 성공을 거두었다.

승리를 선사하는 브랜드

세로로 홈이 파인 하얀색 기둥이 고풍스런 테마파크를 연상시키는 두바이의 초대형 공항을 빠져나와 깔끔한 지하철로 들어서보자. 그곳에선 두바이가 지향하는 미래의 비전이 명확히 드러난다. 기차는 어두운 터널로 들어서지만 몇 분 뒤에 밝은 사막으로 빠져나와 대부분 세워진 지 몇 년밖에 안 된 화려한 고층 건물로 이루어진 도시를 쏜살같이 관통한다. 왼쪽으로는 세계에서 가장 높은 빌딩인 버즈 칼리파가 꼿꼿이 서 있다. 건물은 위로 올라갈수록 좁아지고, 해가 지면 뒤틀린 밀 이파리처럼 은빛에서 황금빛으로 변한다.

버즈 칼리파를 짓게 된 배경에는 리스크를 두려워하지 않고 자유롭게 소비하는 두바이와 더 부유하고 더 안정된, 형제와도 같은 아부다비의 관계가 놓여 있다. 2002년 두바이의 통치자인 셰이크 모하메드는 광란에 가까운 부동산 시장의 호황을 초래한 법적 조치를 내놓았다. 외국인에게 두바이 땅을 살 수 있도록 허가해준 것이었다. 그러자 파키스탄과 시리아, 이란과 이라크, 그리고 유럽과 미국으로부터 수십억 달러가 두바이로 쏟아져 들어왔다.

미국의 한 기술기업에서 일하는 유럽 출신의 임원은 "당신이 많은 돈을 깔고 앉아 있는 파키스탄이나 이란이나 이집트 사람이라면 과연 어디에 투자하겠는가?"라고 말했다. 두바이의 아파트나 람보르기니 대리점, 또는 몰 오브 더 에미리트Mall of the Emirates에 있는 실내 스키 산에 투자하는 게 더 안전하다.

두바이는 친기업적 성향을 보였다. 두바이에서는 영어가 전체 인구의 80퍼센트를 차지하는 아시아 노동자 계층의 공용어였다. 두바이 상법의 특별 조항에 따르면 많은 외국인이 두바이에서 창업할 수가 있었다. 게다가 두바이는 대부분 비과세였다(다만 정부는 거액의 수수료와 다른 서비스로부터 수익을 얻었다).

두바이의 성공과 야망을 가장 과감하게 표현한 것이 버즈 칼리파였다. 두바이를 상징하는 이 건물은 시의 스카이라인 위로 치솟아 있다. 감탄을 자아내게 하는 현대식 건물이다. 미국의 건축가 아드리안 스미스Adrian Smith가 디자인한 버즈 칼리파는 인간이 세운 어떤 구조물보다 더 높이 올라갈 것으로 기대되었다. (두바이라는 브랜드에 항상 '최초'와 '최대'는 필수 요소였다.) 2000년대 초, 버즈 칼리파가 점점 더 높아지고 있을 때 도시 곳곳에서 진행되는 공사 속도 역시 정신없이 빨라졌다. 대부분이 인도 아대륙 출신인 근로자 수십만 명이 건설 일자리를 구하기 위해 두바이로 몰려들었다. 그들은 모국의 고용 대행업체와 두바이의 고용주에 의해 착취당했다. 이는 두바이의 브랜드를 더럽혔다.

그렇다고 두바이의 건설 호황이 꺾이지는 않았다. 돈이 넘쳤다. 라스베이거스에서부터 스페인 남부에 이르는 다른 부동산 거품이 낀 시장에서처럼 개발자들은 정부와 마찬가지로 터무니없이 많은 돈을 빌렸다. 버즈 칼리파는 세계 금융시장이 폭락한 2008년에 준공되었다. 전 세계적으로 신용 시장이 위축되었고, 은행은 대출금을 회수했다. 두바이 주식회사는 파산 직전까지 내몰렸다.

셰이크 모하메드는 아부다비로 가서 구제금융을 요청했다. 분명 굴욕적인 일이었다. 그는 아부다비의 통치자이자 아랍에미리트 대통령인 칼리파 빈 자예드 알 나얀Khalifa bin Zayed Al Nahyan으로부터 200억 달러를 약속받고 돌아왔다. 하지만 거기에는 대가가 있었다. 두바이의 치솟는 야망과 가능성을 찬양하는, 세계에서 가장 높은 건물은 더이상 '버즈 두바이'라고 불릴 수 없게 되었다. 대신 두바이를 내려다보고 있는 그 눈부신 빌딩은 부채에 시달리던 두바이를 구해준 사람의 이름을 따서 '버즈 칼리파'가 되었다.[2]

두바이는 빠르게 회복했다. 거품 붕괴가 마치 악몽에 지나지 않았던 것처럼 건설 열기가 되살아났다. 두바이는 미래를 생각해서 2020년 엑스포를 세계적 일류 도시로 정식 데뷔하는 파티라고 간주했다. 이런 두바이의 높아진 위상을 보여주는 핵심은 모빌리티 트렌드의 선도자라는 위치다.

뭐든지 1등을 차지하려면 도박을 걸어야 한다. 두바이는 그런 도박 위에 서 있다. 두바이의 도박은 대부분 성공했다. 두바이가 현재 규모보다 훨씬 더 작았던 1970년대에 셰이크 모하메드의 아버지 라시드Rashid는 두바이 항만의 용량을 두 배도 아닌 무려 네 배로 늘린 다음에 앞으로 들어올 배를 위해 완전히 새로운 항구를 만들었다. 그러자 곧바로 항구로 들어오는 선박이 늘어나면서 두바이는 아시아와 서양을 잇는 중심지이자 아라비아의 부국으로 향하는 관문이 되었다.

라시드의 아들 셰이크 모하메드도 비슷한 도박을 했다. 1990년대

말에 신생 항공사에 대규모 투자를 한 것이다. 그는 대부분의 항공사가 적자 운항을 한다는 사실을 알고 있었다. 알리탈리아 Alitalia 나 KLM 같은 국적 항공사는 구조적으로 돈을 벌 수 없을 것처럼 보였다. 하지만 에미레이트 항공은 세계적인 항공사로 성장했다. 오늘날 에미레이트 항공은 거대한 컨베이어벨트처럼 운영되며, 두바이로 수많은 여행객을 실어나르고 있다. 일부 여행객은 아프리카나 아시아로 가지만 그들 중 많은 수가 두바이에 남는다. 두바이가 이룬 승리 중 가능성이 가장 희박했던 건 역사도 거의 없는 이 무더운 사막지대가 관광 중심지로 성장했다는 사실이다. 두바이는 태양과 해변, 그리고 시원한 쇼핑몰을 홍보한다. 마찬가지로 중요한 것은, 두바이에서는 사우디아라비아와 이란 등 이웃 국가에서 구하기 힘든 술과 다른 즐거움을 조심스럽게라도 즐길 수 있다는 사실이다. 여름에 실외 온도가 섭씨 50도까지 오르더라도 두바이의 에어컨이 워낙 강력해서 쇼핑몰과 호텔도 시원하고, 바람도 쌩쌩하게 분다.

셰이크 모하메드는 방문객이 커피 바나 네일 살롱이 갖춰진 자율주행차를 타고 돌아다니거나 날개 달린 에어택시를 타고 버즈 칼리파를 지나 해변으로 날아가는 사진을 페이스북과 인스타그램에 올리기 시작한다면 두바이를 방문하는 사람이 더 늘어날 거라고 장담한다. 두바이에 미래는 승리를 선사하는 브랜드다. 캘리포니아가 1세기 동안 거의 내내 그런 승리를 만끽했다면, 두바이라고 못할 이유가 무엇이겠는가?

다양한 교통수단의 공존

두바이의 모빌리티에 대한 약속을 조금이라도 믿기 힘들다면, 도로교통청을 방문해볼 것을 권한다. 그러면 의심이 사라질 것이다. 둥글게 구부러진 유리창으로 디자인된 이 건물은 워싱턴에 있는 대부분의 정부 청사보다 웅장하다. 도로교통청으로 들어가는 돔형 출입구는 영화 「스타워즈」에서 한 솔로가 제다이 본부로 들어갈 때 통과하는 출입구처럼 보인다.

그런데 이상하게도 위층 임원실 밖에서는 도로교통청이 마치 지극히 평범한 관료 구역처럼 느껴진다. 사람들이 많이 이용하는 커피 기계가 홀 안에 종이 파쇄기와 넘쳐나는 재활용 쓰레기통 옆에 서 있다. 카펫은 회색이다. 그것은 도로교통청이 현란한 모빌리티에 전념하고 있지만 차량 등록과 운전면허증 발급 같은 지루한 일도 매일 관리하고 있다는 사실을 상기시켜준다. 대부분의 두바이 사람은 여전히 직접 자동차를 운전하고 다닌다. 여느 현대 도시와 마찬가지로 두바이를 대표하는 소리도 자동차 엔진이 내는 굉음이다.

아흐메드 바로잔이 가장 먼저 지적하는 것도 이것이다. 그는 도로교통청에서 두바이의 대중교통을 책임지고 있다. 장신이며 호리호리한 그는 우리와 만났을 때 발목까지 내려오는 아랍의 남성용 전통 의상인 흰색 싸웁thawb을 입고, 머리에는 검은색 아갈agal로 고정해놓은 터번 모양의 천인 케피예keffiyeh를 두르고 있었다. 그는 덴버 대학교를 다니던 1990년대 초에 터득한 미국식 구어체 영어를 완벽하게 구사했다.

　바로잔은 런던, 뉴욕, LA와 달리 두바이에서 운전을 포기하게 만들고 싶지는 않다고 강조했다. "우리는 사람들이 운전하기를 더 고통스럽게 만들거나 그들에게 불이익을 주고 싶지 않다."

　이해할 수 있는 말이었다. 세계의 대도시들 중 다수가 1960년대, 아니면 그보다 일찍 건설된 혼잡한 고속도로와 다리 때문에 골머리를 앓고 있다. 그것들은 유산이며, 지속 가능하지 않다. 반면에 두바이의 고속도로는 건설된 지 얼마 지나지 않았고, 여전히 사랑받고 있다. 도로는 검은 리본처럼 사막을 가로질러 뻗어 있다. 그것들은 세계 최고의 고속도로이며, 녹지나 보행자도로를 위해 개조되는 일은 없을 것이다.

　바로잔에게 두바이의 비포장도로를 다녀본 기억은 아직도 너무나 생생했다.[3] 그가 어렸고, 두바이가 유서 깊은 항구 기능을 하는 작은 만의 기슭에서 멀리 뻗어나가지 못했을 때 주된 대중교통수단은 승객과 화물을 실어나르는 목선이었다. 자동차를 사는 두바이 사람이 점점 늘어나자 도로는 종종 막혔다. 바로잔은 "우리는 모래에 파묻힌 차량을 꺼내주러 나가기도 했다"고 회상했다. 1970년대로 접어들자 두바이와 아부다비를 오가는 운전자들은 해변을 따라 비포장도로를 질주했고, 간혹 낙타 주위를 빙빙 돌기도 했다. 습한 날씨 때문에 차량이 차축까지 내려앉는 일도 일어났다.

　두바이는 여전히 멋지고 새로우면서 덜 혼잡한 도로를 원한다. 사실 경제적 자율성을 추진하는 조치의 목적이 부유한 두바이 사람들을 포르쉐와 페라리를 타지 못하게 만드는 것은 아니다. 그보다는, 바로잔이 강조했듯이, 보다 쾌적하고 효율적으로 자동차를 운전할 수 있게 만들어서 운전자의 '행복'을 보장해주는 것이다. 적어도 이런 초기 단계에는 타밀족Tamils과 파슈툰족Pashtuns, 방글라데시와 필리핀 출신 사람들을 위한 대체 교통수단을 찾는 것이 관건이다. 다시 말해 두바이에 거주하는 이민노동자 계층을 도로에서 벗어나게 해주는 것이다.

두바이는 지하철부터 건설했다. 두바이의 지하철은 2009년에 상당한 갈등 속에서 개통되었다. 당시에 많은 사람들은 지하철을 두바이가 홍보 연습을 하느라 수십억 달러를 낭비한 것이라고 생각했다. 바로잔에 따르면 당시 지하철 이용률이 높을 거라고 생각한 사람은 많지 않았다. 그러나 2~3분마다 정시에 도착하는 흠잡을 데 없는 지하철이 만원 운행되면서 두바이의 주요 동맥인 셰이크 자예드 도로Sheikh Zayed Road의 14개 차로에서 발생하는 교통 혼잡을 완화하는 데 도움을 주고 있다.

두바이의 지하철을 처음 타본 사람이 놓칠 수 있는 한 가지는 그것이 무인 지하철이라는 사실이다. 지하철은 실질적으로 두바이의 자율주행 전략에서 핵심적인 부분이다. 이런 말을 들으면 약간 속는 것 같은 기분이 들 수도 있다. LA에서 만난 알 테이어 청장이 2030년까지 두바이 교통수단의 25퍼센트가 자율주행을 할 거라고 호언장담했을 때, 그의 말을 들은 다수의 사람은 지하철이 아니라 수천 대의 자율주행차가 사막 위 고속도로를 달리는 상상을 했다. 물론 자율주행차도 자율주행 전략에서 중요한 부분을 차지한다. 그러나 두바이가 그리는 자율주행의 미래는 대부분의 사람이 무해할 뿐만 아니라, 심지어 진부하다고 여기는 방식으로 먼저 출발하고 있다.

지난 수십 년 동안 전 세계 수억 명의 여행자가 공항 터미널 사이를 자율주행 열차를 타고 다녔지만, 그것을 이상하게 여기는 사람은 거의 없다. 그것은 다른 자율주행 기술인 승강기와 상당히 흡사하지만, 수직이 아닌 수평으로 이동한다는 점만 다를 뿐이다. 두바이의 지하철도 단순히 같은 기술의 연장선상에 있지만 한 가지 주목할 만한 차이점이 있다. 그것이 2011년 세계 최장 자율주행 열차로 기네스북에 이름을 올렸다[4]는 점이다. (두바이가 다른 방법으로 기네스북에 이름을 올리지는 못할 것이다.)

무인 지하철이 재미있지는 않지만, 그렇다고 무서워할 이유는 더더욱 없다. 무인 지하철은 미래의 모델이다. 많은 경우, 이러한 모바일 로봇 시대는 위협적이지 않은 일련의 단계를 밟아가며 떠오를 가능성이 있다. 종종 지루하다고 느껴질 수도 있다. 바로잔은 두바이가 다음으로 밟아나갈 단계는 자율주행차 공유 서비스일 가능성이 높다고 예상했다. 첫 번째 자율주행차들은 사전에 정해진 경로, 기본적으로 가상의 트랙을 따라 주행할 수 있다. 그래서 노면 전차같이 여겨질 것이다. 두렵기보다는 지겨울 수 있다.

이것은 기술 도입에 필요한 핵심 과제다. 인간은 스마트 기계를 좋아하지만, 우리 중 다수는 기술이 너무 똑똑해지면 불안해한다. 또한 우리는 기계가 무분별하고 시끄럽게 우리 삶에 끼어드는 걸 바라지 않는다. 우리에게 이래라저래라 간섭하거나, 심지어 세상을 지배하는 건 더더욱 원치 않는다. 따라서 적어도 어떤 사람들은 '로봇공학'이라는 단어를 들으면 실존적 불안감마저 느낀다. 로봇 기술자의 관점에서 보았을 때 그러한 두려움은 결코 시장친화적이지 않다.

여기서 다음과 같은 역설이 생긴다. 로봇공학이 끝없이 복잡한 자동차 운전이라는 과제를 수행하게 하려면 자동차를 운전하는 소프트웨어가 엄청나게 강력하고 정교해야 한다. 하지만 회의적인 대중에게 이 기술을 도입하려 할 때는 AI를 숨기는 것이 바람직하다. 로봇은 멍청한 기계처럼 행동하면 덜 위협적이기 때문이다.

바로잔은 이러한 사람들의 우려가 사라지고, 로봇이 곧 운전대를 잡을 것으로 예측한다. 그는 "기술이 너무 발전하고 투자가 많이 된 상태라 자율주행이 성공하지 못할 수가 없다"고 역설했다. 그는 이미 테슬라와 도요타에서부터 GM의 크루즈Cruise에 이르기까지 전 세계의 자동차업체와 협력하여 두바이에서 자율주행 시범 프로그램을 시작했다. 그는 이들 기업 대부분이 결국 자율주행 택시 서비스를 운행할 것으로 기대했다. 그들은 단계별로 무작위적인 인간 모빌리티에 뛰어들어 두바이를 안전하게 항해할 수 있을 만큼 충분히 지리를 파악하고, 특이한 보행자를 피하고, 교통과 씨름해야 하는 거리 위에서 그들이 만든 기계를 인간 운전자와 뒤섞을 것이다.

초기 고객은 누가 될까? 주로 아시아 각지 출신의 이민노동자가 될 것이다. 그들에겐 자동차를 모는 것보다 돈이 더 적게 들 것이다.

바로잔은 구체적인 일정에 대해서는 확신하지 못한다. 정부 관료들, 특히 셰이크와 알 테이어 청장이 목표 날짜를 열거하지만, 그 날짜들은 어디까지나 배터리에서 AI에 이르기까지 자율주행 기술의 발전 속도에 대한 낙관적 추측에 근거하고 있다. 어느 나라도 자의건 타의건 간에 로봇 자동차를 빨리 출시하기 전에 안전 여부를 확인한다고 해서 비난할 수는 없는 법이다. 그것이 1~2년 안에 출시된다면 두바이는 여전히 그것을 먼저 도입하기 위해 서두를 것이다. 2020년 엑스포 개최 전에 최소한 시범 사업이라도 시작해보는 걸 목표로 삼았지만 뜻대로 되지 않았다. 당연한 말 같지만, 하이퍼루프는 엑스포뿐만 아니라 더 새롭고 웅장한 두바이 남부 공항 근처에서도 운행될 것이다. 다만 제대로 된 하이퍼루프를 운행하려면 몇 년의 시간이 더 필요할지 모른다.

엑스포에 맞춰 하이퍼루프를 준비하지는 못했지만 두바이는 이러한 미래의 명물을 부각시키기 위해 화려한 선전 공세를 펼칠 게 분명하다. 아무리 늦어지더라도 두바이는 미래에 가장 먼저 도착해 있을 것이다. 두바이 브랜드의 중심에 서 있는 통치자가 내린 명령이 그것이다.

걷기에서 자전거 타기에 이르기까지 인간이 직접 움직이는 이동 수단을 제외하면 두바이에서 움직이는 모든 것은 결국 전기를 동력으로 이용할 것이다. 그것이 계획이다. 따라서 짐작되겠지만, 두바이는 세계 최대의 태양열 집약 프로젝트를 추진 중이다. 즉 두바이는 세계 최대의 태양열발전소를 짓고 있다. 셰이크 모하메드에 따르면 두바이는 21세기 중반까지 탄소 배출 제로를 달성하고, 친환경 기술의 세계적인 거점이 되는 전략을 추진 중이다. (단, 두바이의 통치자가 야망이 부족하지 않아야 한다.)

바로잔에게 가장 큰 걱정거리는 전기나 전기 충전소가 아니라 배터리 자체다.

효과적이고 수익성이 좋은 자율주행 택시는 아마 하루에 열두 시간에서 열여섯 시간 동안 두바이 내에서 사람과 물건을 싣고 다닐 것이다. 그러려면 800킬로미터 정도를 주행할 수 있어야 하고, 항상 에어컨을 켜고 다녀야 하므로 엄청난 전력을 소비하게 된다.

배터리는 두바이의 가장 대담하면서도 적어도 가장 큰 자랑거리인 모빌리티 모험에서 더욱 중요한 문제다. 바로 사막의 하늘을 가로질러 날아오르는 드론 택시의 경우이다. 두바이는 최근 몇 년 동안 드론 기술 전시회를 대대적으로 광고하며 개최하고 있다. 독일의 스타트업인 볼로콥터가 만든 자율주행 드론 택시는 아무런 문제 없이 날았고, 비행 장면이 찍힌 미디어 영상은 유튜브에서 수많은 조회수를 기록했다.

이러한 성공에도 불구하고 볼로콥터가 두바이에서 첫 번째 계약을 따내려면 여전히 에어버스를 포함한 업계의 다른 강자들과 경쟁해야 한다. 두바이와의 계약은 이 분야에서 상당한 파급효과를 낼 수 있다. 따라서 모든 업체가 드론 택시 산업의 시장성을 끌어올리기 위해 애쓰고 있다. 두바이와의 계약은 향후 거대한 성공을 의미한다. 그것은 업계를 선점할 기회를 얻었다는 면에서 매우 중요할 수 있다. 그래서 업체들은 경쟁할 것이고, 바로잔은 결국 그들이 두바이에서 경쟁적인 서비스를 제공하길 기대한다.

초창기 드론은 지상의 교통체증에 대한 최첨단의 해결 수단이라기보다 주로 최첨단 모빌리티를 빛내는 후드 장식 같은 역할에 그칠 것이다. 그들은 페르시아 만 위에 거대한 파도처럼 푸른 곡선을 그리며 솟아 있는 호화로운 버즈 알 아랍Burj Al Arab 호텔의 정원에서 선택된 몇 명만 태우고 다닐지 모른다. 그곳에서 공항까지는 5분 정도, 그리고 에미리츠 골프 클럽Emirates Golf Club까지는 그보다 1~2분이 더 걸릴 수도 있다. 시원한 사막의 밤에 손님들은 조명이 켜진 팔도Faldo 코스에서 골프를 친 뒤 에어택시를 타고 해변으로 향할 수 있다.

끊임없는 투자와 개발

소비자로서 모빌리티 경쟁에서 이기는 것도 1차 목표이지만 두바이는 더 큰 야망을 갖고 있다. 셰이크 모하메드는 자신의 책에서 두바이를 중동 지역의 AI와 자율주행 선도국, 즉 페르시아 만의 실리콘밸리로 만들기를 바란다고 썼다.

이것은 오래전부터 추진되어온 계획이다. 두바이는 친기업적 문화와 낮은 세금을 제시하며 기술기업을 끌어들였다. 또 명확한 상법은 기업들의 두려움과 마찰을 낮춰준다. 셰이크 모하메드는 두바이로 들어오는 IT 기업을 위해 온갖 혜택을 제공해주는 IT 거점을 만들었다. 그중 한 곳인 인터넷 시티Internet City는 몰 오브 더 에미리트에 있는 스키 슬로프에서 남쪽으로 1.6킬로미터 정도 뻗어 있으며, 지하철로 이어져 있다. 그러자 IBM, 구글, 마이크로소프트를 포함한 기술기업이 쏟아져 들어왔다.

그러한 대형 기술기업은 인상적일 정도로 직항편이 많은 두바이를 중동 지역의 판매 중심지로 활용하면서 너무 행복해한다. 하지만 두바이 입장에선 실망스럽게도 그들이 정작 두바이 내에서는 소프트웨어 개발에 적극적으로 나서지 않고 있다. 그런 개발은 모빌리티와 모든 관련 부품기술의 세계적 선두 주자인 이웃나라 이스라엘에서 진행할 가능성이 훨씬 더 높다. 이스라엘은 활기찬 스타트업 문화와 강력한 이스라엘 군사-산업단지와의 깊은 유대 관계로부터 혜택을 얻는다. 중동 지역의 R&D 하면 이스라엘을 떠올릴 수밖에 없는 이유다.

정보경제 건설은 초고층 빌딩 건축과 고속도로 포장보다 더 어렵고 더디게 진행된다. 아랍에미리트는 교육에 막대한 돈을 투자하면서 뉴욕 대학, 소르본 대학 등 외국의 유명 대학이 현지 캠퍼스를 설립하게 유혹하고 있다. (대학들에 아랍에미리트는 현금지급기나 마찬가지다. 그들은 부유한 두바이, 사우디아라비아, 그리고 이집트인들에게 거액의 공납금을 부과할 수 있다.) 중국의 알리바바Alibaba는 새로운 테크 타운Tech Town 건설에 6억 달러를 투자하고 있다. 언젠가 그곳에 AI, 로봇공학, 그리고 새로운 모빌리티 기술을 개발하는 수많은 기업 유치를 희망하고 있다. 그러나 두바이에서 고도로 숙련된 기술 인력을 양성하려면 아무리 빨라도 10년이나 20년이 걸릴 것이다.

현재 두바이는 개방적이고 열정적인 최첨단 기술의 실험실 역할을 자처하면서 이 분야의 연구에 참여하고 있다. 여기엔 위험이 수반

된다. 하지만 위험 극복 능력은 늘 두바이의 경쟁우위였다. 아부다비에서 지원받은 수십억 달러의 오일 머니는 놀랍게도 부수적인 도움을 주었을 뿐이다.

정부가 아닌 기업처럼

미래의 도시를 건설할 때 어느 순간이 되면 초고층 건물은 '구식'처럼 여겨질 수 있다. 그래서 두바이의 통치자들은 예전과 전혀 다른 형태로 '미래 박물관Museum of the Future'을 새로 지었다. 박물관은 셰이크 자예드 도로의 남쪽 위에 마치 거대한 눈 같은 모습으로 서 있다. 박물관은 가운데에 구멍이 뚫린 11층 높이의 은색 타원형 건물이다. 이 새 박물관의 벽에는 셰이크 모하메드의 미래 선언문이 검은색 아랍 캘리그래피로 새겨져 있다. 구불구불한 아라비아 글자들은 창문의 기능도 한다.

디자인은 창립 10년째인 두바이의 건축 회사 킬라 디자인Killa Design이 맡았다. 이 회사의 사장은 남아프리카공화국 출신인 숀 킬라Shaun Killa이며, 함께 일하는 파트너들은 건축가들의 국제연합UN 같다. 전 세계의 건축가가 두바이로 몰려오는 건 당연하다. 두바이에서 건축가들은 세계에서 가장 멋진 건축 프로젝트에 참여할 수 있고, 많은 회의를 생략하고도 서둘러 건물을 지을 수 있다. 이보다 더 좋은 일이 무엇이겠는가!

두바이는 이렇게 인재를 끌어모은다. 건축가들은 MIT 박사이자 두바이 미래재단Dubai Future Foundation의 수석 미래학자인 노아 라포드 Noah Raford와 긴밀히 협력한다. 라포드는 재단의 웹사이트에 올리는 동영상을 통해 세계적인 인재들에게 '갖고 있는 최첨단 AI나 가상현실의 응용프로그램을 박물관에 전시하고 싶다면, 우리에게 당신이 가진 것을 보여달라'고 제안한다. 건축가건 과학자건 인재들은 풍부한 자금력을 바탕으로 미래를 건설할 기회를 얻으려면 두바이로 가는 게 공식이 되었다.

모빌리티 분야에서도 이와 같은 모델이 동원된다. 박물관에서 약간 위쪽으로 올라가서 호화로운 에미리트 타워Emirates Towers 1층으로 가보면 스타벅스 바로 아래쪽 홀에 두바이 퓨처 액셀러레이터Dubai Future Accelerators, DFA의 본거지가 나온다. DFA는 기술 디스플레이, 작업 스튜디오, 소형 강당이 있는 대규모의 개방형 공간이다. 그곳에 있는 기술 인큐베이터는 6개월 동안 기술 스타트업을 입주시켜 재정을 지원한다. 그보다 더 가치 있는 지원은 그들이 실제 도시에서 모빌리티 아이디어를 시험해볼 수 있는 기회를 주는 것이다.

퓨처 액셀러레이터에 있는 스튜디오 중 한 곳에 브래드 존슨Brad Johnson이라는 미국인이 앉아 있다. 그는 모빌리티의 디지털 세계 모델을 만드는 실리콘밸리의 스타트업 스윔에이아이Swim.AI에서 일하는 소프트웨어 개발자다. 상냥한 성격인 그는 마치 인터넷을 통해 데이터 패킷이 오가듯 사람과 사물을 최적화된 흐름으로 이동시키는 것이 스윔에이아이가 이루고자 하는 목표라고 말했다.

예측 가능한 모빌리티 모델을 구축하는 첫 번째 단계는 도시 분자들의 움직임을 계산해보는 것이다. 이런 계산 과정이 모빌리티 혁명의 핵심이다. 기술자들은 그런 계산을 통해 모빌리티를 통제하고 관리한다. 하지만 분자들의 움직임을 계산하는 사람들은 실제 세계라는 실험실에 그들의 알고리즘을 효율적으로 시험해볼 필요가 있다. 두바이는 아랍에미리트 전체에 기꺼이 준비된 시험대 역할을 해준다.

네트워크화된 모빌리티의 표준 모델은 데이터 과학자 팀이 도시의 모든 움직임을 처리하고 최적화를 시도하는 통제 센터를 특징으로 한다. LA에서부터 두바이에 이르기까지 그러한 중앙집중식 명령은 교통 통제와 대중교통에서 시작해 결국에는 네트워크화된 자동차, 스쿠터, 보행자로 전달된다.

그러나 존슨은 한 도시에서 자율주행 움직임을 관리하는 데 있어 중앙집중식 통제가 큰 문제에 부닥친다고 말한다. 시간이 문제라는 것이다. 자율주행차는 멀리 떨어져 있는 컴퓨터가 수십억 개의 데이터 포인트를 고속으로 처리한 뒤 최적의 경로를 찾아내려 할 때 1~2초의 여유도 누릴 수 없다. 그것을 즉시 알아야 한다.

스윔은 이런 도전에 맞서기 위해 자동차, 지하철, 교통신호 등 모빌리티 드라마에 나오는 수백만의 행위 주체에 더 많은 정보를 분배하는 걸 목표로 삼는다. 스윔이 세운 계획대로라면 각 행위의 주체는 그것의 관점에서 세계에 대한 자체적 통계 모델을 가지고 다닐 것이다. 이 모델에는 자체적 패턴뿐만 아니라 접촉하는 모든 요소에 대한 데이터도 포함될 것이다. 예를 들어 자율주행차는 두바이의 점심시간에 보행자들이 유서 깊은 작은 지역에 있는 알 파히디 거리AI Fahidi Street를 툭하면 무단 횡단한다는 사실을 알아야 한다. 각 차량은 현장에서 일어날 가능성이 있는 일과 그에 대한 대처법을 계산해낼 수 있어야 한다. 게다가 자율주행차와 도시 전역에 퍼져 있는 다른 모든 지능형 자산은 장착된 센서로부터 수집된 관련 정보를 스마트 인도, 다른 자동차, 스쿠터, 그리고 아마도 모든 사람의 전화기 등 그들의 모빌리티 형제와 공유해야 할 것이다.

이러한 정보의 분배를 '에지 컴퓨팅edge computing'이라고 한다. 에지 컴퓨팅은 AI의 성장 분야이자 구글에서 바이두Baidu까지 이르는 거대 기술기업의 핵심 연구 분야다. 연구 목표는 모빌리티 드라마에 출연한 움직이는 행위 주체들에 그들 스스로 가능한 한 많은 결정을 내릴 수 있는 충분한 계산력, 데이터, 인지력 등을 제공하는 것이다.

에지 컴퓨팅에는 당연히 상당한 양의 실시간 데이터가 필요하다. 브래드 존슨이 이 실험실에 앉아 있는 이유 중 하나도 그것 때문이다. 두바이는 데이터로 넘쳐난다. 데이터는 단지 정치적 통제뿐 아니라 전체 경제에도 중요하다.

두바이를 부동산 개발업자와 지주라고 생각해보자. 이들은 두바이에서 가장 핵심적인 직업이다. 두바이는 매우 위험한 이웃 국가들로부터 스스로를 차별화한다. 두바이는 신체적·경제적 면에서 안전한 피난처로서 자국을 홍보한다. 두바이의 사업 모델은 사실상 무엇보다도 안전을 중시하고 있으며, 그럴 만한 이유가 충분하다. 이곳에서 사람들이 안전하지 않다고 느끼면 두바이라는 브랜드는 무너진다. 사람들은 오래전에 아름다운 레바논에서 휴가를 즐기고 그곳에서 거래를 하곤 했다. 하지만 안전에 대한 레바논의 명성은 사라진 지 오래다. 요즘도 베이루트에서 휴가를 보내는 사람이 과연 있을까?

그래서 두바이는 높은 수준의 감시체계를 갖춰놓고 있다. 도처에 깔린 CCTV 카메라는 개인의 움직임까지 포함해서 도시 전체의 움직임을 대부분 포착한다. 미래 박물관 위쪽 길에서 열리는 기술무역 박람회에서 두바이 경찰은 쇼핑몰이나 지하철에서 사람의 얼굴을 읽고 데이터베이스와 대조하는 감시 카메라를 선보이고 있다. 중국에 널리 보급된 이 기술은 감정을 분석하면서 개인의 기분을 계산하고, 그 사람의 나이를 추정하기도 한다.

두바이는 네트워크화된 관리용 실험실이다. 엄격하게 통제된 인구는 디지털 네트워크에 연결되어 있다. 통치자와 내각은 대중의 훼방이나 지연 없이 규정을 정한다. 청문회 개최나 탄원서 제출, 피켓 시위 같은 일은 일어나지 않는다. 두바이에서는 신기술을 보급하기가 훨씬 더 쉽다. 두바이는 국가라기보다 기업처럼 운영되기 때문이다. 기업의 전략은 필요한 것을 실행하고, 필요한 돈을 쓰고, 어떻게 움직여야 하는지를 전 세계에 보여주는 것이다. 두바이에서 새로운 모빌리티는 전략적 추진 과제다.

제8장

———————

천재인가, 백치인가

피츠버그에 있는 카네기멜론 대학교의 로봇공학연구소에서 음성 메일 초대장이 날아왔다. '보여드리고 싶은 게 있습니다.'

많은 미국인이 태어나서 처음으로 AOL 계정으로 이메일을 보내고 있었고, 휴대전화는 사치품처럼 여겨졌던 1997년에 받은 초대장이었다. 당시의 컴퓨터 능력은 오늘날과 비교조차 안 될 정도로 수준이 낮았다. 하지만 당시에는 그것이 굉장해 보였고, 레드 휘태커Red Whittaker라는 활력 넘치는 컴퓨터 과학자가 이끄는 카네기멜론 대학교의 로봇공학연구소는 항상 흥미로운 프로젝트를 요리하고 있었다.

몇 년 전에 이 연구소는 여덟 개의 다리를 가진 '단테Dante'라는 로봇을 남극에 있는 화산으로 보냈다. 단테가 맡은 임무는 에러버스산Mount Erebus 정상으로 올라간 뒤 산중턱에 있는 용암호 방향으로 내려가 화산 분화구에서 흘러나오는 가스 표본을 채취하는 것이었다.

이후 이 연구소와 제휴한 한 회사는 체르노빌 원전 사고가 일어난 지역의 독성 잔해 속을 돌아다니면서 방사능을 판독하고 촬영 영상을 송출할 수 있는 로봇을 만들었다.

연구소는 미국 내 대부분의 주요 컴퓨터 연구소와 마찬가지로 국방부 산하의 연구 기관인 국방고등연구계획국Defense Advanced Research Projects Agency으로부터 넉넉한 후원을 받았다. 자율주행이 전시 상황 중에 얼마나 큰 도움이 되는지를 알아내는 데는 그다지 많은 상상력이 필요하지 않았다. 이동로봇은 지뢰를 제거할 수 있다. 자율주행 군용트럭은 군수품이나 보급품을 멀리 떨어진 전초기지로 수송할 수 있다. 그러다 도중에 폭발하더라도 적어도 다치는 사람이 생기지는 않을 것이다.

20세기 후반, 모바일 로봇공학의 핵심 주제는 위험이었다. 굴러가고, 걷고, 오르는 기계는 인간에게 가장 위험한, 즉 우리를 사망케 할 수도 있는 몇 가지 임무를 대신해줄 수 있었다. 위험한 일에 맞는 장비를 갖춘 기계는 성장잠재력이 큰 시장을 열어주었다.

그런데 이제 카네기멜론 대학교 로봇공학연구소의 관심 분야는 다른 쪽으로 옮겨가고 있었다. 늦여름에 우리가 그곳을 찾아갔을 때 연구원들은 1990년형 폰티악 트랜스 스포트Pontiac Trans Sport처럼 전면이 길게 비스듬히 돌출된, 보기 흉한 회색 미니밴을 만들어놓고 있었다. 측면에는 옆구리에 차는 무기처럼 카메라를 달았고, 운전대 옆에는 노트북 컴퓨터가 받쳐져 있었다. 연구원들은 '내블랩 5Navlab 5'라는 이 미니밴이 인근에 위치한 화려하고 멋진 센리 공원Schenley Park

안을 혼자 운전할 준비가 되어 있다고 말했다.

우리는 밖으로 나갔다. 토드 조켐Todd Jochem이라는 대학원생이 운전대를 잡지 않고 가속페달에 발을 올리지 않은 채 운전석에 앉았다. 그는 주기적으로 오른쪽에 설치한 노트북을 힐끗힐끗 쳐다보았다. 미니밴은 카푸치노를 두 잔째 마신 후 초조해진 운전자가 모는 듯 운전대가 약간 불안한 상태로 공원의 구불구불한 도로를 달렸다. 그러나 차는 자기 차선을 유지했다. 차에 장착된 카메라들은 도로에 그려진 선을 추적했다. 차는 심지어 배기가스와 기름방울이 묻은 도로 중앙의 어두운 얼룩으로부터 주행에 관련된 단서를 받을 수 있었다. 트렁크 안에는 이 모든 정보를 어떻게든 해석해서 자동차에 지시를 내리는 컴퓨터가 들어가 있었다.

아마도 당시 우리가 일하고 있던 〈비즈니스위크〉에 이 이야기를 기사화할 수도 있었을 것이다. 우리는 피츠버그와 로마에서 각자 일하고 있었다. 〈비즈니스위크〉 같은 주간지 기사의 핵심은 '주제 요약문nut graph'이었다. 보통 첫 번째 단락 다음에 나오는 이 요약문은 독자에게 그 기사를 계속 읽어야 하는 이유가 뭔지, 즉 그 기사가 왜 중요한지를 말해주어야 한다. 그런데 상상력이 부족해서 그랬는지 몰라도 당시에는 적어도 자율주행에 대해 별다른 지식이 없었기 때문에 길쭉하게 생긴 미니밴이 운전자 없이 셴리 공원을 달린 게 세상에 무슨 의미가 있는지 분명히 이해하지 못했다. 따라서 주제 요약문을 쓸 수 없었기 때문에 당시의 로봇 운전을 다룬 기사는 나오지 않았다.

그런데 지금은 어떠한가? 레드 휘태커의 연구실 출신 로봇 기술자는 알파벳의 웨이모 부서에서 중국의 디디추싱에 이르기까지 상당히 많은 로봇 세계에 두루 퍼져 있다. 2015년 피츠버그로 진출한 우버[1]는 카네기멜론 대학교의 로봇공학연구소 출신 과학자와 연구원 40명을 고용했다. 1년 반 뒤 포드는 같은 연구소에 뿌리를 둔 피츠버그의 스타트업 아르고 AI를 인수했다.

자율주행은 분명 더 이상 언론의 주목을 받기 위해 애쓸 필요가 없다. 그것은 중요한 산업 경쟁의 중심에 서 있다. 인텔[2]과 스트래티지 애널리틱스Strategy Analytics의 공동 연구 결과, 로봇 자동차 산업의 규모가 21세기 중반까지 7조 달러에 이를 것으로 추산되었다. 앞으로 수십 년 동안 일어날 일들에 대한 일련의 가정에 근거하여 산정한 이 액수는 어림짐작에 지나지 않는다. 하지만 숫자가 갖는 중요한 점은 로봇공학에서 파생된 로봇 자동차 산업이 거대하고 혁신적인 산업이 될 가능성이 농후하다는 사실이다.

이때 해결해야 할 과제는 우리의 뇌가 수행하는 작업을 소프트웨어로 인코딩하는 것이다. 사람들은 오랫동안 뇌를 그것의 다양한 사고 기능이 지구 위 대륙처럼 배치된 채 한쪽이 처진 공의 모양으로 묘사했다. 예전 교과서에서는 뇌가 그런 식으로 그려져 있었다. 우리는 이제 뇌의 기능이 훨씬 더 복잡하다는 것을 안다. 우리가 생각하고 기억하기 위해서는 수백억 개의 뉴런이 복잡하게 상호 작용하지만 그중 압도적 다수는 아직 해독되지 않았다. 그렇지만 서로 다른 인지 대륙, 국가, 공국公國을 가진 그 오래된 지구는 정보 기술의 정복

지도 역할을 할 수 있을 것이다. 기술자들은 제국의 군대처럼 인지 왕국을 정복하고 있다.

그들은 수 세기에 걸쳐 그렇게 해왔다. 문어文語의 발달은 초기의 승리를 상징했다. 지구상의 대륙들 중 하나가 기억 저장소를 상징한다면, 고대 기술자들이 점토판, 파피루스, 그리고 궁극적으로 인쇄기를 개발하면서 대륙의 여러 지역은 다른 작업을 할 수 있게 자유로워졌다. 1970년대에 계산기가 계산자를 대체했을 때, 디지털 기술은 산수의 나라를 정복했다. 그 후 워드프로세싱과 함께 우리 인간은 철자의 땅에서 물러났다(다만 몇몇 까다로운 사람은 여전히 'there'와 'their'의 구분이나 'its'에 아포스트로피가 붙어야 하는지 등 여전히 컴퓨터가 실수하게 만드는 몇몇 단어에 유념한다).

도로 지도가 디지털화하고, 특히 우리가 휴대전화와 자동차 등에 지도를 넣고 어디든 갖고 다니기 시작하자 기술은 우리의 인지적 지형의 넓은 대륙, 즉 내비게이션의 영역에 대한 권리를 주장했다. 기술은 또한 역설적이게도 우리에게 우리의 위치에 대한 가장 정확한 데이터를 제공해주면서도 우리가 우리의 위치나 목적지로 가는 방법을 알아야 할 필요를 없애주었다. 우리는 목적지만 정하면 끝이었다. 그런 식으로 지난 10~20년 동안의 운전은 비행을 닮아가기 시작했다. 우리는 기계에 발을 들여놓았다. 우리는 명령을 따른다. 우리는 출발하고 도착한다.

인터넷 지도는 미국의 지도 제작 회사인 랜드 맥널리Rand McNally가 제작한 도로 지도나 런던의 오래된 A-Z 지도와 달리 땅뿐만 아니라 땅 위의 활동망을 반영하고 있다. 고속도로가 빨간색으로 표시되면 교통체증이 심하다는 신호다. 이런 초기 지도는 단순히 정보를 제공해줄 뿐이었다. 자율주행과 함께 지도는 물리적 세계로 영역을 확장하면서 우리한테서 운전대를 빼앗아간다.

지구상의 두뇌 이야기로 돌아가보자. 일각에서는 우리의 운전 기술이 기억이나 숫자의 대륙에 비하면 아주 작은 나라에 불과하다고 주장할 수 있다. 결국 우리는 겨우 한 세기 동안만 운전대를 잡았고, 우리 대부분은 성인이 될 때까지 거의 운전을 배우지 않는다. (많은 뉴욕인은 결코 운전대 근처에도 가지 않는다.) 운전은 자전거 타기나 비디오게임처럼 이국적인 기술이다.

그러나 우리 몸에 대한 통제권을 기계에 넘기고, 컴퓨터에 우리 삶을 맡기는 것은 중요한 도약이다. 그것에 대한 묵종이나 항복의 어려움은 사람마다 느끼는 정도가 다르다. 혹자는 99.9999퍼센트의 확신을 갖기 위해 더 오래 기다려보겠다고 주장할 것이다. 또 컴퓨터에 맡기는 삶에 결코 만족하지 못하는 사람도 있을 것이다. 이들은 널리 알려진 모든 불상사를 보고 더욱 그렇게 확신할 것이다.

그렇다면 간절히 바라는 새로운 산업을 포함해서 컴퓨터에 맡기는 삶을 긍정하는 사회는 언제 문을 열고 나와 나머지 우리에게 로봇 자동차를 보여줄 것인가? 이 문제는 확실히 전 세계의 여러 도시와 나라의 정치적 논쟁에 기름을 부을 것이다. 논쟁은 대체로 비교경제학, 즉 자율주행차를 더디게 수용하는 지역이 글로벌 기술 경쟁에서 뒤처질지에 초점이 맞춰질 것이다.

중국 정부는 다른 어떤 나라보다도 이 AI 분야에서 선두를 지키는 데 전념하고 있다. 그러기 위해 연구 자금 지원 외에 추가로 취할 수 있는 방법 중 하나는 조금 더 높은 수준의 위험을 받아들이는 것이다. 중국의 제조업체와 소프트웨어 업체가 앞으로 달려나가며 그들의 독보적인 시장을 세계 최고의 기술연구소로 탈바꿈시킬 수 있다면 유럽과 북미 전역에서 그들에 맞서라는 압박이 거세질 게 분명하다.

로봇공학의 기준에서 보면, 특히 고속도로에서의 자율주행은 상당한 수준에 올랐다. 애리조나, 두바이, 피츠버그, 광저우에서 돌고 있는 로봇 자동차는 강박적이라고 할 만큼 제한속도를 지키면서 수백만 킬로미터를 안전하고 신중하게 주행하고 있다. 그렇다, 도시의 복잡성은 여전히 그들을 혼란스럽게 만들 수 있고, 그래서 실제로 여러 건의 사고도 일어났다. 2018년 봄, 피닉스 교외에서 일어난 치명적인 비극은 업계에 진지한 고민거리를 안겨주었다. 자율주행차를 시험하다가 일어난 사고로 마흔아홉 살의 여성이 숨지자 우버는 도로 시험을 중단했다. 우버는 6개월 뒤에야 시험을 재개했지만 그 규모를 축소하고 차량에 통제장치를 추가로 부착했다.

이 단계에서 해결해야 할 도전은 다름 아니라 베를린에 있는 어느 집 근처를 지나다가 그 집 지붕 위에서 떨어지는 얼음덩어리를 맞는 것처럼 100만 분의 1의 확률로도 일어날 수 있는 이례적인 사고를 막는 것이다. 한편 각 사회는 비용 대 편익을 따져보고, 어느 정도의 위험을 감수해야 할지를 결정해야 한다.

혹자는 지금도 이미 운전하는 데 많은 위험이 뒤따른다고 주장한다. 미국인 약 3만 명을 포함해서 전 세계적으로 매년 100만 명 이상이 고속도로 사고로 목숨을 잃는다. 자율주행차가 미국의 사망자 수를 지금의 10분의 1인 연간 3,000명, 그리고 이들을 포함해 전 세계적으로 연간 10만 명으로 낮출 수 있다면 충분히 탈 만한 가치가 있지 않을까? 컬럼비아 대학교 데이터과학연구소Data Science Institute의 소장 자넷 윙Jeannette Wing은 "기술자라면 그렇게 생각할 것이다"라고 말했다.

그런 논리는 흠잡을 데가 없다. 그러나 숫자만으로는 주장을 관철할 수 없다. 우리가 이전보다 사람을 덜 죽이는 로봇을 내놓으면 그런 죽음에 책임지지 않아도 된단 말인가? 결과적으로 앞으로는 인간이 저지르는 실수가 아니라 효율이나 이익을 위해 인간의 생명을 희생시키기로 한 사회의 결정이 문제가 될 것이다. 우리 사회는 위험이 수반되었을 때 종종 그것을 계량화하지 않을 것처럼 한다. 확률을 계산해보는 것이 마치 그것을 받아들이는 것처럼 보이기 때문이다.

그렇다면 우리는 어떻게 하고 있는가? 우리는 자율주행을 계속 밀어붙이다가 어쩌다 한 번 문제가 생길 수 있음을 인정하면서도 그것이 최대한 안전하다고 여긴다.

예기치 못한 경우

산속 고속도로 위의 노란색 표지판에 S자 모양의 곡선이 그려져 있다. 이것은 원시적인 지도라서 결코 도로 상태를 제대로 알려주지 않는다. 대신 운전자에게 '곡선 도로를 주행할 준비를 하라'는 간단한 신호를 전달해준다.

도로 지도 제작법은 수 세기 동안 사람들을 A지점에서 B지점으로 인도한다는 일관된 목표를 가지고 진화해왔다. 지도 제작자의 고객은 같은 인간이며 명확한 안내를 요구하면서도 지나치게 세세한 부분을 보면 혼란스러워한다. 지도 제작자는 어떤 정보를 강조하고 생략할지 결정할 때 여행자의 입장에서 생각한다. 지도는 언어와 마찬가지로 인간의 마음을 이어주는 상징이다.

하지만 도로 지도 제작법이 바뀌고 있다. 최신 지도 제작 분야는 사용자인 소프트웨어 프로그램에 맞게 설계되었다. 사람과 달리 자율주행차용 내비게이션 프로그램은 모든 구불구불한 선, 모든 도로 경계석, 모든 차선을 센티미터 단위까지 자세히 보여준다. 데이터 강박증 사용자들은 지도가 예쁘지 않더라도 전혀 개의치 않는다.

동시에 자율주행차용 지도는 물리적 세계의 조건에 적응할 수 있게 끊임없이 변해야 한다. 그러한 지도를 최신 정보로 유지하는 게 매우 중요하다. 예상되겠지만, 로봇 운전자는 극도로 세세한 부분까지 신경 쓴다. 그들은 또한 적어도 우리와 비교해서 즉흥적으로 행동해야 할 때 당황한다. 그래서 그들에겐 교통체증, 로드킬, 접이식 견인 트레일러에 대한 지속적인 보고가 필요하다. 그런 의미에서 그들에게는 물리적 세계의 길이, 넓이, 높이에 시간이 더해진 4차원을 알려주는 지도가 필요하다.

아마도 로봇 운전자의 한계를 이해하는 최선의 방법은 우리 인간 중 멀티태스킹 천재를 잠시 머릿속에 떠올려보는 것일 수 있다. 프리우스를 모는 운전자가 차선 전체를 가로막은 쓰러진 참나무 가지와 마주쳤다고 가정해보자. 전화 통화를 하며 운전하던 그녀는 전화기에 대고 낮은 목소리로 욕을 한다.

그러자 친구가 "뭐라고?"라고 묻는다.

그녀는 "아, 아무것도 아니야, 그냥……" 하며 1~2초간 대화를 중단한 뒤 자신의 경이로운 뇌를 문제 해결 모드로 전환(우주에서 알려진 가장 복잡한 회로 작업)한다. 이때 번개처럼 '만약의 사태'에 대한 수많은 계산을 수행하면서 함께 따라올 위험과 결과를 분석한다. 그녀는 반대쪽에서 빠르게 달려오는 차량을 주시하고, 전방 교차로에 경찰이 있는지 확인하고, 프리우스의 회전반경을 계산한다. 그리고 순식간에 불법유턴을 하고 다른 길로 들어선 뒤 다시 친구와의 대화를 이어간다. 그러려면 예측에서부터 공간 분석까지 다차원적으로 엄청난 양의 지능이 요구된다. 어떤 AI도 범접할 수가 없다.

우리는 멋진 두뇌 외에도 우리가 거주하는 물리적 영역과 원초적인 관계를 맺고 있다. 우리는 지구에서 자랐고, 갓난아기 때 빛, 물리량, 중력의 기본을 배웠다. 많은 면에서 우리는 주변 세상과 한 몸이다. 자동차를 포함해 우리가 쓰는 도구는 우리 몸의 연장처럼 느껴질 수 있다. AI 과학자들은 엄청난 양의 데이터와 처리 능력을 가지고 그러한 지능의 여러 면을 시뮬레이션하려고 애쓴다. 컴퓨터는 '위험'을 단순히 복잡한 통계적 계산의 결과로만 인식한다.

그녀가 유턴했던 도로로 되돌아가서 이제 자율주행차가 달리고 있다고 상상해보자. 차는 여자가 멈춰 섰던 것과 똑같이 쓰러진 나뭇가지 앞에서 멈춘다. 그런데 장애물은 자율주행차에 훨씬 더 큰 문제를 제기한다. 불법유턴은 불가능하다. 가지를 피해서 가기 위해 반대편 차선으로 방향을 바꾸는 것도 안 된다. 팔로알토에 있는 지도 제작사 딥맵의 최고운영책임자인 웨이 루오는 "자율주행차는 교통법규를 따르라는 명확한 지시를 받았다"고 말했다. 다시 말해 자율주행차는 사실상 규칙을 어길 수 없게 되어 있다. (그들이 인간보다 훨씬 더 안전할 수 있는 중요한 이유다.) 결과적으로 안타깝게도 자율주행차는 잠시 가지 뒤에 갇혀 있을지도 모른다. 바로 그 도로를 피해서 가라는 메시지를 받지 못한 게 가장 큰 이유다. 차의 지도가 가장 최신의 상태가 아니었다.

루오는 한평생 차세대 지도를 개발해왔다. 몸이 왜소하고 목소리가 작고 부드러운 그녀(기술을 설명해주면서 남다른 인내심을 보여준다)는 중국 산시성陝西省의 시안西安에서 자랐다. 지난 1974년 시안 외곽에서는 시골 마을의 농부가 우물을 파다 우연히 실물 크기의 진시황 호위 무사인 병마용兵馬俑을 발견했다. 모두 사후 진시황을 지키기 위해 지금으로부터 2,000년 전에 매장된 것이었다.

루오는 베이징에서 경제학과 도시계획학 학위를 받은 뒤 태평양을 건너가 UC 버클리 대학교에서 공부했다. 그녀는 지리정보시스템Geographic Information Systems, GIS 박사학위를 취득했다. 이 분야는 지리학과 데이터의 교차점에 있다. GIS는 일어나는 일 그대로 장소를 묘사한다. 본래 GIS는 지리학에서 파생된 따분한 학문이었다. 연구에 필요한 모든 자료를 수집하기가 귀찮기 이를 데 없었기 때문이다. 1832년 GIS를 적용한 중요한 사건[3]이 일어났다. 샤를 피케Charles Picquet라는 프랑스 지리학자가 파리의 모든 지역 내 콜레라 전염병의 침투 과정을 색깔로 구분해놓은 지도로 보여주었다. 훌륭한 계획이었지만 고된 작업이었다. 새로운 콜레라 발병 사례가 등장할 때마다 지도는 점점 더 구식으로 전락했다.

루오가 버클리에 도착했을 때 GIS는 더 이상 지리학의 변두리에 있지 않았다. 그때가 1999년이었다. 인터넷이 끝없이 새로운 데이터의 흐름을 약속하던 때였다. 사람들은 지도상의 특정 장소뿐만 아니라 그곳의 상태도 알아낼 수 있었다. 눈이 오는지, 식당이 영업하는지, 버몬트 중부의 단풍이 절정에 달했는지 등등. GIS의 적용 사례 중 다수가 사업성이 있다고 판단되었고, 닷컴 붐이 한창인 그때 열정이 넘치던 벤처업계는 GIS에 수백만 달러를 투자했다.

GIS의 주류는 디지털 도로 지도였다. 2006년 루오는 구글에 입사했고, 이후 9년간 일하면서 지리학과 데이터를 활발히 섞어 응용한 제품과 서비스를 개발했다. 그녀는 구글 어스Google Earth에서 일을 시작했지만, 나중에는 구글 맵스Google Maps로 자리를 옮겼다. 그곳에서 그녀는 사람들의 관심사와 위치를 연결하고, 가보면 좋을 곳을 제안하는 프로젝트를 진행했다. GIS는 샤를 피케가 살았던 시대로부터 큰 발전을 이루었다.

바퀴의 이동

자율주행차는 여유가 없다

우리 모두 에펠탑이나 양키 스타디움이 창밖에서 곧바로 보일 때조차도 지도를 강박적으로 보고 확인하며, 우측 앞에 무엇이 있는지 확인에 확인을 거듭하는 사람들을 알고 있다.

그들의 강박관념에 열 배, 아니 어쩌면 1,000배 정도를 곱하면 자율주행차와 그것이 쓰는 지도의 연관성을 이해할 수 있다. 전자는 후자 없이 움직일 수가 없다. 자율주행차가 마을을 가로지를 때 그것의 지도는 모든 주차장과 구덩이에 이르기까지 세계를 아주 자세하게 펼쳐놓는다. 길을 따라 움직이는 자율주행차는 보는 것과 예상한 것을 연결한다. 정지신호를 보고 확인하고, 버스 정류장이 있는지를 확인한다. 보이는 것이 지도와 일치하는 한, 자율주행차는 올바른 방향으로 달리는 것이다. 그런 확인은 반드시 해야 하며, 지나치게 복잡하지도 않다.

지도 제작 소프트웨어에는 보고 기능도 있어야 하는데, 이것 때문에 일이 꼬일 수가 있다. 네트워크를 최신 상태로 유지하기 위해 각 차량은 끊임없이 변화를 주시할 것이다. 그것은 끝없이 쉬지 않고 변화를 접하게 될 것이다. 루오는 "지구 표면을 돋보기로 살펴보면, 그것이 항상 변한다는 걸 알 수 있다"고 말했다. 그림자가 생겼다가 사라졌다 하기 때문이다. 나뭇가지는 산들바람에 흔들린다. 차링 크로스 로드Charing Cross Road에서는 위험 경고 표시가 빠져나가는 차선을 막는다. 자동차마다 이렇게 바뀌는 세계에 대한 관찰은 시간당 1페타바이트의 데이터를 생성한다. 1페타바이트는 250편의 영화를 저장할 수 있는 용량이다. 하지만 어떤 변화들이 중요한가? 지도 제작 프로그램은 반드시 데이터를 걸러 중요한 항목을 골라내야 한다. 그런 판단을 하려면 두터운 층의 AI가 요구된다.

샌안토니오를 경유하는 주간고속도로 10호선의 왼편 동쪽 차선 위에 큰대자로 드러누워 있는, 대형 뿔이 달린 수사슴이 보고 대상이라는 걸 알기는 로봇에게조차 어려운 일이 아니다. 네트워크로 연결된 지도는 수사슴이 줄 영향을 측정할 수 있다. 세긴Seguin에서 약 2킬로미터에 걸쳐 교통체증이 생겼는데, 이것은 주목할 가치가 있는 일이다. 그러나 루오는 보고해야 하는지가 명확하지 않은 일도 있다고 말했다. 인도 포장은 어떻게 할까? 그것이 인근 교통에 영향을 미칠까? 지도가 자율주행차의 경로를 수정할까? 길가에 있는 작은 물웅덩이는 문제되지 않는다. 하지만 그보다 다섯 배나 큰 물웅덩이라면? 아니면 100배나 큰 물웅덩이라면? 의미 있는 물웅덩이의 기준은 무엇인가?

지도 제작 소프트웨어는 이런 질문뿐만 아니라 다른 수천 개의 질문에 대답해야 한다. 일부 대답은 규칙으로 정해진다. 그러나 대부분의 지능은 기계학습에 의해 생성된다. 소프트웨어는 자율주행차가 기록한 수천 킬로미터의 이동 데이터를 세세히 분석하고, 도로의 웅덩이와 인도의 잡상인 같은 특정한 변화와 교통 혼란의 상관관계를 찾기 시작한다. 물웅덩이는 크기가 커질수록 영향이 커지기 시작하고, AI는 그것의 통계적 기준을 개발한다. 이런 기준은 시간이 지나면 미세한 상황 변화에 맞춰 달라진다. (그런 면에서 금융시장의 상품 지수와 흡사하게 움직인다.) 인공지능이 수천 킬로미터가 아닌 수백만 킬로미터에 이르는 훨씬 더 많은 데이터를 처리하면서 무엇이 중요하고 중요하지 않은지를 훨씬 더 정교히 파악하게 된다.

그런데 작동 속도가 무조건 빨라야 한다. 고속으로 움직이는 자동차의 경우 매 10초가 아주 중요할 수 있다. 네트워크 설계자들의 핵심 질문은 어떻게 하면 정보를 효율적으로 활용할 것인가이다. 차량 자체가 해석해야 할 지리 데이터의 양과 그중 클라우드 기반의 AI에 업로드해야 할 비율은 어느 정도인가? 한편 클라우드는 여러 소스로부터 데이터를 수집해 그것을 과거의 패턴과 맞춰보면서 더 많은 정보를 제공할 수 있다. 그러나 전송 속도가 현재의 4세대4G 통신망보다 100배 더 빠른 초고속 5G 통신망이라도 클라우드와 차량의 교신은 지연 문제를 일으킨다. 소파에 앉아 장시간 TV만 보는 사람이야 넷플릭스 영화가 멈춰도 빈둥거리면서 기다릴 수 있겠지만, 자율주행차는 그럴 만한 여유가 없다. 더욱이 네트워크 연결은 결코 안정성을 보장할 수 없기에 자율주행차는 스스로 기본 지도에서 벗어난 상황을 해석하고 적절하게 대응하는 장비도 갖추어야 한다.

이 새로운 고화질 지도 제작은 자율주행에 필요한 운영체제의 단면에 불과하다. 전체 운영체제를 '풀스택full stack'이라고 부르는데, 지도 제작뿐 아니라 인식의 다른 영역이 모두 관련되며, 각각의 영역이 그 자체로 방대한 연구 분야다. AI의 1차 층layer 중 하나가 들어오는 데이터를 해석하면서 자동차가 횡단하고 있는 세상을 이해한다. 그러고 나서 자동차 지도와 조율한다. 또 다른 층은 경로를 계획하고, 또 다른 층은 조치에 나선다. 그것은 순식간에 필요한 모든 결정을 하면서 자동차를 운전한다.

그 커피숍으로 모실게요!

딥맵이나 뉴욕의 카메라Carmera 같은 전문 회사는 불과 한 단계의 스택 연구에만 전념하고 있다. 그들은 자동차 회사를 포함한 업계의 리더들이 각 분야의 최고수로부터 그들의 풀스택을 모을 것으로 확신한다. 그들은 알파벳의 웨이모, 중국의 포니에이아이, 오로라Aurora, 그리고 풀스택을 만들고 있는 소수의 다른 기업처럼 통합 운영 문제에 직면해 있다. 이 모든 기업은 풍부한 자금, 많은 박사와 함께 태어나느라 바쁜, 거대하지만 아직 알려지지 않은 로봇 시장을 향해 돌진하고 있다.

전체 산업, 그중에서도 특히 딥맵처럼 벤처자금을 지원받은 스타트업이 해결해야 할 문제 중 하나는 타이밍이다. 그런 기업들이 현재 대규모 투자를 하고 있지만, 지역 전체를 직접 주행할 수 있는 차량('레벨 4'에 해당하는 차량)을 의미 있는 규모로 광범위하게 보급하기까지 10년이 걸릴 수 있다. 어디든 마음대로 갈 수 있는 '레벨 5' 차량이 나오기까지는 그보다 더 시간이 걸린다. 한편 스타트업들은 단기적으로 이익을 낼 수 있는 시장을 찾지 못하면 벤처자금을 모두 소진해버릴 것이다.

　가장 논리적인 해결책은 그들이 개발한 AI를 어떻게든 오늘날의 자동차에 응용·적용하는 것이다. 우리는 자동차가 제공하는 자동 차선 변경, 평행 주차, 그리고 온갖 종류의 경보·주의·정보 제공 기능을 통해 이미 그런 해결책을 목격하고 있다. 이런 변화 과정은 인간 운전자로부터 조금씩 통제권을 빼앗으며 우리를 자율주행으로 인도해줄 것이다. 동시에 차량에는 한층 최신의 도로 상태 정보 제공과 부드러운 경로 수정이 가능한 더욱 스마트해진 지도가 제공될 것이다. 소프트웨어 프로그램과 통신하도록 고안된 이 새로운 지도는 적어도 몇 년 동안 인간에게 봉사하면서 어떻게든 버텨보려고 애쓸 것이다.

　이 차세대 지도는 모든 종류의 새로운 서비스에 단단히 기반을 둘 것이다. 지도는 증강현실을 통해 음성과 동영상 형태로 경로와 적절한 엔터테인먼트에 대한 정보를 상세히 제공해줄 수 있다.

　하지만 잘못 관리되었을 때 이런 새로운 상품들 중 일부는 몹시 불쾌한 기분을 줄 수 있다. 과도한 지도는 커피숍이나 전기 충전소 등 상업적 제휴처에서 멈춰 서라고 강요할 수 있다. 피트니스 앱은 한두 시간마다 운동 후 휴식을 취할 이상적인 장소를 알려줄 수 있다. 전화기에 깔아놓은 몇몇 앱처럼 어떤 차량은 운전자가 기본 설정을 조정해놓지 않는 한, 자동으로 차를 세울지 모른다. (회의에 늦어서 안절부절못하는데, 타고 있는 차가 당신이 산책하며 원기를 회복할 수 있게 삼나무 숲이나 남북전쟁 전쟁터로 데려가주려고 고속도로를 빠져나간 걸 알고 화들짝 놀라는 장면을 상상해보라.)

이런 과도기에는 사람들에게 돌아가는 상황을 계속 알려주는 게 좋다. 기술자는 사람들이 무엇을 선호하는지 알아낼 수 있다. 그리고 지도 자체는 지도 데이터에 대한 운전자들의 반응으로부터 배울 수 있다. 우리 인간은, 예를 들어 어떤 물웅덩이는 피해 가면서 다른 물웅덩이를 획획 지나갈 수도 있다. 이런 식으로, 운전대를 잡은 우리가 우리를 대신할 준비가 된 내비게이션 엔진을 교육시킬 것이다.

놀랍지만, 불안하다

2010년 여름, 농구계의 전설 르브론 제임스LeBron James는 고향인 오하이오를 떠나 마이애미 히트에서 뛰기로 계약을 맺었다. 당시 그는 '올가을 나는 내 재능을 사우스 비치South Beach로 가져갈 것'이라는 유명한 말을 했다. 그는 혼자 가지 않았다. 사실 제임스와 다른 두 스타인 드웨인 웨이드Dwyane Wade와 크리스 보시Chris Bosh는 NBA 챔피언십에서 우승하기 위해 꾸려진 드림팀에 합류했다. 드림팀 전략은 효과적이었고, NBA에서 오랫동안 이어질 좋은 모델을 창조했다. 경영진이 경제적 지원을 해주는 한, 농구의 슈퍼스타로 이루어진 팀을 만들수 있다. 그런 팀은 슈퍼스타를 도와줄 인재도 끌어들인다.

자율주행차를 비롯해 호황을 보이는 AI 시장에서도 똑같은 역학이 작동한다. 슈퍼스타가 이 분야를 지배한다. 그들은 스탠퍼드,

MIT, 카네기멜론 등 일류대를 나온 인재다. 그들은 구글의 모기업인 알파벳이나 중국의 검색 분야를 선도하는 바이두 같은 빅데이터 기업에서 획기적인 프로젝트를 이끈다. 이런 스타들은 르브론 제임스처럼 돈을 모으고, 인재를 끌어들이고, 잠재적인 챔피언이 될 수 있다.

기성 시장에서는 아이디어가 출신 대학이나 직업 자격증보다 훨씬 더 중요하다. 전통적인 기업가들은 로봇 진공청소기건 이국적인 맛의 얼린 요구르트건 간에 자신이 팔 물건을 선전하는 데 전문가다. 그들은 목표 시장, 비용, 가격을 논의할 수 있다. 하지만 자동차를 모는 AI는 팔 수 있는 물건이 아니다. 그것은 아직 존재하지 않는 일련의 기술을 개발하고 관리하는 지능이다. 투자자들은 본래 한 기업의 AI가 다른 기업들의 AI보다 더 똑똑하고, 더 효과적인 것으로 판명날 것(혹은 르브론 제임스가 쓴 단어를 빌리자면, 더 '재능'이 있을 것)이라는 데 베팅한다. 이러한 지능을 창조하는 데 쓰이는 공통 전략은 한 사람 혹은 몇몇 슈퍼스타에 돈을 투자하는 것이다.

이렇게 말하니 자율주행 소프트웨어에 크게 베팅한, 중국의 광저우에 있는 포니에이아이 이야기를 하지 않을 수 없다. 이 회사는 르브론의 드림팀 공식을 충실히 따르고 있다. 회사의 슈퍼스타는 공동 창업자인 제임스 펭James Peng이다. 그는 바이두의 수석 건축가로, 자율주행을 총괄했다. 그 전에는 구글에서 7년간 근무했다. 그는 스탠퍼드 대학교에서 박사학위를 받았으며 칭화 대학교를 졸업했다. 펭의 이력서에는 사람들이 좋아할 만한 경력이 다 들어가 있다. 그런 사람이 포니에이아이의 CEO다.

포니에이아이의 최고기술책임자인 티안쳉 루Tiancheng Lou는 구글이 주최하는 전 세계적 소프트웨어 개발 대회인 코드잼Code Jam에서 두 차례 우승한 적이 있다. 그는 AC러시ACRush라는 이름으로 알려진 경쟁력 있는 코더다. 포니에이아이 팀에는 중국인으로는 유일하게 컴퓨터 과학 분야의 노벨상인 튜링상Turing Award을 받은 앤드루 야오Andrew Yao가 고문으로 일하고 있다. 그는 하버드 대학교에서 물리학 박사학위를 받았다.

펭이 이런 정예 팀을 꾸리자마자 투자금이 몰려들었다. 포니에이아이는 18개월 만에 2억 달러가 넘는 투자를 받았다. 2018년, 단 1달러나 1위안의 수익도 올리지 않았는데 기업가치는 10억 달러로 평가되었다. 10억 달러의 가치를 가진 스타트업을 '유니콘unicorn'이라고 하지만, 포니에이아이의 광저우 사무실 입구에는 음울한 대형 코뿔소 동상이 서 있다. 그것이 신화에 나오는 말 모양의 유니콘만큼 우아하지는 않지만, 엄밀히 말하면 '유니콘'도 그다지 우아한 건 아니다.

처음에 포니에이아이는 태평양 양쪽에 본사를 설립했는데 하나는 캘리포니아 주 프레몬트Fremont의 테슬라 본사 바로 아래에, 다른 하나는 베이징이었다. 그 후 2017년 중국 남부의 도시 광저우는 인구 40만 명이 거주하는 30제곱킬로미터 규모의 도심지를 자율주행차 실험실로 개방했다. 포니에이아이는 홍콩에서 주장강珠江으로 가는 페리를 타면 금방 도착하는 그곳에서 영업을 개시했다. 포니에이아이의 목표는 자사 소프트웨어로 구동되는 자율주행 택시가 전 세계의 도시에서 운영되게 만드는 것이다. 하지만 일단 첫 번째 공략 대상 시장은 중국이다.

중국은 오랫동안 자동차 경제의 후발 주자였다. 지난 수십 년 동안 중국은 외국인 투자와 전문 지식을 받아들였고 주로 미국, 유럽, 일본의 디자인을 모방한 자동차를 생산했다. 그래서 아시아 밖에서는 중국제 자동차는 물론이고 중국에서 만든 자동차조차 찾아보기 힘들다.

그러나 이런 상황은 두 가지 요인 때문에 바뀔 것 같다. 첫째, 중국 정부는 거대한 국내 시장에서 전기차를 강력하게 지원하고 있다. JP모건은 2020년에 중국 혼자서 세계 전기차 판매량의 59퍼센트를 담당하고,[4] 2025년에는 그보다 훨씬 더 커질 전체 자동차 시장의 55퍼센트를 차지할 것으로 전망하고 있다. 특히 미국과의 무역 마찰에도 불구하고 중국의 자동차 제조사들은 가격은 낮지만 품질은 좋은 전기자동차로 서구 시장을 공략하길 바라고 있다. 이에 대비해 중국의 자동차 제조사들은 아우디와 BMW의 최고 자동차 디자이너를 영입하고 있다.

동시에 중국의 제조업 활성화 전략인 '중국제조 2025 中國製造 2025'의 목표는 자율주행차량에 대한 AI의 풀스택 등 모든 주요 기술 분야에서 세계적인 엘리트를 육성하는 것이다. 그래서 중국의 자동차 산업은 전기자동차, 막대한 AI 연구 자금 지원, 비교 불가한 엄청난 양의 데이터, 그리고 세계 최대이자 유일하게 성장하는 자동차 시장이라는 특징을 갖게 될 것이다. 실로 강력한 조합이 아닐 수 없다.

　중국 내 제조업 도시 간의 우위 다툼은 중국의 발전을 부채질한다. 단 하나의 상징적인 자동차 도시를 가진 미국과 달리 중국에는 수많은 자동차 제조 거점이 있다. 홍콩에 사무실을 두고 있는 자동차 산업 컨설턴트 마이클 던Michael Dunne은 "중국에는 여섯 개의 디트로이트가 있다"고 주장한다. 그에 따르면 상하이가 가장 크지만 광저우도 규모와 품질 면에서 빠르게 성장하고 있다.

　광저우의 관점에서 보았을 때 포니에이아이 같은 중국의 기업이 지배적인 소프트웨어 플랫폼을 개발하여 그들과 현지 자동차 제조업체를 결합할 수 있다면, 과거에 광둥廣東으로 알려졌던 이 자랑스러운 중국 남부의 수도는 베이징과 상하이를 능가하며 세계적 모빌리티의 다음 단계를 이끌어갈 수 있을 것이다. 광저우도 그럴 계획이다. 광저우가 자율주행 기술을 배양하기 위해 부동산을 대폭 개방한 것도 그 때문이다.

　화창한 오후, 포니에이아이의 광저우 사무실 입구에 서 있는 코뿔소 동상 뒤편의 열린 작업 공간에는 밀레니얼 세대의 젊은이들이 컴퓨터 앞에 수그리고 앉아 작업 중이었다. 세계의 여느 AI 연구실과 별다르지 않은 모습이다. 사무실 내 업무는 젊은 최고운영책임자인 해리 후Harry Hu가 감독하고 있었다. 후는 로봇공학 스타트업에서 재정 운용 담당자로 일하다가 포니에이아이로 옮겨왔다. 하지만 광저우에서 그는 연구소를 감독했다. 우리를 만난 후는 미소를 지으며 유창한 영어로 아주 부드럽게 말했다.

연구소에서 일하는 기술자들은 광저우의 난사구(南沙區) 거리를 주행하는 200대의 자율주행차에서 쏟아져 들어오는 데이터를 연구하고 있다. 은행, 복합 상업 지구, 그리고 큰 쉐라톤 호텔이 있는 난사의 거리 경관은 미국 플로리다 주의 서부 도시인 탬파나 질서정연한 댈러스 교외를 연상시킬 수 있다. 그곳을 순회하는 자동차들은 미국에서 수입한 링컨 하이브리드 자동차와 중국의 광저우 자동차·BYD가 함께 제조한 전기 세단이다. 목표는 2020년대 초까지 중국 내 주요 도시에서 자율주행 택시 서비스를 제공하는 것이다.

소프트웨어 스택software stack(프로그램 제어를 받도록 특별히 마련한 기억 장소 – 옮긴이)을 일련의 인지 기능으로 본다면, 그것이 첫 번째로 하는 일은 주변 환경을 인식하는 것임을 알게 될 것이다. 기계 인식 개발은 머신 비전machine vision(컴퓨터 비전을 기계나 로봇, 프로세서 또는 품질 제어에 응용한 것 – 옮긴이)을 포함한 AI의 전 분야가 관련된다. 자율주행차에서는 인식 기능이 지도와 맞물려 작동한다. 사람의 인식 능력과 비교해서 자율주행차의 인식 능력은 가히 기적적이다. 그것은 1킬로미터 떨어진 곳도 놀랄 만큼 자세히 볼 수 있고, 거리를 센티미터까지 계산할 수 있다. 다만 그것이 모든 데이터를 이해하는 데 애를 먹는다는 점이 문제다. 아무것도 '아는' 게 없고, 단지 숫자의 고속 처리를 통해 그런 문제를 보상하려고 애쓸 뿐이다.

그것은 우리보다 수백만 년 늦게 교육받기 시작했다. 우리 조상 중 한 명인 어린 소녀가 새벽에 아프리카의 사바나를 산책하고 있는 모습을 상상해보라. 그녀는 멀리서 누런 풀에 일부가 가려진 채 웅크리고 있는 뭔가를 감지한다. 그녀는 어두워서 잘 보이지 않는 그것을 사자라고 생각한다. 그녀는 그것과 자신 사이의 거리를 추정하고, 어느 정도의 속도로 달리면 자신과 멀어질지 계산한다. 이러한 계산이 정확하고 그녀가 현명하게 위험에 대처한다면, 그녀는 살아남아서 훗날 아이를 가질 확률을 아주 조금이나마 높일 수 있다. 수백만 년에 걸쳐 우리에게 전해진 그러한 위험에 대한 인식은 우리의 제2의 천성이 되었다. 그것은 운전의 기본이기도 하다.

이러한 인간의 인식을 재현하기 위해 광저우에 있는 포니에이아이의 자동차들은 세 개의 눈을 포함해 센서가 가득 장착되어 있다. 가장 중요한 센서는 자동차 지붕에 장착된 두 개의 라이다LiDar 센서다. 이 센서는 각각 초당 16만 개의 레이저 펄스를 모든 방향으로 보낸다. 라이다는 각 펄스가 되돌아오는 데 걸리는 시간을 측정해서 자동차 주위에 있는 여러 형체(자동차, 도로 표지판, 나무, 보행자 등)와의 거리를 파악한다. 카메라는 그러한 각각의 형체에서 감지한 모양, 색 등과 같은 정보를 형태를 식별하는 인공지능에 제공한다. 이상적으로 보았을 때 그것은 달리고 있는 덤프트럭과 정지해 있는 덤프트럭을 구분할 수 있다. 한편 레이더는 움직이는 모든 것의 속도를 포착한다. 후는 "그런 데이터를 모두 합치면 세상에 대한 꽤 훌륭한 묘사가 나온다"고 말한다.

그런 모든 들어오는 데이터를 섞어서 이해하려면 강력하고 정교한 컴퓨팅 기술인 '센서 융합 기술'이 필요하다. 이 기술은 마이크로초 이내에서 끊임없이 변화하는 거리 장면에 대한 일관된 시야를 생산한다.

그러나 자동차를 둘러싸고 있는 것에 대한 인식은 단지 첫 번째 단계에 불과하다. 시스템은 또한 자동차의 경로를 매 순간 지도화하고, 장애물이 무한히 많은 경로를 안내해야 한다. 한두 블록마다 신호등이 노란색으로 바뀌고, 운전자들은 서로 앞차에 바짝 붙은 채 운전하며, 노인이 길 반대 방향으로 식료품을 운반한다. 자동차는 목적지에 안전하게 도착해야 하는 임무를 완수하기 위해 이러한 각각의 도전에 대응해야 한다.

포니에이아이 자동차 안에는 두 명이 앉는다. 한 명은 운전석에 앉아 위급할 때 운전대를 잡을 준비를 한다. 다른 한 명은 조수석에 앉아 자동차가 무엇을 감지하고, 그것을 어떻게 해석하는지 보기 위해 계기판 화면을 연구한다.

자율주행차는 교육용 주행을 떠난다. 그 목적은 혼란 극복이다. 곤혹스런 상황을 접할 때마다 학습 기회가 생긴다. 그런 상황을 접할 때마다 인간 운전자 대부분이 특이한 행동을 한다는 점에서 자율주행차에게는 일반적으로 접하기 힘든 상황이다. 예를 들어 자율주행차는 소심한 인간 운전자가 어떤 이유로건 진입하길 거부하는 사거리의 일단정지 지점에서 주행에 지장을 받을지 모른다. 그런 상황에서 뒤에 있는 운전자는 크게 짜증내며 화가 난 목소리로 "왜, 안 가!"라고 소리를 지를지 모른다. 아니면 전조등을 비추거나, 심지어 경적을 울릴 것이다. 그러나 자율주행차가 무엇을 할 수 있을까? 엔지니어에게 이것은 해결해야 할 또 다른 과제다.

아니면 포니에이아이의 자동차가 광저우의 회전교차로를 돌다가 갑자기 뛰어든 오토바이를 인식하고도 속도를 줄이지 않을 수 있다. 다행히 오토바이 운전자가 브레이크를 밟으면 측면 충돌은 피할 수 있다. 그러나 이런 사건은 포니에이아이의 인간 운전자를 움찔하게 만든다. 자율주행차가 법적으로는 속도를 늦출 필요가 없는 것이 사실이다. 교차로에서는 먼저 진입한 차량에 주행 우선권이 있다. 자율주행차에도 이 규칙이 프로그램되어 있다. 그렇지만 신중한 인간 운전자는 조금이라도 브레이크를 밟을 것이다. 무슨 일이 일어날지 절대 모르니까. 회전교차로로 다가오는 오토바이 운전자는 교차로의 규칙을 모르거나, 아니면 무시할 수도 있다. 이 사건 하나가 프로그래머들 사이에서 논쟁을 불러일으켰다. 회전교차로 운전, 아니면 오토바이 운전자에 대비한 주의 사항을 좀 더 추가해야 할까?

이러한 퍼즐 하나하나가 자율주행차가 숙달해야 할 새로운 기술이다. 이 기술은 광저우에서 실시된 수천 킬로미터 거리의 주행, 베이징과 캘리포니아에서 실시된 소규모 시험, 그리고 무수히 많은 컴퓨터 시뮬레이션을 통해 수집된 시나리오의 대형 도서관에 들어간다. 마지막으로 포니에이아이 팀은 시나리오를 각각 수많은 하위 그룹이 있는 약 100개의 그룹으로 나누었다. 그리고 포니에이아이의 과학자들은 시나리오별로 다양한 알고리즘을 구축하고 유지한다. 가끔 엔지니어들은 하나의 시나리오에 포함할 적절한 범주에 대해 거의 신학적인 논쟁을 벌인다고 후는 말한다.

이러한 시나리오 알고리즘은 자율주행차가 가진 디지털 두뇌의 일부를 상징한다. 해부가 가능하다면 두뇌 지능이 규칙이 들어간 통과 통계가 넘쳐나는 통으로 나눠져 있음을 발견할 것이다. 규칙은 정부의 운전 교본에 나오는 속도제한이나 통행권 같은 운전 법규다. 그것을 위반하면 딱지를 떼이거나 사고가 날 수 있다. 이 규칙들은 자율주행차에 필요한 '확실성의 세계'를 만들어준다. 규칙들은 암호화되어 있고, 의심이나 호소의 영역 밖에 있다.

다른 통에는 데이터가 들어가 있다. 그것은 지식이 아니라 학문의 원재료일 뿐이다. 컴퓨터는 데이터를 처리하면서 일련의 무한한 확률을 계산한다. 이것이 AI 입장에서는 '생각'하는 것이다. 앞에 가는 쓰레기차 때문에 차량들이 속도를 내지 못하고 있다면 AI가 차선 변경에 따른 장단점을 따져보는 계산을 수행할 수도 있다. AI는 차선을 변경할 경우 더 빨리 갈 확률이 얼마나 되는지, 다른 운전자가 같은 차선으로 끼어들 가능성은 얼마나 되는지를 계산한다. 그 결과는 엄청난 양의 숫자를 계산해서 나오며, 자율주행차는 그 숫자를 토대로 결정하고 움직인다.

컴퓨터는 물리적 세계에서 그것이 가진 단점을 보완하기 위해 통계에 의존한다. 컴퓨터에는 동물적 본능이 전혀 없다. 우리 인간 자신을 포함한 개미에서 코끼리까지 모든 동물은 시간과 공간, 중력과 추진력에 대한 선천적인 감각을 가지고 있다. 웅크린 채 앉아 있는 사자를 발견한 동굴 소녀처럼 우리는 경이로운 패턴 인식 능력을 가지고 있다. 우리는 또한 우리가 볼 수 있는 것을 토대로 특정한 행동을 본능으로 만들어낸다. 이것은, 노벨 경제학상을 받은 심리학자 대니얼 카너먼Daniel Kahneman의 설명대로 우리 두뇌의 처리 부담을 감소시킨다.[5] 우리의 반응도 빨라진다. 우리는 운전을 배울 때 앞차와의 간격을 어느 정도로 유지해야 하는지에 대해 생각한다(이 문제로 부모와 논쟁하기도 한다). 그런데 시간이 흐르면서 이 분석은 본능이 되기 때문에 사람은 매일 출퇴근하는 동안 능숙하게 운전할 수 있고, 5분만 지나도 이전에 어떻게 운전했는지를 잘 기억하지 못한다.

그러한 인간의 기술 수준까지 오르는 건 분석을 실행하는 다수의 기계가 도달하기 벅찬 목표다. 기계는 모든 정보를 '1'이나 '0' 중 하나로 받아들이기 때문이다. 이런 기계들은 지금 거대하고 복잡한 인식의 대륙으로 올라가고 있다.

포니에이아이 같은 기업은 이러한 항법 두뇌를 구축해야 할 뿐만 아니라 사업적으로도 성공해야 한다. 그러기 위해서는 자동차 회사와 제휴 계약을 맺고, 새로운 시장을 개척하고, 그들 대부분의 시장에서 자율주행차를 출범시켜야 한다.

자율주행차 운영은 수익 창출뿐 아니라 학습을 위해서도 중요하다. 베이징에서 음식을 배달하든 샌디에이고에서 택시로 일하든, 각각의 자율주행차는 학생처럼 데이터를 무분별하게 수집하다가 때때로 혼란에 빠진다. 자율주행차가 도로를 주행할 때는 마치 대학을 갓 졸업하고 대학원 과정을 거치는 격이다. AI팀별로 주행 차량이 많을수록 더 많이 학습하고 개선할 수 있다.

그러나 자율주행차를 운영하려면 그 나름대로 여러 도전을 극복해야 한다. 그중 일부는 소프트웨어로 해결할 수 없다. 참회 화요일 Mardi Gras(금욕 기간인 사순절이 시작되기 전날 - 옮긴이)에 뉴올리언스에서 난봉꾼 두 명이 손에 녹색 칵테일을 들고 버번 스트리트Bourbon Street에 있는 술집에서 나와 호텔로 가기 위해 자율주행차를 불렀다고 하자. 두 사람은 차에 올라탄다. 물론 차 안에는 그들밖에 없으며, 아무런 통제를 받지 않는다. 그다음에는 무슨 일이 일어날까? 어쩌면 둘 중 한 명이 대형 샌드위치를 바닥에 떨어뜨리고 무심코 밟을지도 모른다. 친구가 들고 있는 칵테일을 쏟을 수도 있다. 그들은 창문을 가린 채 섹스를 하는 동안 차에게 시내를 계속 돌라고 말할지도 모른다. 이것은 단지 하나의 지저분한 시나리오에 불과하다. 또 어떤 승객은 광견병에 걸린 정도까지는 아니더라도 털갈이하는 동물을 데리고 자율주행차에 오를 수 있다. 그들이 피해를 줄 가능성은 무궁무진하고, 그들이 차 안에서 저지른 모든 일이 다음 손님들에게 불쾌감뿐만 아니라, 심지어 역겨운 경험을 안겨줄 것이다. 이것은 자율주행 택시의 전체 사업 모델에도 위협을 가한다.

기술자가 꿈꾸는 이상적인 세계에서는 자율주행차를 운영하는 풀스택에 아마도 좌석을 닦고 카펫에 소독제를 뿌릴 수 있는 로봇 팔을 가진, 스스로 세차하는 기능이 장착되길 원할 것이다. 하지만 그것은 먼 훗날의 이야기다. 일단 자율주행차 서비스는 이러한 유지·보수 책임을 인간, 즉 고객에게 떠넘기려 할 것이다. 네트워크로 연결된 경제에서는 이런 일이 결코 새로운 건 아니다. 페이스북이나 위챗 같은 소셜 네트워크는 고객이 만든 콘텐츠를 토대로 제국을 구축했다. 다만 고객에게 더러운 차를 청소하게 하는 게 그보다는 좀 더 어려울 수 있다.

문제를 막는 수단 중 하나는 '감시'다. 자율주행차는 분명 24시간 내내 카메라가 켜져 있을 것이다. 그렇다면 누가 시트에 얼룩진 햄버거 포장지를 놓고 갔는지 알 수 있다. 감시는 기업이 다루기 힘든 승객에게 나쁜 등급을 매기게 해줄 수 있다. 어떤 기업은 특정 사람을 블랙리스트에 올리거나 그들에게 거리당 더 높은 요금을 부과할 수도 있다. 그러나 해리 후는 긍정적인 면에 집중하면서 보상 프로그램을 검토한다. 차량을 이용할 때 규칙을 열 번 지키면 한 번은 무료로 이용하게 한다는 것이다. 그는 "우리는 이제 내부적으로 여러 가지의 동기유발 방법을 시험하고 있다"고 설명했다.

어떻게 받아들일 것인가

찌는 듯한 날씨 속에 플로리다 남서부의 습지대에서는 밥콕 랜치 Babcock Ranch 지역 개발이 한창이다. 이곳에 한 무리의 노인들이 도로변을 따라 줄지어 서 있다. 많은 사람들이 야구 모자를 쓰고 있고, 어떤 사람들은 잡지로 눈을 가리고 있다. 몇몇은 지팡이에 기댄 채 서 있다. 모두 자율주행차 시범 주행 순서를 기다리고 있는 사람들이다.

밥콕 랜치는 기술의 테스트베드test bed, 즉 새로운 기술·제품·서비스의 성능과 효과를 시험해볼 수 있는 곳이다. 이것은 미국 프로미식축구팀 그린베이 패커스Green Bay Packers의 라인맨 출신인 시드 킷슨Syd

Kitson이라는 개발자가 착안하여 만들었다. 킷슨은 선수 생활을 마친 뒤 플로리다에서 번창하는 개발 사업으로 눈을 돌렸다. 그러나 그가 주 전체가 자동차 중심의 성장에 의존하고 있다는 것을 깨닫는 데까지는 오랜 시간이 걸리지 않았다. 그런 성장은 지속 불가능하다고 생각했다.

이처럼 점점 더 커지는 아스팔트 망 속에서도 보존된 녹색 지대가 존재했다. 거대한 밥콕 랜치 지역이었다. 이곳은 오키초비 호Lake Okeechobee와 남부 해안을 잇는 중요한 수중 통로의 상당 부분을 점유하고 있었다. 지난 한 세기 동안 밥콕 가족은 그곳의 일부 지역에서 채굴 활동을 하고 소를 키우고 있었다. 그러나 나머지 대부분의 지역은 황무지 상태였는데 악어, 왜가리, 백로 등의 서식지와 물이 흐르는 녹지로 이루어져 있었다.

꼬박 10년 동안 이 사업에 매달린 킷슨은 2014년 밥콕의 상속인 및 플로리다 주와 계약을 맺었다. 그가 밥콕 측으로부터 그 땅을 사서 황무지에 해당하는 땅의 80퍼센트를 주에 보호구역으로 위탁하겠다는 것이 계약 조건이었다. 남은 땅에서는 그가 미래의 도시를 건실하기로 했다.

하지만 그냥 평범한 마을을 만드는 게 목적이 아니었다. 그는 플로리다 가스전기Florida Gas and Electric와 자신의 땅에 거대한 태양열 농장을 건설하는 계약을 체결했다. 그는 밥콕 랜치가 자동차 이후의 경제에 맞게 지속 가능하게 설계될 거라고 약속했다. 그는 플로리다의 미래를 위한 모델을 만들고 있었다.

처음에는 주택 200채를 지었다. 플로리다의 다른 수많은 주택과 마찬가지로 집집마다 차량 두 대를 주차할 수 있는 차고가 마련되어 있다. 새 집 주인들 중 다수가 포트 마이어스Fort Myers에 있는 사무실 이나 푼타 고르다Punta Gorda 해안으로 운전해서 간다. 킷슨이 사라질 거라고 말한다고 자동차 경제가 사라지지는 않는다.

사실 밥콕 랜치 같은 지속 가능한 개발은 포니에이아이와 다른 자율주행차 산업이 겪는 것과 상당히 유사한 도전에 직면한다. 그들은 자동차의 지배가 이어지는 10년 동안 성장해야 한다. 따라서 킷슨은 사람들에게서 자동차를 빼앗는 게 아니라 떼어놓는 게 목적이라고 말했다. 이를 위해 새로 개발된 밥콕 랜치는 잡화점, 아이스크림 가게, 그리고 점점 더 연결망이 늘어나는 자전거도로를 갖춘, 걸어서 갈 수 있는 시내를 조성해놓았다.

전략의 핵심인 자율주행차 서비스는 2020년대에 도입할 예정이다. 킷슨은 주민들이 자동차 호출 서비스에 익숙해지면 차 한 대를 없앨 것이고, 그러다가 결국 자율주행차가 밥콕 지대를 벗어나 플로리다 남서부의 고속도로와 대로까지 주행거리를 넓혀나가면 주민들이 두 번째 차도 포기하게 될 것으로 예측했다.

관건은 밥콕 랜치에 거주하는 사람들이 이러한 자율주행차의 미래에 대비하게 만드는 것이다. 이제 다시 도로변에 서 있는 노인들 이야기로 돌아가보자. 킷슨은 자동차엔지니어협회Society of Automotive Engineers와 손을 잡고 3일 동안 자율주행차 시험 운행을 했다. 그러자 너무 많은 사람들이 타보려고 몰리면서 일부는 포기하고 집으로 돌아가야 했다.

계속 기다린 사람은 버지니아의 스타트업인 페론 로보틱스Perrone Robotics가 운행하는 자율주행 SUV에 탑승해 천천히 3킬로미터를 이동해볼 수 있는 기회를 얻었다.

한쪽이 막혀 있는 짧은 도로를 왔다갔다하는 식의 주행은 1997년 피츠버그의 셴리 공원을 통과했던 내블랩 5의 주행만큼이나 신중하면서도 조심스럽게 진행되었다. SUV는 운전자용 교육 동영상에 나오는 자동차만큼 지루할 정도로 아주 정확히 순환했다. 운전석에 앉은 사람이 운전대에서 손을 떼고 있다는 점만 제외하고는 따분하기 이를 데 없었다.

그런데 바로 이것이 핵심이다. 사람들에게 자율주행 기술을 홍보하기 위한 열쇠는 그것이 규칙을 철저히 지키면서 잘못에 대해 신중한 기술이라는 이미지를 확립하는 것이다. 자율주행 기술의 지지자인 제프 브란데스Jeff Brandes 세인트피터즈버그 상원의원은 "사람들은 첫 1분 동안 공포에 떨다가 다음 5분 동안은 관심을 보인 후 그다음에는 지루해한다"고 말했다. 자율주행 기술은 밥콕 랜치건 광저우의 난사구건, 지역에 상관없이 '가상 울타리가 쳐진geo-fenced' 지역에서의 서비스로 우리 삶에 침투할 것이다. 우리는 이 기술이 승객이 올라타서 지루해하며 잠에 빠질 때 신뢰를 얻는다는 것을 알게 될 것이다.

제9장

모빌리티의 패권 다툼

   중국의 기술연구원 세대에겐 미국에서 진행하는 연구가 일종의 통과의례나 마찬가지였다. 모빌리티 연구에 관한 한 그들 중 다수는 케임브리지의 복잡한 교통이건, 샌프란시스코 남쪽 101번 고속도로의 교통체증이건, 애틀랜타나 오스틴에서의 기약 없는 버스 대기건 간에 미국이 처한 여러 도전에 대해 직접적인 지식을 얻을 수 있다.

   상하이 자오퉁 대학교의 수석 연구원인 시 장Xi Zhang의 시각은 다르다. 그는 인구 7,700명의 호튼Houghton에 있는 미시간 공과대학교 출신이다. 이 대학은 디트로이트에서 북쪽으로 880킬로미터 떨어진, 온타리오 주 남서부 선더베이Thunder Bay의 얼음으로 뒤덮인 슈피리어 호Lake Superior 바로 건너편인 미시간 주 북부 지역에 소재해 있다. 후텁지근하고 사람들로 붐비는, 인구가 2,500만 명인 그의 고향 상하이와는 극명하게 대조되는 곳이다. 시 장은 이 북부 지역의 겨울을 떠올리며 두 팔을 가슴에 끌어안고 덜덜 떠는 시늉을 했다.

그는 물론 미국과 유럽의 도시가 호튼 같은 도시보다 훨씬 더 복잡하다는 것을 알고 있다. 그러나 그는 서양에서는 일정한 질서가 만연해 있으며, 상하이를 포함한 중국 메가시티의 혼란은 적어도 산업화된 세계에서 특이한 현상이라고 확신하고 있다고 말했다.

상하이의 '광기'에는 단점이 있는 것이 사실이다. 오토바이 군단이 거리와 인도를 따라 쏜살같이 달린다. 그들이 탄 오토바이의 전기모터는 소음을 내지 않기 때문에, 자칫 다가오는 오토바이를 알아채지 못한 채 걷는 사람을 치어 날려버릴 수도 있다. 보행자는 때로 아이와 손을 잡거나 개를 목줄로 묶은 채 같이 고속도로를 뛰어 건너기도 한다. 상하이에서는 많은 운전자가 녹색신호를 보고 지나가기 전에 반사적으로 브레이크를 밟는다. 사람들이 빨간불로 바뀌었는데도 길을 건너기 때문이다. (예전에 운전자들은 빨간불일 때 보행자가 길을 건너지 못하도록 경적을 울려 경고하곤 했다. 그러나 당국이 소음 공해를 퇴치하기 위해 중국의 주요 도시에서 불필요한 경적을 법으로 단속하자 지금은 그러한 경고조차 드물다. 당국은 음향 카메라[1]로 부적절하게 경적을 울리는 차량을 2초 동안 촬영하여 운전자에게 벌금을 부과한다.)

그러나 시 장은 상하이 같은 도시에서 생긴 혼란은, 그로 인해 많은 문제가 유발됨에도 불구하고 중국에 다음 단계의 모빌리티를 주도하는 데 경쟁우위를 제공해준다고 주장했다. 중국의 AI가 상하이에서 안전하게 주행하도록 훈련받을 수 있고, 중국의 자율주행차가 자전거와 오토바이를 피해 다니면서 한쪽 구석에서 다른 쪽 구석으로 갑자기 무단 횡단하려는 사람들의 행동을 예측할 수 있다면 "세계 어느 곳에서도 통할 것"이라는 논리다. 반대로 상하이보다 질서 정연한 애리조나의 고속도로나, 심지어 미시간 주 북부 지역의 갓 포장된 도로에서 훈련받은 차는 중국에서 도로의 복잡함 때문에 제 기능을 발휘하지 못할 가능성이 있다.

중국 도로의 복잡함이 외국 자율주행 기술의 유입을 막는 효과적인 방어 수단이 될 수 있다는 주장은 수 세기 전에 일어났던 일을 떠올리게 해준다. 지금으로부터 300년 전 청 왕조(1616~1912년) 때 (지금은 광저우로 알려진) 광둥의 소규모 거주지로 발을 들여놓은 서양의 무역업자들은 표준어와 광둥어를 포함해 난해한 중국어 때문에 활동하는 데 제약을 받았다. 당시 중국인이 외국인에게 중국어를 가르쳐주는 것은 범죄행위였다.[2] 시장과 마찬가지로, 청의 황제들은 외국인이 광대한 시장을 이해하지 못하는 한, 중국 시장은 중국의 지배 아래서 안전하게 살아남을 거라고 믿었다.

상하이에서는 국제경쟁력을 둘러싼 질문이 끊임없이 제기된다. 국가 경제에 초점을 맞춘 중국인의 시각은 다른 곳에서 접하는 시각과 본질적으로 다르다. 헬싱키, 두바이, LA의 경우 모빌리티의 정복은 분명 향후 수십 년간 번창하기 위한 열쇠다. 그리고 자연스럽게 이들 도시는 스톡홀름, 아부다비, 샌프란시스코 등 이웃한 도시를 뛰어넘고 싶어 한다. 하지만 그들은 도시에 초점을 맞춰 경쟁한다. 한편 중국에서 상하이와 베이징이 서로 패권 다툼을 하고 있더라도 새로운 모빌리티는 국가적이고 전략적이다. 중국인들은 AI와 모빌리티 둘 다에서 1등을 차지하려고 한다. 이것은 경주다. 전 크라이슬러 임원이자 현재 상하이의 전략투자회사인 오토모빌리티Automobility의 CEO인 빌 루소Bill Russo는 "중국은 서양을 앞지를 수 있는 기회를 얻었다"고 말했다.

상하이의 따뜻한 가을 아침, 파란 줄기의 스모그 아래에 많은 사람들이 중심부 호텔에서 온종일 열리는 모빌리티 컨퍼런스에 참석하기 위해 줄을 서 있었다. 시 장은 특별 연사였다. 자기 차례가 오자 그는 재킷을 펼친 채로 팔을 흔들고, 상품 트레이더처럼 넥타이를 느슨하게 맨 채 무대 위를 왔다갔다했다. 그는 슬라이드를 넘길 때마다 얼굴을 가린 앞머리를 넘기면서 열정이 넘치는 큰 소리로 말했다.

그가 자오통 대학교의 지능형 네트워크 혁신센터Intelligent Network Innovation Center에서 진행하는 연구는 주로 상하이의 유동인구에 초점을 맞추고 있다. 그와 팀원들은 기계학습 엔진을 통해 엄청난 양의 거리 영상을 처리하고 있다. 자동화된 지능을 상하이 보행자의 다양한 계층과 종족에 집중시키는 게 목표다.

시 장이 보여준 슬라이드 중 하나가 눈에 띄었다. 그것은 보행자의 모습 같은 조잡한 실루엣이 들어간 8비트짜리 빈티지 비디오게임 같았다. 그는 AI가 발목, 무릎, 팔 등 신체 부위를 집중적으로 분석해서 각 신체의 움직임과 행선지를 예측하려 한다고 말했다.

다른 많은 AI 프로젝트와 마찬가지로 AI의 과제는 우리 인간이라면 종종 무의식적으로 한눈에 인식하는 패턴을 인코딩하는 것이다.

토요일 아침, 황푸강黃浦江 북쪽의 옛 프랑스령인 루완구盧灣區에서 플라타너스가 줄지어 선 고풍스런 거리를 따라 운전 중인 상하이의 운전자를 생각해보자. 길가에는 쇼핑객이 줄지어 늘어서 있다. 윈도쇼핑을 하는 사람들도 있고, 정육점 주인이 큰 식칼을 들고 북경 오리의 적갈색 껍질을 벗겨 깔끔하게 손질한 뒤 산더미처럼 쌓아놓은 곳 앞에 줄지어 선 사람들도 있다. 지팡이에 의지한 채 구석에 서 있는 노인을 발견한 운전자의 뇌는 번개처럼 빠르게 위험 계산을 수행한다. 노인이 서둘러 길을 건널 확률은 얼마나 될까? 뇌가 그럴 확률이 거의 없다는 결론을 내리자 운전자는 가속페달을 밟는다. 다음 모퉁이에서 운전자는 10대 소년을 발견한다. 소년은 거리 쪽으로 걸어오면서 휴대전화를 들여다보고 있다. 운전자의 발은 즉시 가속페달에서 떨어져 브레이크 위를 맴돈다.

시 장은 이런 유형의 위험 분석에 대해 컴퓨터에 학습시킬 것을 제안했다. 그는 단순히 거리와 인도에서 인간 형태의 움직임을 분석하는 것만으로는 충분치 않다고 주장했다. AI는 보행자의 행동이 저마다 크게 다르기 때문에 각 보행자의 성별과 대략적인 연령대까지 판단해야 한다는 것이었다. 시 장은 "남자들이 더 위험하게 운전하는 편이지만, 여자들과 함께라면 덜 그러하다"고 설명했다.

상하이에서 일어나는 모든 사람의 활동을 엄청난 움직임을 짜 넣은 태피스트리에 비유한다면, 시 장의 보행자 연구는 단지 몇 가닥의 가느다란 실에 불과하다. 그의 연구 목적은 오로지 인간의 움직임을 예측하는 것이지, 그것을 조종하는 것이 아니다. 상하이에서 추진된

이보다 훨씬 큰 프로젝트는, 인민광장 부근의 지하철로 몰려드는 군중에서부터 미들 링 도로Middle Ring Road에서 출퇴근 시간에 일어나는 교통체증에 이르기까지 도시의 많은 움직임을 관리하고 최적화하는 것이다. 상하이를 비롯한 중국의 여러 도시 당국은 이러한 점에서 산업화된 세계의 다른 모든 경제보다 전략적 우위를 갖고 있다. 여느 나라보다 풍부한 데이터를 확보해놓고 있기 때문이다.

일사불란한 계획과 실행

상하이에서의 이른 저녁, 황푸강의 남쪽 둑을 따라 자리한 루자쭈이陸家嘴라는 지역을 찾은 방문객들은 강가나 인근의 고층 건물을 배경으로 사진을 찍느라 바쁘다. 세계에서 두 번째로 높은 나선형 건물인 상하이 타워Shanghai Tower가 단연 돋보이지만 실제로는 다른 몇몇 건물보다 아주 조금 더 높을 뿐이다. 그곳에서 몇 블록 떨어진 곳에는 상하이를 상징하는 동방명주탑東方明珠塔이 세워져 있다. 높다란 기둥을 중심축으로 구슬 세 개를 꿰어놓은 듯한 형태로, 거대한 곤충처럼 비스듬히 각진 다리로 버티고 서 있는 길고 독특한 외형이 인상적인 탑이다. 그것은 2007년 말까지만 해도 중국에서 가장 높은 건물이었지만, 이제는 10대 최고층 건물 명단에 겨우 이름을 올리고 있을 뿐이다.

이날 저녁을 루자쭈이에서 함께 보내는 모든 사람, 강을 따라 거닐고 있는 군중, 그리고 동방명주탑 지하철역을 빠져나오는 수천 명은 하염없이 자신의 행동 정보를 분출하고 있다. 중국의 과학자들은 인류 역사상 유례없는 규모로 돌아다니는 사람들을 연구할 수 있다. 다만 연구 지식이 어떻게 이 거대한 도시를 가로지르는 움직임을 재설계하는 데 쓰일 수 있느냐가 관건이다.

우선 데이터 과학자들이 볼 수 있는 것에서부터 시작해보자. 가로등에 검은 새처럼 앉아 있고, 나무에 묶여 있고, 벽에 박혀 있는 수천 대의 감시 카메라는 끊임없는 동작의 흐름을 끝없이 기록한다. 중국에서는 약 2억 대의 폐쇄회로 TV 카메라가 작동 중이다. 물론 상하이에도 설치되어 있다. 감시 자체가 색다른 일은 아니다. 세계의 많은 도시가 범죄, 테러리즘과 싸우기 위해 거리나 상점에서의 활동을 카메라로 감시하는 데 집중하고 있다.

그런데 중국의 감시는 대부분의 다른 형태보다 훨씬 더 강력하다. 그것이 세계적 수준의 안면 인식 기술과 연계되어 있기 때문이다. 이로써 중국 땅에 발을 들여놓는 거의 모든 사람의 움직임을 추적할 수 있다. 2017년 구이양시青陽市 당국은 BBC의 존 서드워스John Sudworth 기자와 손을 잡고 이 기술을 시험했다. 서드워스 기자가 '용의자'로 간주된 지 수 초 만에 AI는 그의 얼굴과 위치를 파악해냈다. 인구 430만 명의 구이양에서 경찰이 AI 기술을 이용해 서드워스 기자를 추적하는 데까지 걸린 시간은 불과 7분이었다.[3]

초저녁, 루자쭈이의 번잡한 강 산책로 주변의 스타벅스는 사람들로 발 디딜 틈이 없다. 인도의 카페에서는 너나없이 모두 휴대전화를 만지작거리고 있다. 이런 휴대전화 중독은 중국에서만 볼 수 있는 현상이 아니다. 그러나 중국인들은 작은 스크린에 몰두하는 면에서 특히 최고인 것 같다(다른 나라 사람들보다 1~2년은 더 앞서 있을지 모른다).

중국인들의 관심은 대부분 소셜 네트워킹 사이트인 위챗에 집중되어 있다. 위챗은 중국의 3대 인터넷 기업 중 하나인 텐센트Tencent가 운영한다. (나머지 2개사는 검색엔진인 '바이두'와 전자상거래 거물인 '알리바바'다.) 중국 경제의 절반을 차지하는 선진화된 도시에서는 거의 모든 사람이 메시지, 네트워킹, 혹은 심지어 식료품이나 노점상에서 만두값을 결제하기 위해 위챗을 사용한다. (상하이에서는 외국인과 시골에서 온 사람들만 현금을 사용하는 것 같다.) 위챗 하나만으로도 사람의 행선지, 그녀가 친구들과 각각 나눈 대화, 그녀가 산 물건, 먹은 음식, 지하철을 타고 통근할 때 텐센트의 최고 인기 비디오게임인 '왕자영요王者榮耀'를 하느라 거북목을 한 채 전화기를 본 시간을 모두 추적할 수 있다. 우리가 살펴본 바와 같이, 두바이를 포함한 다른 정부들도 많은 행동 정보를 수집한다. 그러나 중국은 지금까지 지구상에서 가장 크고 풍부한 데이터 세트를 보유하고 있다.

미국과 비교해보자면 페이스북, 구글, 아마존, 그리고 모든 휴대전화 회사가 싫든 좋든 보유한 데이터를 모두 정부 당국에 제공하는 것과 같다. 서양의 사생활 옹호자들은 실제로 이런 일이 일어나고 있다고 주장할지도 모른다. 그러나 서양의 민주주의 국가에서 정부는 여전히 정치적으로 혹은 법정에서 데이터에 접근하기 위해 싸워야 한다. 그리고 에드워드 스노든Edward Snowden이 2013년에 폭로한 사건처럼 정부가 데이터를 몰래 수집해왔다는 사실이 알려지면 이에 분노해 폭주하는 비난을 감수해야 한다. 서양은 개인의 사생활에 대한 권리와 사회 보안에 대한 요구 사이에서 균형을 맞추기 위해 애쓴다. 반면에 중국에서는 이러한 공공과 민간 사이의 투쟁이 미미하다. 데이터는 석유나 외환 보유고 같은 전략적 자산으로 간주된다. 그것은 권위주의 정부가 공공의 이익이라고 여기는 것을 위해 사용된다. 상하이 교통산업협회Shanghai Transportation Industry Association의 네트워크 모빌리티 위원회Networked Mobility Committee 소장인 주하오Zhu Hao는 "우리에겐 직접 개입할 수 있는 정부가 있다"고 말했다.

그래서 도시 모빌리티를 재정립하는 문제에 관한 한 상하이 당국은 세계에서 가장 강력하고 풍부한 데이터 세트, 그것으로부터 통찰력을 얻으려고 애쓰는 AI 과학자 무리, 그리고 그 결과로 나온 통계적 결론을 법과 법령으로 바꿀 수 있는 강력한 정부 등 가공할 만한 자산을 활용할 수 있다. 그것은 LA 시장인 에릭 가세티 같은 사람들이 중개 자금 마련을 위해 헤매고, 골치 아픈 지역단체와 협상하고, 법적 도전을 물리칠 때 꿈꾸기만 할 수 있는 힘과 속도의 조합이다.

그렇지만 현대적 건축과 최첨단 과학을 자랑하는 중국은 움직임이 굼뜬 공산당에 의해 통치되고 있다. 여전히 마오쩌둥의 얼굴이 화폐에 그려져 있다. 계획 칙령은 1960년대에 묻은 타임캡슐에 들어 있는 칙령처럼 들린다. 2017년에 국무원이 승인한 2017~2035년 상하이 마스터플랜Master Plan for Shanghai을 예로 들어보자. 이 칙령은 '상하이는 중국 중앙정부의 직할시 중 하나로서 훌륭한 글로벌 도시이자 세계적인 영향력을 가진 현대 사회주의 국제 대도시가 될 것'이라고 선언하고 있다.

세계의 많은 곳에서 중앙정부의 계획 수립은 과거에나 있었던 것처럼 보인다. 그런 관행은 무엇보다 베를린 장벽의 붕괴, 소비에트연방의 몰락과 함께 20세기 후반에 고통스러운 실패로 끝났다. 자동차에서 컴퓨터에 이르기까지 기술혁신을 낳은 것은 서양의 자유롭고 활기찬 시장이었다. 헨리 포드나 빌 게이츠 같은 기업가는 정부의 발전 계획을 따르지 않았다. 그들은 그런 계획을 혁신했다.

계획 수립자들은 서양, 특히 미국에서 대개 조롱의 대상에 불과하다. 그들이 계획을 세우지만 만드는 건 창조자이고, 창조자는 계획보다 이윤을 추구할 가능성이 훨씬 더 높다. 재정적인 요인 때문에 보통 계획이 바뀌거나 종결될 수 있다. 그렇지만 38개 위원회가 세운 상하이 종합계획이 관료주의적 느낌을 풍기는 농담처럼 보일지라도 역사는 우리가 그것을 진지하게 받아들여야 한다는 사실을 시사한다.

인민광장의 한쪽에는 상하이 도시계획전시관Shanghai Urban Planning Exhibition Center이 서 있다. 대부분의 도시에서 이처럼 도시 발전사, 발전 계획과 관련된 모형 및 멀티미디어 자료만 전시해놓은 박물관은 땅값이 훨씬 저렴한 곳에 세워져 있다. 그런데 헬리콥터처럼 생긴 하얀 그늘지붕으로 덮인 대형 유리 입방체인 이 거대한 전시관은 상하이 정체성의 중심임이 분명하다. 이것은 상하이 박물관Shanghai Museum 바로 건너편이자 시청(군인들이 경비를 서고 있다) 옆에 자리하고 있다. 전시관의 지상 1층에는 오늘날의 상하이시를 한눈에 조망할 수 있는 거대한 모형이 설치되어 있다. 면적만 100제곱미터에 달하는 이 모형은 지상 1층뿐 아니라 2·3·4층에서도 내려다볼 수 있게 설치되어 있다.

지상 3층에 상하이를 3D로 10분간 유람할 수 있는 360도 스크린이 설치되어 있는데, 스크린에서는 상하이 종합계획을 보여주는 1984년도의 흑백영화가 상영된다. 상하이 도시계획연구소Shanghai Urban Planning and Research Institute가 수립한 이 계획은 1986년에 공산당 당국의 승인을 받았으며, '상하이를 현대 사회주의 국제 대도시로 탈바꿈시키겠다'는 목표를 포함해 2017년에 수립된 종합계획과 거의 같은 목표가 담겨 있다.

영화는 1984년에 상하이가 겪은 골치 아픈 문제를 극명하게 보여주면서 시작된다. 인구는 과도할 정도로 붐비고, 시내는 영세상인과 소규모 제조업체로 숨이 막힐 지경이다. 비좁은 거리에서는 사람들끼리 서로 통행을 방해한다. 사람들의 이동속도는 제각각이다. 걷는 사람도 있고, 자전거를 타는 사람도 있다. 시내버스를 타고 이동하는 사람도 있다. 그 결과 도시는 대혼란에 빠져 있다. (역설적으로, 이 책의 관점에서 본다면 1984년의 상하이는 미래를 향해 순항하고 있는 것 같다. 자동차 단일 문화로부터 놀랄 만큼 해방된 상태이기 때문이다.)

분명 1980년대 중반의 상하이 시민들은 자동차에 익숙했다. 1920년대와 1930년대에 강대국이 여전히 조계租界(주로 개항장에 외국인이 자유롭게 거주하면서 치외법권을 누릴 수 있는 구역 - 옮긴이)를 점령하고 있을 때 그들은 포드, 시트로엥, 벤틀리 자동차를 수입했다. 그러나 여전히 많은 중국인이 '해방'의 순간으로 기억하는 1949년의 공산주의 혁명 이후 마오쩌둥 주석과 공산당 간부들은 고위층을 제외하고 개인 소유권을 억압했다. 그들은 일반 대중에겐 자동차를 감당할 능력이 없다고 생각했다. 그래서 대부분의 사람은 걷고, 자전거를 타고, 대중교통을 이용했다. 물론 만원 버스는 다소 불편했다. 하지만 그것은 버스를 몇백 대 늘린다고 해결할 수 있는 문제가 아니었다.

그러나 마오쩌둥이 타계한 지 8년 후인 1984년이 되자 상하이의 도시계획 수립자들은 현재 상태에 문제가 있다는 것을 깨달았다. 상하이 도시계획전시관의 영상에 따르면 마오쩌둥 시대에는 공장과 의류 상점이 상하이를 에워쌌다. 그런데 시간이 흐르면서 이 고리는 일련의 동심원 모양으로 확대되었다. 결과적으로 상하이는 사람들이 밀집되어 살면서 이동하는 데 어려움을 겪는, 혼잡하고 비위생적인 도시로 전락했다. 상하이는 영화에서 말하는 이른바 '추레한 공장'으로 가득 차 있었다. 수천 가구가 거주하는 아파트에서 영세 의류 사업을 운영했다. 그들에게 필요한 것은 재봉틀과 탁자뿐이었다. 각각 원재료와 완제품을 출하했다. 그러자 도시의 혼잡은 가중되었다.

영화는 오래된 공항의 정신없는 광경을 보여준다. 공항이 너무 비좁고 답답한 탓에 공항 밖에서도 사람들이 길게 줄을 서서 기다리고 있다. 어떤 사람들은 창문으로 여행 가방을 밀어넣는다. 그것은 개발도상국의 경제를 심하게 축소해놓은 시설처럼 보이는데, 어쨌든 과거의 상하이 공항은 그러한 광경이었다.

영화 해설자는 미래를 향해 나아가는 상하이가 가장 먼저 해야 했던 일은 도시의 발자취를 확대하는 것이었다고 말했다. 상하이는 각기 녹지와 상업 시설을 갖춘 16개 구區를 만들면서 극적으로 확장해 나가게 되었다. 이를 위해 도시계획 수립자들은 2000년까지 주요 노선의 개통을 목표로 새로운 지하철을 요구했다. 더욱 극적인 변화는 새로운 자동차 경제를 창조하고 수백만 명의 보행자와 자전거를 타는 사람들과 버스 통근자들이 차를 운전하게 하는 것이었다. 새로운 상하이에서 멀리 떨어진 모든 지역을 일련의 새로운 도시고속도로로 연결하기로 했다. (영화에서는 도시고속도로를 '간선도로'라고 부른다.)

70년 전에 자동차 시대가 도래했을 때 전설적인 뉴욕 시의 실세였던 로버트 모지스Robert Moses도 비슷한 전략을 추구했다. 그는 혼잡한 빈민가와 주택가를 허물고 멋진 고속도로와 교각을 건설하여 사람들로 붐비는 도시를 광활한 대도시로 변모시키려 했다. 모지스는 고속도로가 대중을 숲과 해변으로 연결해주고, 새로운 교외 지역이 뿌리내리는 도시를 상상했다.

그의 비전은 전 세계의 도시로 번져나갔다. 그러나 1980년대에는 그것의 단점이 너무나 뚜렷했다. LA와 멕시코시티는 스모그로 숨이 막혔다. 뉴욕의 통근자들은 모지스가 건설한 다리를 가로질러 맨해튼으로 들어간 뒤 주차장을 찾기 위해 안간힘을 썼다. 이런 게임의

막판에도 상하이의 공산당 출신 도시계획 수립자들은 자동차의 물결에 동참하고 있었다. 그들은 제조와 모빌리티 분야에서 모두 자동차를 상하이의 미래를 좌우할 핵심으로 간주했다.

여기서 핵심은 이것이 좋은 전략이었는지, 아니면 멍청한 전략이었는지가 아니다. 중요한 것은, 우리가 나중에 보았듯이, 공산당과 도시계획 수립자들이 어려운 일을 해냈다는 것이다. 오늘날 거대한 대도시인 상하이는 그들이 계획했던 것과 거의 같은 도시가 되었다. 상하이에는 모두 10차선 간선도로로 연결되어 있고, 놀이터와 쇼핑 거리가 있는 새로운 지구들이 들어섰다. 이런 말이 적절하다면, 상하이는 자동차 도시로서 제대로 자격을 갖춘 도시로 새롭게 변신했다.

동시에, 1984년 영화에서는 단순한 제안에 불과했던 상하이의 지하철이 세계에서 가장 긴 640킬로미터의 트랙을 달리고 있다.[4] 지하철은 보통 1~2분 안에 도착한다. 여행객이 한때 창문을 통해 여행 가방을 들어 날랐던 낙후된 상하이 공항은 이제 먼 추억이 되었다. 상하이 공항은 이제 미국의 JFK 공항이나 오헤어O'Hare 공항을 마치 시골 공항처럼 보이게 만들 정도로 거대한 최첨단 공항 두 곳으로 대체되었다.

중국공산당의 도시계획 수립자들은 약속을 잘 지켰다. 다른 나라가 세운 많은 유사한 계획은 지지부진하다. 자금이 부족하거나, 건설 작업이 마무리되지 않거나, 법적 분쟁에 휘말리거나, 아니면 그냥 보류되었다. 1970년 당시 시장이었던 샘 요티Sam Yorty가 주도한, 미래의 LA를 위한 대담한 계획을 예로 들어보자.[5] 화성의 식민지를 스케치해놓은 듯한 그림이 덧붙여진 이 계획에 따르면 시내 옥상에 대단지 정원과 공원을 조성할 예정이었다. 또한 보행자가 차량들 위에 촘촘하게 연결된 인도를 산책하고, 고속도로는 광범위한 철도 시스템으로 보완할 계획이었다. 그런데 이런 계획의 대부분이 언제 실현될지는 여전히 미지수다.

반면에 상하이는 세계의 눈앞에서 변모하고 있다. 위원회가 만들어 공산당 정부가 승인한 도시계획은 계절처럼 가차 없이 지나가는 것 같다. 그렇다면 상하이를 비롯한 중국의 거대 도시에서 다음 단계의 모빌리티를 내다보면서 우리는 왜 그들이 다시 성공할지를 의심해야 하는 걸까?

살벌해진 국제 경쟁

2018년 12월 1일, 마흔여섯 살의 여성이 비행기를 타고 홍콩에서 멕시코로 향하고 있었다. 그녀는 경유지인 브리티시컬럼비아 주의 밴쿠버에서 열두 시간 동안 머물렀다. 태평양을 횡단하는 외근 직원과 기계 부품 판매업자에게 이처럼 경유지를 거쳐 비행하는 게 드문 일은 아니다. 그런데 이 특별한 출장자인 멍완저우孟晚舟는 비즈니스석에 끼어 앉은 평범한 기업의 임원이 아니었다. 그녀는 중국의 세계 1위 통신장비 회사이자 삼성전자에 이어 세계 2위 휴대전화 제조사인 화웨이Huawei의 부회장이자 최고재무책임자다. 또한 화웨이의 창업자이자 중국의 전설인 런정페이任正非 회장의 딸이다. 멍완저우 부회장이 멕시코로 더 직행하는 노선이나 전용기를 이용할 수 있지 않았을까?

그런데 결국 그 오랜 시간의 경유는 그녀가 나중에 겪게 될 여러 문제와 비교하면 문제라고 말하기도 민망했다. 캐나다 당국은 미국 법무부의 범죄인 인도 요청에 따라 멍완저우 부회장을 체포해 구속했다. 그녀는 미국에서 대이란 국제무역 제재를 피하려고 은행 사기를 저지른 혐의로 기소된 상태였다. 멍완저우 부회장과 화웨이, 그리고 중국 정부는 모두 이러한 혐의를 강하게 부인했다. 그들은 미국이 중국 기술업계의 간판 기업을 곤경에 빠뜨리려 하고 있다고 주장했다.

무엇이 진실이건 간에 멍완저우 부회장의 체포 사건은 기술 우위를 차지하기 위해 미국과 중국이 얼마나 치열하게 경쟁하고 있는지를 드러내주었다. 이 경쟁의 시작점이 모빌리티다. 화웨이가 그 중심에 서 있다.

지난 20년 중 대부분의 기간 동안 미국 네트워킹 장비 분야의 선두 주자인 시스코Cisco의 임원들은 화웨이에 대해 심하게 불평해왔다. 그들은 화웨이가 자사의 기술을 훔쳤다고 비난하면서 화웨이와 중국 정부의 긴밀하지만 불투명한 관계는 '위험'을 뜻한다고 경고했다. 2012년 미국의 하원정보위원회Permanent Select Committee on Intelligence는 화웨이와 중국 제2의 네트워크 회사인 ZTE가 국가 안보에 위협이 된다고 선언했다. 하원정보위원회는 중국 정부가 두 회사의 장비를 이용해 미국인을 상대로 첩보활동을 할 수 있다고 결론지었다. 중국은 그런 혐의를 강력히 부인하고 있다.

그런데도 지난 수년 동안 네트워크 장비 제조업체들 간의 다툼은 대수롭지 않은 것처럼 여겨졌다. 나머지 디지털 경제에서 미국과 중국은 모두 번성했고, 서로 상대국을 지나치게 자극하지 않았다. 구글, 페이스북, 아마존 같은 미국의 인터넷 거물들이 세계 최대의 성장 시장인 중국에서 차단된 데 대해 못마땅하게 여겼지만, 나머지 세계 다수의 지역에서 지배력을 강화했다. 한편 그들의 상대인 알리바바와 텐센트는 중국의 인터넷 감시·검열 시스템인 만리방화벽Great Firewall 안에서 번창하며 세계에서 가장 가치 있는 10대 기업 명단에 이름을 올렸다. 중국은 모든 사람을 위한 하드웨어를 계속 제조했고, 애플 아이폰의 최대 판매 시장이 되었다. 태평양 양쪽의 거대 기술기업들은 부자가 되었다.

그러나 모빌리티 혁명을 특징으로 하는 인터넷의 다음 단계는 그러한 편안한 상태를 전복시키려 위협하고 있다. 화웨이를 둘러싼 혐의가 앞으로 펼쳐질 드라마의 중심 소재가 된다. 네트워크로 연결된 정보가 자동차, 자전거, 신호등, 그리고 도시 전체 등 실제 세계로 확산될 때 화웨이 같은 대기업이 중요한 역할을 하게 된다.

이러한 전환의 관문에 5G 기술이 있다. 5G 통신망은 4G 시스템보다 100배 더 빨리 정보를 교환하도록 설계되었다. 5G는 스마트폰에서 훨씬 더 벗어나 결과적으로 기계로 이루어진 시끄러운 우주와 연결되고, 기계들 중 다수는 점점 더 커지는 센서로 이루어진 별자리와 함께 이동할 것이다.

　이러한 네트워크를 마케터나 컨설턴트들이 말하듯 생물학적 시스템에 비유하자면 전자센서는 손가락, 코, 귀, 그리고 눈 역할을 한다. 그들은 자동차의 경적 소리, 이중 주차된 트럭의 이미지, 전기 화재 조짐, 그리고 기계가 세고 측정할 수 있는 모든 것을 등록한다. 이 정보가 5G 네트워크를 통해 전달되는데, 5G 네트워크는 네트워크의 신경계에 해당한다. 그것의 주요 목적지는 이러한 모든 수신 정보를 관리하는 지휘소다. 컴퓨터 과학 용어로 말하자면, 그것은 도시의 운영체제를 운영한다. 생명체에서 그것은 뇌에 해당한다.

　이것이 도시의 디지털 생물학이다. 그것을 구성하는 요소인 감각기관, 신경, 뇌는 모두 거대한 세계시장을 상징한다. 미래의 모빌리티 플랫폼은 우리의 몸과 우리가 가진 것들을 조율하고, 그들에게 쏟아지는 데이터 속에는 우리의 쇼핑 습관과 우정이 들어 있을 것이다. 모빌리티 네트워크는 결국 우리가 이미 알고 있는 데이터 세계와 떨어져 별도로 운영되지는 않을 것이다. 대신 그들은 그 세계 위에 앉거나, 심지어 그 세계를 소비할 것이다.

　상하이에 거주하는 대학생이 자전거를 타고 황푸강 북쪽의 와이탄外灘을 지나고 있다고 가정해보자. 그는 오렌지색 고바이크GoBike를 타고 있다. 고바이크 자전거 중 다수는 잡초가 무성한 밭이나 뒷골목에 내팽개쳐져 있다. 지휘소는 그의 이전 행적을 토대로 그가 가장 친한 친구 집이나 애인 집으로 향하고 있음을 예측할 수 있을 것이다. 지휘소는 그가 가는 길에 편의점에서 즐겨 마시는 맥주를 살 테니 그에게 디지털 쿠폰을 배달해주자고 제안할 수도 있다.

이런 네트워크는 매일 우리 삶에 더욱 깊숙이 침투할 것이다. 우리 중 상당수는 분명 네트워크의 침입, 감시, 통제 같은 특정한 면에 대해 반대할 것이다. 특히 초기에는 구글 맵스가 사람들을 포틀랜드로 엉뚱하게 안내하거나 강으로 곤두박질치게 했다고 알려진 것처럼, 일부 내비게이션은 아주 멍청해 보일 것이다. 그렇지만 모빌리티 네트워크는 특히 상하이처럼 데이터가 풍부한 도시에서 더욱더 똑똑해질 것이다. 많은 사용자는 그것이 주는 혜택을 오늘날 스마트폰이 제공하는 혜택처럼 편리하고도 심지어 필수불가결하다고 여길 것이다. 그렇다면 누가 그것에 반기를 들겠는가?

이름만 대면 누구나 알 만한 기술기업들이 이 새로운 디지털 기술로 도시를 장식하기 위해 경쟁하고 있다. IBM, 휴렛팩커드, 지멘스Siemens, 삼성과 그 외 수십 개 기업의 영업사원들이 매일 두바이, 싱가포르, 밴쿠버, 빈과 수십 곳의 모빌리티 인기 지역을 방문한다.

그런데 중국의 기업은 큰 이점을 가지고 이러한 글로벌 경쟁에 나서고 있다. 중국 내에는 이미 연결할 수 있는 많은 도시가 존재한다. 중국의 15개 대도시 인구만 합쳐도 2억 6,000만 명이 넘는다. 동해안에 있는 거대한 상하이든 서남쪽에 있는 쓰촨성의 성도인 청두成都든 간에 이들 대도시는 모두 네트워크화된 모빌리티를 위한 실험실이다.

베이징 남쪽의 슝안신구雄安新區처럼 완전히 새로운 도시도 마찬가지다. 그들은 새로운 모빌리티를 위해 설계되고 있다. 그곳에는 전기

충전소, 자전거도로, 자율주행차 전용 차선, 그리고 모든 모빌리티 데이터를 세세하게 포착할 수 있는 감시 카메라가 설치될 것이다.

중국 정부는 이런 개발에 투자하고 있다. 투자 목표 중 하나는 화웨이 같은 기업을 글로벌 챔피언으로 만드는 것이다. 화웨이는 2019년까지 64개국에서 5G 통신장비 납품 계약을 체결했다.[6] 인터넷 선도 기업을 포함한 다른 중국 기술기업이 전 세계의 여러 도시에서 모빌리티 데이터를 분석하고 주행을 최적화하려면 추가 조치가 필요할 것이다.

향후 기술 경쟁의 전략적 이해관계를 따져보면, 모빌리티 지휘소를 운영하는 기업은 교통신호, 자율주행차, 기차, 구급차, 비행 택시, 경찰 배치, 보행자의 흐름, 범죄 용의자 추적 등을 관리할 것이다. 그들은 아주 실질적인 차원에서 도시에서 움직이는 모든 것의 상당수를 통제하면서 군림할 것이다. 세계 인구가 점점 더 도시 지역으로 이동하고 있다는 사실을 고려했을 때, 이러한 기술기업은 인간의 삶에서 많은 부분을 통제할 것이다.

앞으로 몇 년 안에 무역 전쟁이 악화된다면 국가들은 교통을 비롯해 항구, 산업 공급망, 시장을 각각 운영하는 적과 마주할 수 있다. 위험 분석가들이 우려하듯, 이런 현상이 디스토피아 수준까지 악화되었을 경우 적대국이 AI 알고리즘을 변경해 경쟁국의 이동통신망을 교란시킴으로써 교통체증을 일으키고 대규모의 산업 혼란을 유발하는 사태까지 상상해볼 수 있다. 도시들이 이런 악몽 같은 시나리오를 피하더라도, 그러기 위한 전략적인 문제들은 매우 중요하다. 많은 권력이 개입되어 있기 때문이다.

미국 정부는 이런 경쟁적 맥락에서 화웨이를 상대로 제재를 가했다. 구글은 미국 정부의 압박에 굴복해 화웨이가 안드로이드 운영체제를 쓰지 못하게 했다. 또한 2019년 멍완저우 부회장의 캐나다 변호사들이 미국 송환에 이의를 제기하자 트럼프 행정부는 보안상의 우려를 이유로 서방 동맹국에 화웨이 배제를 압박했다.

적어도 이론상으로는 미국의 전략적 우려가 멍완저우 부회장의 체포와 아무런 관련이 없어야 했다. 그렇지만 멍완저우 부회장에게 씌운 혐의가 중국에서 심각한 의심과 분노와 애국심을 불러일으킨 이유를 이해하기는 확실히 쉽다. 인터넷 매체인 쿼츠Quartz의 보도에 따르면 한 논평가는 소셜 네트워크 서비스인 웨이보Weibo에[7] 중국의 블록버스터 영화 「전랑戰狼 2」에 나온 대사를 인용해 '중국의 시민들이여, 당신이 해외에서 위험에 처했을 때 포기하지 마라. 뒤에는 강대한 모국이 있다는 것을 기억하라'고 말했다.

원스톱 스마트 모빌리티 서비스

1980년대 후반, 상하이 출신의 젊은 박사 조셉 시에Joseph Xie는 캘리포니아 주의 산타클라라에 있는 반도체 기업 인텔에 취직했다. 그는 개인용 컴퓨터 시대 전체의 실리콘 기반인 x86 칩을 디자인하는 팀에서 일했다.

조셉 시에는 10년 뒤 상하이로 돌아와 국내의 칩 산업에 뛰어들었다. 중국이 기술에서 비약적인 성공을 거두면서 결국 미국을 따라잡고 능가하려면 인텔 같은 기업이 한두 개 있어야 할 것이다. 오랜 시간이 지난 지금도 여전히 디지털 경제는 실리콘을 기반으로 구축되었다.

이미 50대로 접어든 2012년, 조셉 시에는 파트너들과 함께 반도체 업체인 상하이 예과기유한공사Shanghai Quality Sensor Technology Corporation, QST라는 회사를 설립했다. 이 회사는 미세 전자·기계 시스템, 즉 MEMS Micro-Electromechanical Systems 연구에 주력할 예정이었다. MEMS는 말 그대로 실리콘이나 수정, 유리 등을 가공해 초고밀도 집적회로, 머리카락 절반 두께의 초소형 기어, 손톱 크기의 하드디스크 등 초미세 기계 구조물을 만드는 기술이다.

현대 생활에서 MEMS의 중요한 역할을 이해하기 위해 스마트폰 내부에 있는 모든 기계, 즉 정교한 광센서를 가진 카메라, 마이크, 동작 센서, 자이로스코프 등을 모두 조립하려 한다고 상상해보자. 조립 대상 기계 목록은 매년 늘어난다. 이 작은 기계가 모두 MEMS에 내장되어 있다. 그들은 이 기계의 크기를 작게 만들 뿐만 아니라 가격도 낮춰준다.

조셉 시에와 파트너들이 QST를 설립했을 때, 그들은 곧 다가올 모빌리티 혁명을 예측할 수 있었다. 그들은 그것이 전 세계 작은 기계들의 시장을 어떻게 이끌지도 상상했다. 향후 수십 년 안에 수조 개의 센서가 인도에서부터 주차 공간 제약이 없는 자전거에 이르기까지 거의 모든 곳에 설치될 것이다. 자율주행차량은 센서로 꽉 찰 것이다. 전 세계와 대부분의 인구가 분 단위로 활동을 보고하고 있을 것이다. MEMS는 어디에나 있을 것이다.

미국과 중국의 무역 전쟁이 벌어지고 있던 흐린 늦가을밤, 조셉 시에는 상하이에서 열린 모빌리티의 미래에 대한 원탁 토론에서 우리 저자들과 만났다. 그는 활짝 웃으며 나타났다. 하얗게 센 머리카락 때문에 회색빛으로 변한 머리는 짧게 자른 상태였다. 그는 미국식 영어를 유창하게 구사했다. 그는 세계적 기준으로 보았을 때 QST는 미국의 텍사스 인스트루먼츠Texas Instruments와 휴렛패커드, 유럽의 ST 마이크로일렉트로닉스STMicroelectronics와 보쉬 같은 업계의 일류 기업에 비해 여전히 규모가 작다고 말했다. 그러나 QST는 특히 상하이에서는 성장할 준비가 되어 있었다.

우리는 이번 중국 여행 도중에 여전히 어느 도시에 초점을 맞춰야 할지 결론을 내리지 못하고 있었다. 기술 전문가들은 홍콩 바로 옆에 있는, 저 멀리 남쪽의 선전으로 우리를 안내했다. 선전은 30년 만에 어촌에서 중국 기술 산업의 심장부이자 세계 최대 규모로 전기버스가 운행되는 초대형 도시로 성장했다. 텐센트의 본사가 선전에 있다. 우리가 내일의 중국을 보고 싶다면 선전에 가보는 게 당연했다. 아니면 한 걸음 더 나아가 건설 중인 신도시를 살펴보려 한다면 슝완신구나 쓰촨성의 새로운 교외 지역인 청두가 좋을 수도 있다.

그런데 조셉 시에는 상하이를 옹호했다. 건설 중인 도시는 마치 두바이처럼 빈 종잇장 같다는 것이었다. 그는 "거기엔 모든 것이 새롭다. 심지어 사람들도 새롭다"고 말했다. 그러고는 모빌리티 혁명에 더 적합한 지역은 거대한 산업기반을 가진 상하이 같은 기성 도시라고 주장했다. 상하이는 디트로이트보다 더 많은 자동차를 생산한다. 상하이에는 폭스바겐 및 GM과 합작회사를 운영하는 국영 자동차업체인 상하이 자동차SAIC Motor가 있고, 상하이 자동차는 자체 브랜드도 많이 생산하고 있다. 풍부한 자금 지원을 받은 스타트업 니오Nio는 고급 전기차 시장에서 테슬라와 맞서기 위해 나섰다. 상하이의 한 합작회사는 다이버전트 3D 기술을 이용해 새로운 라인의 자동차를 인쇄할 수 있게 허가했다. 상하이는 거대한 변화의 장소다. 그리고 혁명은 본래 처음부터 시작하려는 것이 아니라 어떤 것에서 다른 것으로 변신하는 것이다.

상하이는 오랜 역사와 그 속에서 얻은 상처를 다음 단계의 모빌리티로 옮긴다. 아편전쟁 직후부터 제2차 세계대전이 끝날 때까지 1세기 동안 프랑스, 영국, 미국 등 외세가 상하이에 조계를 설정했다. 이들 조계마다 자체 교통체계를 갖추고 있었는데, 최근 수십 년간 불도저로 꾸준히 작업하고 현기증이 날 정도로 성장했음에도 불구하고 조계의 경계는 여전히 시내 거리의 노선과 배치에 영향을 미친다.

2018년 상하이 당국은 5.8킬로미터밖에 안 되는 짧은 도로를 자율주행차와 커넥티드 카의 시험주행 장소로 공개했다. 장소가 작은 편이지만, 상하이는 스마트 모빌리티 네트워크를 운영하기 위해 샌프란시스코와 거의 비슷한 크기인 100제곱킬로미터에 달하는 지역의 개방을 서두르고 있다.

지휘소는 당연히 연결된 도시에 중요한 요소다. 자동차 부품 제조사인 상하이 SH 인텔리전트 오토모티브 테크놀로지Shanghai SH Intelligent Automotive Technology의 유린Yu Lin 부회장은 상하이의 궁극적인 플랫폼은 자전거, 커넥티드 카, 버스, 지하철, 그리고 심지어 보행자까지도 도시의 움직임을 관리하기 위해 묶어놓을 것이라고 말한다. 그는 이것을 '원스톱 스마트 모빌리티 서비스'라고 부른다.

우리가 저녁 퇴근 시간이 끝나갈 무렵에 원탁회의를 끝내고 강 북쪽의 새로운 비즈니스 중심지인 우쟈오창五角場을 향해 걸어갔을 때 효율성을 추진하려는 상하이의 능력을 보여주는 증거는 거의 발견하지 못했다. 이 초창기의 도로는 여전히 차로 빈틈없이 꽉 막혀 있었다. 공기에서는 디젤 냄새가 났다. 자동차들은 법규에 따라 경적을 울리지는 않았다. 그러나 그들의 강요당한 침묵은 우글거리는 오토바이가 내는 경적을 더욱 두드러지게 만들었다.

서쪽으로 차로 두 시간 거리인 항저우杭州에 거대 전자상거래 업체인 알리바바의 본사가 있다. 이곳에서는 네트워크화된 모빌리티를 향한 발전이 훨씬 더 많이 진행되었다. 알리바바는 항저우 인구 950만 명의 이동을 관리하기 위해 '시티 브레인City Brain'이라는 브랜드로 광범위한 AI 적용 방법을 개발했다. 알리바바에 따르면 시티 브레인은 교통과 보행자의 흐름을 90퍼센트의 정확도로 한 시간 전에 예측할 수 있다. 이 예측 데이터는 구급차, 경찰차 등 긴급차량을 위한 도로 개방에 가장 먼저 사용되었다. 이제 이런 차량은 이전보다 절반 정도의 시간이면 목적지에 도착한다고 시 당국은 말했다. 시티 브레인은 일반 교통의 속도를 높이기 위해 교통신호를 조정해서 통행속도를 15퍼센트 높였다.

알리바바의 시티 브레인은 또한 사생활 보호 주창자들을 겁먹게 하는 특징을 가지고 있다. 불과 몇 초 만에 보행자 얼굴의 96퍼센트 이상을 식별할 수 있다는 것이다. 이 시스템은 단 1분 만에 열여섯 시간 분량의 동영상을 분석해 얼굴, 사고 또는 범죄 이력을 찾아낼 수 있다.

지휘소의 계약을 따내기 위한 상업적 싸움, 즉 두뇌 부분은 이전 단계 때 그랬던 것과 마찬가지로 이러한 컴퓨팅 단계에서 궁극적 경쟁이 될 가능성이 높다. 1990년대에 시작된 최초의 PC 시대를 장악한 왕은 마이크로소프트와 인텔이었다. 칩은 컴퓨터의 두뇌였고, 운영체제는 뇌가 알고 있는 것이었다. 이 기업들이 산업을 지배했다.

그로부터 10년 뒤 스마트폰이 떠오를 준비를 끝내자 싸움은 다시 누가 이 기계를 작동시킬 것인가, 즉 어느 기업이 뇌를 제공하고 운영할 것인가에 초점이 맞춰졌다. 초창기부터 유력한 기업으로 각각 소프트웨어와 핸드셋 분야의 1등 기업인 마이크로소프트와 노키아가 거론되었다. 그러나 결국에는 애플과 구글이 시장을 장악했다. 그들이 스마트폰 시장을 완전히 새로운 무엇으로 본 게 중대한 역할을 했다. 윈도즈 소프트웨어든 노키아 클램쉘clamshell(폴더형 - 옮긴이) 폰이든, 스마트폰은 이전 세대 유산의 연장이 아니라고 판단한 것이다.

문제는, 중국이 글로벌 거인 기업을 육성하고 다음 단계의 정보화 시대를 지배할 수 있느냐다. 화웨이와 인터넷 거물인 바이두, 알리바

바퀴의 이동

바, 텐센트가 가장 강력한 후보들이다. 그들은 모두 AI에 많은 돈을 쓰고 있다. 2017년 화웨이 혼자서만 AI 관련 연구에 100억 달러를 쏟아부었다. 구글과 웨이모의 모기업인 미국의 알파벳과 맞먹는 규모다.

베이징에서 선전에 이르기까지 중국 내의 다양한 장소에서 열린 기술 컨퍼런스에서는 중국처럼 하향식top-down 챔피언을 육성하는 시스템이 과연 승리할 수 있을까 하는 의문이 끊임없이 제기되고 있다. 적어도 현재까지 이에 대한 최고의 반론은 기업들이 밑에서부터 세력을 키워 거물들을 쓰러뜨려온 미국에서 발견된다. 자유시장경제의 잔혹한 특성은 RCA, 제니스Zenith, 웨스팅하우스Westinghouse 같은 오래된 챔피언이 파산하거나, 성장하는 경쟁자에 하나씩 먹히면서 시장에서 퇴출되도록 허용했다. 경쟁사는 차례로 오늘날의 강한 기업으로 변모했다. 현재 미국의 일류 기술기업은 대부분 지난 50년 동안 나타났고, 그중 다수는 21세기에도 존재하고 있다.

이번 시기에 한 가지 중요한 차이점은 모빌리티 혁명이 상하이 같은 도시, 즉 실제 세계에서 일어난다는 것이다. 이것은 도시계획의 영역이며, 중국에서는 5년짜리 계획이다. 이들 계획은 이전에도 좋은 성과를 거두었다.

제10장

드론에 어떤 일을 맡겨야 할까?

2013년 12월 저녁, 수백만 명의 미국인이 TV에서 낯익은 얼굴이 웃으며 불쑥 나타난 장면을 보았다. 아마존의 창업자이자 회장인 제프 베조스Jeff Bezos가 CBS의 시사 프로그램 「60분 60 Minutes」에 출연해 진행자인 찰리 로즈Charlie Rose와 인터뷰하고 있었다. 베조스는 로즈에게 깜짝 놀랄 일이 있다고 말했다. 그는 "보여줄 게 있다"면서, 문을 열고 로즈와 카메라 기사들을 안내했다.

탁자 위에는 아마존 로고가 붙은 검은색 드론이 놓여 있었다. 다리는 네 개이고 노란색 아마존 상자가 가운데 부분에 연결되어 있었다.

로즈는 두 손으로 얼굴을 가린 채 "오, 저런…… 오, 세상에!"라고 말했다.

베조스는 계속해서 이 '옥토콥터octocopter'라는 것을 소개했다. 그는 이런 무인기를 택배 서비스에 이용하지 못할 이유가 없다면서[1] 4~5년 안에 옥토콥터 택배 서비스가 등장할지 모른다고 내다보았다.

베조스는 이 드론 도박을 통해 대담하고 선구적인 회사로 아마존의 브랜드를 강화했다. 이 초대형 전자상거래 기업은 전 세계의 소매업뿐만 아니라 물건을 나르는 택배 문명에 일대 혁명을 일으킬 태세였다.

베조스의 꿈이 실현될 수도 있겠지만, 시간이 꽤 지난 지금까지도 우리는 발 앞에 노란 택배 상자를 가져다주는 옥토콥터를 그다지 많이 보지 못하고 있다. 아마도 언젠가는 많이 보게 되는 날이 올지 모른다. 그러나 택배 드론은 전선, 드론을 향해 돌을 던지는 아이들, 그리고 소총을 가진 사냥꾼 등은 말할 것도 없이 산더미처럼 두터운 규제의 벽이라는 장애물을 허물어야 한다. 아마존으로선 아직 그것이 주로 실험 단계다. 어쩌면 언젠가는 옥토콥터의 자손들이 우리가 미처 생각하지 못한 시장을 만들어낼지도 모른다. 아마존은 그런 식으로 돌아간다.

하지만 물건을 배달하는 드론과 통근자를 태우고 두바이나 맨해튼을 횡단하는 드론의 사촌인 eVTOL은 근본적으로 다르다. 아마존의 고객이 구매 버튼을 누른 지 25분 만에 커피포트나 정원용 스프링클러를 받는다면 분명 기뻐할 것이다. 주문한 물건을 기다리면서 1주일에 몇 시간씩 낭비하지 않아도 되기 때문이다. 택배 드론은 속도를 약속하지만 어떤 면에서는 '기다림'이라는 귀중한 시간의 선물을 전달하지 않는다고도 할 수 있다.

정책적인 관점에서 도시가 풀어야 할 중대 과제는 모든 물건의 이동속도를 높이는 것이라기보다는 이동 문제를 해결해주는 것이다. 우리는 각자 식료품과 의류, 연료, 사무용품, 의약품, 맥주, 가구를 비롯해 엄청난 양의 수천 가지 상품을 소비한다. 드론 같은 기술적 진보가 우리가 쓰는 그런 물건을 더 빠르고, 싸고, 쉽게 이동시켜준다면 우리가 카푸치노나 젓가락을 사는 데도 드론을 이용하는 등 드론 서비스를 터무니없을 만큼 자주 이용할 위험이 있다.

본래 그런 법이다. 우리는 풍족하고 저렴한 게 있으면 그것을 탐진한다. 휴대전화의 문자메시지를 예로 들어보자. 오래되어 잘 기억나지 않을 수도 있지만, 예전에 우리는 문자메시지를 유료로 보냈다. 이제 대부분의 국가에서 문자메시지는 무료로, 무한대로 보낼 수 있게 되어 많은 사람들이 문자메시지 보내기를 마치 숨쉬기처럼 자연스러운 일로 간주한다. 문자메시지 폭풍이 우리의 사고를 방해한다고 주장할 수도 있다. 그러나 적어도 그것이 현실 세계를 침범하지는 않는다.

그와 달리 물건의 이동은 우리의 공간을 상당히 침범한다. 혼잡한 도시에서는 훨씬 더 그렇다. 그것은 밀집된 정착지에서 보기 드문 비효율성 중 하나다. 우리는 이 책을 통해 LA나 헬싱키 같은 도시가 빈 지역을 채우고 밀도를 높이기 위해 어떤 노력을 기울이는지를 살펴보았다. 좁은 지역에 더 많은 사람을 몰아넣으면 모빌리티가 개선되고 온갖 종류의 절약 효과가 나타난다. 하지만 붐비는 거리에서는 거대한 택배 차량과 이중 주차된 밴이 모든 것을 꼼짝하지 못하게 만들어버린다.

우리가 물건을 옮길 때 풀어야 할 문제는 기적적인 새로운 기계를 만드는 것보다 더 똑똑한 과정을 고안하는 것과 관련되어 있을지 모른다. 이때 해결책은 더 많은 물건을 더 작은 차량에 실어 최대한의 효율성을 발휘하면서 나르는 것이다. 그러면 이동은 줄어들고, 나르는 양은 늘어나게 된다. 우리가 인도네시아의 사례에서 보게 되겠지만, 택배회사들은 이미 그렇게 할 준비를 해놓았는지 모른다.

효율적인 네트워크

라고스든 뭄바이든 간에 전 세계의 메가시티에서 소수의 특권층은 운전기사가 딸린 업무용 차를 타고 시내를 다닌다. 리무진 같은 차를 타기도 한다. 뭘 타든 교통은 여전히 엉망일지 모르지만, 적어도 부자들은 기사가 운전하는 동안 신경 쓰지 않아도 된다. 자카르타에서도 마찬가지다. 2010년, 나디엠 마카림Nadiem Makarim은 엘리트에 속했다. 명문 브라운 대학교를 졸업한 마카림은 분명 승승장구했다. 그때 그는 스물다섯 살의 나이로 컨설팅 회사인 맥킨지에서 일하고 있었다. 그 역시 운전기사가 딸린 자동차를 제공받았다.

하지만 그는 자카르타의 심각한 교통체증 때문에 업무용 차를 이용하는 경우가 거의 없었다. 당시 세계은행은 인도네시아가 계속 성장한다면 2016년까지 자카르타는 '심각한 교통체증'에 시달릴 거라고 예견했다.[2] 마카림이 보기에 교통체증은 이미 일어나고 있었다.

그는 회사에서 제공해준 에어컨이 잘 작동하는 차 안에서 어쨌든 편하게 앉은 채 몇 시간을 보내느냐, 아니면 자카르타의 찌는 듯한 더위 속으로 과감히 뛰어나가 이동하느냐 둘 중에서 하나를 선택할 수 있었다. 자카르타에서 교통체증을 뚫고 이동하려면 흔히 보이는 오젝이라는 영업용 오토바이 택시를 호출해서 타면 되었다. 오젝은 정체로 멈춰 선 차량들 사이로 요리조리 움직여가면서 보통 자동차와 비교조차 되지 않을 정도로 빠르게 승객을 목적지에 데려다주었다.

마카림은 기업가의 눈으로 이 오젝의 서비스를 연구했다.[3] 교통이 사실상 마비된 도시에서 그들은 모빌리티를 제공했다. 많은 가치가 있었다. 그렇다면 어떻게 해야 이 오토바이 택시가 더 많은 일을 할 수 있을까? 마카림은 오젝 운전사와 차를 마시고 담배를 피우며 어울려보기 시작했다. 그러자 그들은 이런 이야기를 들려주었다. 자카르타 시내를 놀라울 정도로 요리조리 헤집고 다니지만 오젝의 시스템은 비효율성 때문에 큰 방해를 받는 것으로 드러났다. 누구나 허가를 신청하거나 택시 면허를 사지 않아도 오젝을 몰 수 있었다. 규칙과 규제의 결여가 약점이었다. 오젝의 서비스는 위험하다고 여겨졌기 때문이다. 대부분의 여성은 이 서비스를 신뢰하지 않았다. 그것이 오젝의 시장을 제약했다.

더 큰 문제는 정보였다. 운전사들은 다음 승객을 언제 어디서 태울 수 있을지 몰랐다. 그래서 그들은 손님을 내려준 뒤 다음 손님을 태울 때까지 너무 많은 시간을 기다렸다. 그들 중 다수는 어떻게든 먹고살려고 열네 시간을 일해야 했다. 사실 그들이 미국에서 공부한 컨설턴트와 차를 마시며 담소를 나누는 여유 시간이 있었던 것도 이런 비효율적인 업무 방식 때문이었을 수 있다.

마카림이 알고 있듯이, 일을 하지 않고 보내는 시간을 돈을 버는 시간으로 활용할 수 있었다. 즉 오젝 운전사들은 하루 중 훨씬 더 많은 시간 동안 돈을 벌 수 있었다. 방법은, 그들에게 돈을 벌 기회, 즉 무언가나 누군가를 이동시키는 일을 접할 기회를 주면 되었다. 그러려면 그런 일이 있다는 걸 어쨌든 알아야 했다.

마카림은 2010년에 고젝을 출범시켰다. 고젝은 승객과 20명의 운전사를 연결해주는 작은 콜센터로 출발했다. 사업이 번창하자 마카림은 미국으로 돌아가 하버드 대학교에서 경영학 석사학위를 받았다. 세계의 자동차 공유 사업이 본격적으로 뜨기 시작한 때였다. 우버는 '이동하다'라는 동사가 되었다.

마카림이 자카르타로 돌아오자 벤처투자가들은 고젝을 훨씬 더 큰 회사로 만드는 데 도움을 주고 싶어 했다. 2014년에 첫 투자금이 들어왔다.

마카림과 성장하는 그의 팀은 곧바로 콜센터를 폐쇄하고 우버와 같은 스마트폰 앱으로 사업을 전환했다. 사업은 급성장했다. 이후 몇 년 동안 투자금이 몰려들었고, 수백 명에 불과했던 가입 운전사 수도 수천 명으로 늘어났다. 마카림은 완전한 모빌리티 생태계를 구축하고 있었다.

그는 사세 확장에 착수했다. 충분히 일리가 있었다. 고젝은 점점 더 많은 운전사를 확보했고, 고젝 앱을 휴대전화에 설치하는 사람도 수백만 명에 달했다. 이들이 모두 고젝에 돈을 지불하는 고객이었다. 구글과 중국의 텐센트를 포함한 투자사들이 마카림에게 투자 의사를 전했다. 마카림은 모빌리티, 유료 고객, 그리고 투자에 안달이 난 벤처투자자라는 자산을 갖고 다른 어떤 서비스를 팔 수 있었을까?

모든 종류의 서비스를 팔 수 있는 것으로 드러났다. 고젝은 은행업뿐만 아니라 마사지, 화장실 청소, 매니큐어 색칠을 포함한 모든 종류의 방문 서비스 사업으로 확대해나갔다. 그런데 마카림에게 가장 큰 기회 중 하나(우리가 이 장에서 마카림에 대해 얘기하는 이유)는 사람들의 물건을 옮겨주는 것이었다. 창립 10년째가 되어갈 무렵 수십억 달러의 가치를 가진 기업으로 성장한 고젝은 세계 최대의 음식 배달 서비스를 운영하고 있었다. 그리고 택배 배송 서비스인 고박스Go-Box는 주요 기업으로 성장하고 있었다. (다만 싱가포르에 본사를 둔 경쟁사인 그랩Grab과 치열한 경쟁을 벌이고 있는 만큼 고박스는 다른 아시아 시장에서 중요한 시험을 치르게 될 것이다.)

마카림은 모빌리티 서비스만 운영하는 것이 아니다. 그는 아마존의 제프 베조스처럼[4] 기계학습 소프트웨어를 기반으로 물류 대국을 건설하느라 바쁘다. 고젝은 초당 35건의 주문을 처리하며, 100만 명 이상의 운전사를 보유하고 있다. 시스템은 주문을 받는 즉시 화물이 승객인지, 택배인지, 아니면 레몬그라스 수프 주문인지를 파악하고 최적의 배달 조합을 계산하여 운전사와 경로를 선택한다. 이때 속도와 이윤뿐만 아니라 운전사의 만족도도 고려한다. 그리고 계속해서 수요에 따라 가격을 조정하고, 운전사에게 더 많은 돈을 벌 수 있는 장소를 보여준다. 구글 심포지엄에 참석한 고젝의 데이터 과학자인 빌럼 피에나르Willem Pienaar는 "고젝처럼 동적인 가격정책이 마련되어 있지 않다면 시장에서 비효율적으로 일할 수밖에 없다"고 주장했다.

물류의 핵심은 자원 배분이다. 하지만 고젝의 자원에 사람이 포함되어 있는 이상, 적절한 배분을 위해선 연구가 필요하다. 매일, 그리고 매시간 고젝의 시스템은 운전사와 승객 모두가 생산적으로 참여할 수 있게 여러 가지 방법을 시험해본다. 구글, 아마존, 넷플릭스 같은 기업도 클릭이나 페이지 뷰를 최적화하거나 고객이 영화평을 남길 수 있도록 유도하는 등 이와 비슷한 분석을 수행한다. 그러한 데이터 네트워크는 오늘날 인간 행동에 대한 가장 큰 실험실을 운영하고 있다.

도시의 관점에서 볼 때, 고젝 같은 효율적인 네트워크는 모빌리티로 인해 사람들이 겪는 고통을 완화해준다. 이런 고통 때문에 좌절한 주민들은 자신에게 효과적인 서비스를 갖는다. 그것에는 아무런 문제가 없다. 그러나 중요하면서도 심각한 문제 하나가 남아 있다. 즉 기업들이 그들이 확보한 소중한 모빌리티 데이터를 공유하려 하지 않는 경향이 있다는 것이다. 그것이 그들에게 군소 경쟁자들에 대한 경쟁우위를 확보하게 해주는 가장 귀중한 자산이기 때문이다. 가끔은 그것을 조금씩 나누지만 마지못해 그럴 뿐이다. LA 교통부의 총괄 관리자인 셀레타 레이놀즈는 우버나 리프트 같은 자동차 공유 회사에 대해서도 이런 공유 문제로 불만이 많다. 그녀는 "우리는 왜 이 회사들이 우리에게 자료를 주는 걸 싫어하는지 자문해봐야 했다"라면서 "그들이 우리가 세워놓은 인프라 위에서 사업을 하고 있지만 우리는 그 대가로 아무것도 얻지 못한다"고 주장했다.

신뢰와 소통

데이터는 사물을 움직이는 데 매우 중요하다. 차세대 도시 운송 모델인 산업 공급망은 풍부한 데이터의 흐름을 바탕으로 움직인다. 도요타 같은 공급망의 대가는 이러한 정보 흐름을 이용해 수천 개에 이르는 납품업체의 압연강재, 브레이크 패드, 페인트 통, 사이드미러 등을 조율한다. 이렇게 납품받은 제품들 중 일부는 미국이나 중국발 컨테이너선에 실려 도착하는 반면, 유럽에서 비행기로 수송되는 제품도 있다. 가장 이상적인 방식은 부품이 필요할 때 바로 확보하는 것이다. 재고 관리에는 돈이 들기 때문이다. 공급망 소프트웨어가 이러한 흐름을 관리하기 때문에, 비효율성을 끊임없이 추적해 줄여나가기 위해 납품 일정이나 경로, 톤수를 조정한다. 그것이 소프트웨어의 핵심 임무다.

각각의 제조업체가 방대한 네트워크에 참여한 모든 다른 기업과 관련 데이터를 교류하기 때문에 그러한 기적적인 물류 작업이 가능하다. 업체들은 신뢰를 확립하고 관련 정보를 통합하기 위해 기술적·법률적으로 모두 충분한 보증을 제공한다.

도시에 필요한 것도 바로 이것이다. 그리고 블록체인 같은 분산원장 공유 기술은 그들에게 강력한 도구 역할을 한다. 블록체인은 2008년에야 최고의 암호화폐로 자리매김한 비트코인의 거래 정보가 담긴 보안 원장으로 고안되었다. 이것은 블록에 데이터를 담아 체인 형태로 연결함으로써 수많은 컴퓨터에 이를 동시에 복제해 저장하는 분산형 데이터 저장 기술이다. 중앙집중형 서버에 거래 기록을 보관하지 않고 거래에 참여하는 모든 사용자에게 거래 내역을 보내주며, 거래 때마다 모든 참여자가 정보를 공유하고 이를 대조해 데이터를 위조하거나 변조할 수 없게 되어 있다.

블록체인은 신뢰를 낳는다. 블록체인이 신원이나 은행 계좌 같은 비밀을 누설하지 않고 정보를 공유할 수 있으므로 이것의 쓰임새는 사실상 무궁무진하다. 예를 들어 농업에서 블록체인은 아보카도나 마늘이 멕시코의 오악사카Oaxaca나 캘리포니아의 길로이Gilroy에서 수확된 시간부터 세이프웨이Safeway 슈퍼마켓의 계산대에 오르는 순간까지 모든 경로를 기록할 수 있다. 이러한 이력제는 대장균이나 살모넬라균, 혹은 테러분자의 조작 여부를 빠르게 추적하는 데 큰 도움이 될 것이다.

블록체인은 또한 수송의 기본이다. 이 기술을 통해 커넥티드 카들은 서로 어디에 있었고, 어디로 향하는지에 대한 정보를 교환할 수 있다. 싱가포르처럼 중앙집중식 시스템에서 당국은 가장 효율적인 경로와 일정에 따라 교통 흐름을 조율할 수 있을 것이다. 이것은 기계가 대신 운전하면서 훨씬 더 강력한 힘을 발휘할 것이다. 사실상 교통 최적화를 가로막는 가장 큰 장애물은 운전대를 잡은 변덕스럽고 무원칙적인 인간들이다. (우리는 기계로부터 받는 명령을 어쨌든 듣긴 하지만, 그것을 단순한 제안 정도로만 받아들이는 경향이 있다.)

많은 사람들은 블록체인을 이용하면 중앙 당국이 없어도 네트워크의 효율성이 높아질 수 있다고 주장한다. 차량 간의 소통 능력이 점점 더 개선될 것이다. 비영리단체인 모빌리티 오픈 블록체인 이니셔티브Mobility Open Blockchain Initiative, MOBI의 CEO 크리스 발린저Chris Ballinger는 "이상적으로 보았을 때 모든 사람이 대충 운전해도 된다"면서 "블록체인은 모두에게 개방되어 있다"고 주장했다.

물류 기술자들은 로봇공학의 미래가 창출해줄 것으로 기대되는 효율성을 설명하면서 크게 흥분할지도 모른다. 그들이 그린 그림 속에서 차량은 마치 물고기 떼처럼 움직이며, 교차로에서 매끄럽게 합쳐진다. 이러한 미래에서 투박한 신호등은 역사 속으로 사라지고 없다. 이 미래에 존재하는 더 많은 신뢰와 소통은 수송 인프라의 기능을 확대해주는 효과를 내면서 단 1그램의 시멘트도 부을 필요가 없다. 버지니아 주에 있는 비영리 연구 단체인 노블리스Noblis의 칼 분더리히Karl Wunderlich 이사는 깔끔하게 네트워크화된 교통 인프라가 우리 도로의 용량을 네 배로 늘려줄 것으로 예측한다. 모빌리티 전문가들이 통상적으로 지적하듯, 현실 세계에서 이러한 이동 네트워크는 우리의 정보 네트워크를 통해 이동하는 디지털 패킷과 유사하다. 디지털 영역에서는 이메일이건 슈퍼볼 비디오건 포르노건 상관없이 전송되는 모든 것이 수십억 개의 작은 패킷으로 쪼개지고, 이렇게 쪼개진 패킷들은 시스템을 통해 쏜살처럼 이동한 뒤 재구성된다. 네트워크의 관점에서 보았을 때 이런 모든 '1'과 '0'은 같은 것, 즉 콘텐츠로 귀결된다. 이 시스템은 페타바이트의 콘텐츠를 빠르게 이동하도록 설계되었다.

모빌리티에서도 이와 유사한 일이 가능하다. 예를 들어 중국의 알리바바는 베이징 남쪽의 신도시인 슝안신구에서 모빌리티를 관리하기 위한 AI 시스템을 구축하고 있다. 알리바바는 인터넷 패킷과 아주 흡사하게 모든 회사의 택배 물품을 다른 회사의 택배 물품과 섞는 식으로 수송 용량을 공유하려 한다. 택배 물품은 소형 전기차에 실려 유통센터를 출발하는데, 이때 각각의 전기차는 이상적이게도 수용 용량을 거의 다 채운 상태. 택배 물품 중 일부는 우리가 가장 예상하기 힘든 곳으로 가야 할 수도 있다. 예를 들어 야간에 지하철 운행이 중단되었을 때, 그런 수송 방식이 도시 횡단 택배에도 사용될 수 있을까?

택배업에서 가장 큰 어려움은 일명 '라스트 마일 last mile'이라고 불리는 사람들의 집 앞에 물건을 갖다놓는 것이다. 이때 인간이 중요한 역할을 한다. 결국, 우리 인간은 인센티브에 반응할 수 있는 두뇌를 가지고 있다. 우리는 다리도 가지고 있다. 사실상 누구나 물건을 옮기고 운반할 수 있다. 우리의 근육은 틀림없이 가치가 있다는 사실이 입증될 것이다.

알리바바의 택배 네트워크가 슝안신구에 있는 누군가의 5층짜리 아파트에서 네 블록 떨어진 안전한 창고에 물건을 떨어뜨림으로써 얼마나 많은 시간과 에너지를 절약할 수 있는지를 계산한다고 가정해보자. 누군가가 택배 물품을 가지러 걸어가게 하려면 그에게 얼마나 많은 인센티브를 줘야 할까? 처음에는 균일한 비용을 정할 수도 있다. 그러나 몇백만 번의 배달이 끝난 뒤에는 사람들이 각자 얼마나 멀리 걸어가서 택배 물품을 가져올 의사가 있고, 그 대가로 사람들에게 얼마를 줘야 하는지에 대한 훨씬 더 명확한 그림이 나올 것이다.

엇갈리는 시선

2016년 11월 저녁, 핀란드 서남부 도시 탐페레Tampere의 시의회 의원 67명이 모빌리티 프로젝트를 검토하기 위해 한자리에 모였다. 신형 전차 운행 계획이었다. 지난 한 세기가 넘는 시간 동안 핀란드에서 두 번째로 큰 도시인 탐페레에서는 이 프로젝트를 주제로 논의가 진행되어왔고, 그러는 동안 프로젝트도 여러 차례 수정되었다. 트램 건설 프로젝트가 처음 제안된 건 1907년이었다. 당시 탐페레에 거주하는 많은 사람들은 10년 내에 트램이 운행될 것으로 예상했다. 그러나 제1차 세계대전이 발발하자 트램 건설은 연기되었다. 이후 20세기 내내 트램 건설 프로젝트가 제안되었다가 연기 혹은 보류되는 일이 반복되었다.

그런데 2016년이 되자 마침내 트램 건설 준비가 끝난 것 같았다. 이제 시의회를 통과할 수 있느냐의 문제만 남았다. 핀란드의 영화제작자 부부[5]는 어느 날 저녁 시의회의 토론 장면을 녹화해서 9분짜리의 기발한 미니 다큐멘터리로 만들었다. 다큐멘터리의 제목은 '토킹 더 플로어Puheenvuoro'였다. 다큐멘터리의 첫 장면에는 좌절한 시의회 의장이 망치를 손에 들고 시의원들에게 짧게 발언해달라고 요청하고 있다. 한 시의원은 이번이 두 번째의 마라톤 회의이며, 회의가 다섯 시간째 계속되고 있다면서 "의원님들이 단지 재미 삼아 발언하지 말아주실 것을 당부드리고 싶다"고 강조한다.

그러나 시의원들은 트램에 대해 질문하기 위해 계속해서 발언권을 달라고 요구한다. 한 여성 의원은 근심 어린 표정으로 "트램은 눈더미에 갇혀서 앞으로 나아갈 수 없을 것"이라면서 "그런 경우 가난한 사람들은 눈 속을 철벅거리며 다녀야 한다"고 주장했다.

또 다른 의원은 "버스 타이어에 부딪혀 생긴 부상은 항상 트램 바퀴에 부딪혀 생긴 부상보다 덜 심각하다"고 지적했다.

러시아 족장처럼 흰 수염을 기른, 연세 지긋한 의원은 자신의 발언 시간을 언론과 관련된 문제를 논의하는 데 쓴다. 시의회 의장이 끼어들어 트램에 관해 논의하는 자리임을 상기시키자 그 의원은 "트램이든 뭐든 뭐가 중요하냐!"며 발끈한다. 나중에 그가 의장석 쪽으로 다가가려 하자 동료 의원이 그에게 자리로 돌아가라고 촉구한다.

한 여성 의원은 "시베리아 날다람쥐도 우리가 트램을 건설하지 않은 데 대해 감사할 것"이라고 주장한다.

결국 영화제작자들이 카메라를 끄고 한참 뒤 탐페레 시의 공무원들은 시의회의 승인을 받을 수 있었다. 트램 공사는 2017년부터 시작되었다.

탐페레 시의회는 민주주의가 가진 장애물과 지연을 보여주는 극단적인 사례에 속한다. 그런데 국민이 뽑은 탐페레의 시의원들이 제프 베조스의 옥토콥터를 이용한 아마존 프라임의 택배 사업 승인을 요청받았다고 상상해보자. 그들은 소음에서부터 하늘에서 떨어지는 물체에 이르기까지 모든 문제와 관련된 수많은 정당한 질문을 제기할 것이다. 항공 안전 문제는 분명 시베리아 날다람쥐의 안녕보다 훨씬 더 시급하게 해결해야 할 문제일 것이다.

그렇다면 미래에 드론에 적합한 택배 업무는 무엇일까? 대부분의 도시에서 드론에 맞는 사업 사례를 정하고, 규제 승인을 얻기가 만만치 않을 수 있다. 쇼핑객이 몇 분 안에 주문한 물건을 급하게 배달받아야 할 필요는 거의 없으며, 많은 선출 공무원은 아마존과 거대 기업에 맞서 그것이 하늘을 점령하지 못하게 막으면서 아주 행복해할 것이다.

다른 시나리오도 생각해볼 수 있다. 즉 옥토콥터가 생명을 구하는 역할을 할 수 있다. 옥토콥터가 꽉 막힌 도시를 날아가는데, 커피 필터나 스판덱스 팬티스타킹이 아니라 새로 적출한 장기를 어느 병원의 장기이식팀에 전달하고 있다고 상상해보자. 볼티모어에 있는 메릴랜드 대학교의 과학자들은 이식 가능한 신장을 드론으로 5킬로미터나 운반해보면서 그런 시스템을 시험해왔다. 입법과 규제당국자는 분명 그러한 수송을 승인하는 데 덜 불만스러울 것이다.

드론은 르완다와 가나의 숲이 빽빽한 언덕 위에서도 비슷한 임무를 수행하고 있다. 캘리포니아의 로봇공학 회사인 집라인Zipline은 아프리카에 있는 이 두 국가에서 드론의 둥지를 운영하고 있다. 그곳에서 그들은 신선한 혈액을 공급한다. 여성이 출산 후 과다 출혈을 하든 아이가 말라리아로 고통을 받든, 시골 병원에서 문자메시지를 받으면 의료인들은 고정날개 드론에 혈액을 포장해 신는다. 드론은 발사대에서 이륙해 좁은 산길을 오르내리는 트럭보다 훨씬 빠른 시속 100킬로미터로 진료소를 향해 날아간다. 도착하자마자 집라인 드론은 배달 구역 위에서 잠시 원을 그리며 돌다가 신고 온 혈액을 떨어뜨린 뒤 돌아간다. 집라인에 따르면 드론은 왕복 144킬로미터를 비행하면서 1,100만 농촌 주민에게 서비스를 제공할 수 있다.

규제당국자에게 쉬운 결정도 몇 가지 있다. 그들은 응급의료 임무에 투입되는 드론은 쉽게 허가해준다. 마약을 배달하는 드론은 어떠할까? 아마도 허가해주지 않을 것이다. 그런데 택배 드론이 도움은 되지만 시급하지 않은 서비스를 제공하는 어중간한 경우의 사례는 엄청나게 많다. 이런 자율비행기가 늘어나면 그런 사례를 둘러싼 논란이 가열될 게 분명하다. 드론이 임무를 수행할 수 있느냐가 아니라 드론에 어떤 업무를 허용하느냐가 관건이다.

시간과 이동 거리, 그리고 비용

미국 뉴욕의 맨해튼 미드타운에 있는 록펠러 센터의 저녁 퇴근 시간이다. 6번 가를 걷고 있는 군중 틈에서 몇몇 사람이 휴대전화를 내려다보다가 초조한 듯 눈을 치켜뜨고 거리를 바라본다. 그들은 차량 공유 서비스를 신청했지만, 주변에 시야를 가리는 업무용 건물이 많아서 호출한 차량의 정확한 위치를 파악하기가 어렵다. 이때 요령은 승객이 옆에 서 있으면서 차량을 찾기 쉬울 만큼 충분히 작고 동시에 운전사가 승객을 찾아낼 수 있을 만큼 충분히 큰 주요 지형지물을 찾는 것이다. 아마도 49번 가 모퉁이 근처의 타코 트럭이 그런 곳일 수 있다.

지구상에 특정 장소를 지정하여 그것을 다른 사람에게 알려주는 것은 늘 도전이었다. 오늘날 우리가 사용하는 원시적인 도로 지도가 단 한 사람의 두드러진 고객, 즉 우편배달부의 특정한 요구에 따라 만들어졌기 때문이다. 각국의 1차 통신 시스템인 원시적 국가망 national network은 우편물을 배달하기 위해 고안된 것이었다. 말을 타고 다니던 시대에도 점점 더 늘어난 우편배달부는 1주일에 6일, 전국의 모든 도로와 샛길을 돌아다녀야 했다. 그들에겐 도로명과 거리명, 그리고 건물번호와 우편함이 필요했다. 그것은 우체국이 정해놓은 물리적 질서였다. 이 질서 체제 내에서 우편함으로부터 멀리 떨어진 광활한 곳은 대초원에서 해변에 이르기까지 별다른 문제가 되지 않았다. 우편 시스템에 관한 한 편지를 받지 못하는 곳은 존재하지 않았다.

우리는 이렇게 식별용 표시가 없는 지역에서 서로를 찾을 때 종종 손과 얼굴 신호에 의존하는데, 그런 신호는 대부분 수천 년에 걸쳐 발전해왔다. 운전사는 길가에 모여 있는 인파 속에서 차량 공유 서비스를 부른 뒤 초조한 표정을 지으며 차를 기다리고 있는 사람을 찾는다. 아마도 승객은 팔을 들고 손을 흔들지 모른다. 그런데 자율주행차가 라디오 시티 뮤직홀Radio City Music Hall(뉴욕의 록펠러 센터에 있는 극장 - 옮긴이)에서 6번 가를 가로질러 다니면서 미친 듯이 손을 흔들고 있는 승객을 발견할 수 있을까? 승객이라면 드론에 자신을 태울 위치를 어떻게 알려줄 수 있을까?

크리스 셸드릭Chris Sheldrick은 지리적 문제를 겪고 있었다. 10년 전 런던에서 음악 일을 하던 그는 택배회사에 드럼 세트와 스피커를 놓고 갈 위치를 정확히 알려주기가 힘들다는 걸 깨달았다. 한편 그는 컴퓨터엔 이런 문제가 없다는 것을 알고 있었다. 컴퓨터는 지구상의 어느 곳이라도 좌표로 정확히 표시할 수 있는 일명 '지오매핑geo-mapping' 능력을 갖고 있어서다. 예를 들어 영국의 화이트채플Whitechapel 지구에 있는 175년 된 건물인 '월튼스 뮤직홀Wilton's Music Hall'은 북위 51.5107도와 서경 0.0669도에 있었다. 하지만 까칠한 록 드러머에게 이 좌표를 불러주면 월튼스 뮤직홀에 도착할 수 있을까?

크리스 셸드릭은 좋아하는 떡갈나무나 매장된 보물이나 송어 낚시 천국이나 차량 공유 장소처럼 장소를 알려주는 새로운 방법을 구상했다. 그는 지구상의 모든 곳에 맞는 주소를 만드는 회사를 설립했다.

위성항법시스템Global Positioning System 좌표와, 똑똑하지만 잘 잊어버리는 인간의 머리를 이어주는 것이 과제였다. 그는 언어가 이 둘을 연결하는 다리 역할을 할 거라고 판단했다. 그는 파트너들과 함께 세계가 그려진 지도 위에 미세한 격자판을 겹쳐놓았다. 그리하여 지구의 표면을 각각 3제곱미터씩 500억 개의 정사각형 조각으로 나눈 뒤 컴퓨터를 이용해 각 상자마다 영어 단어를 임의로 세 개씩 조합한 주소를 만들어서 붙였다.

이 주소는 사람들이 기억하고 서로 교환하기가 쉬웠다. 그리고 무엇보다도 중요한 건 기계에 우리의 위치를 전달할 때 사용하기가 편했다. 크리스 셸드릭은 이 새로운 주소 체계를 의미하는 '왓쓰리워즈what3words'라는 이름의 회사를 세웠다.

다음 단계는 스마트폰 앱에 새로운 지도 서비스를 올리는 것이었다. 수백만 명이 이 표준을 시험해보고 다운로드하기로 동의해야만 효과가 있을 것이다. 그렇지 않으면 일부 점포에서만 쓸 수 있는 결제 앱처럼 무용지물이 될 것이다.

LA 근처에 있는 케빈 칭거의 3D프린팅 스타트업에서부터 포드 자동차 같은 세기의 거인들에 이르기까지 우리가 논의했던 다른 모험과 마찬가지로, 크리스 셀드릭이 설립한 회사가 지도 시장을 지배할 거라거나, 아니면 심지어 살아남을 거라는 보장은 없다. 어쩌면 아직 설립되지 않은 회사가 이 시장을 집어삼킬지도 모른다. 구글이 그렇게 할 수도 있다. 그러나 우리가 보장할 수 있는 것은, 누가 지도 시장을 차지하건 간에 세계의 지리는 컴퓨터에 의해 처리되고, 태그가 붙여지고, 조직된 후 그 결과는 틀리기 쉬운 우리의 머리가 쉽게 이해하는 형태로 전달될 것이다. 결국, 우리가 가는 장소에 대한 우리의 사고방식이 바뀔 공산이 크다.

이 책에서 우리는 내내 새로운 모빌리티 기술에 대해 이야기하면서 그것들이 우리의 도시와 경제, 그리고 일상생활을 어떻게 바꿀 것인지를 살펴보았다. 그런데 그것들은 또한 우리의 두뇌 속에서 일어나는 것들을 근본적인 차원에서 바꿔놓을 것이다. 시간과 공간에 대한 우리의 생각까지도.

오늘이 토요일이라고 생각해보자. 깨어나면 두 가지의 중요한 변수를 마주하게 된다. 먼저 시간이다. 오전 8시인데, 당신이 보통 자정을 전후해 잠자리에 든다면 깨어 있는 시간은 열여섯 시간이고, 한 장소에서 다른 장소로 몸을 이동해야 한다. 이동은 두 번째 변수인 공간과 연관된다. 당신은 어디로 갈 수 있을까? 목적지에 도착하는 데 걸리는 시간과 비용은 대개 함수관계다. 지난 세기의 대부분 동안

이 관계는 별로 변하지 않았다. 그런데 새로운 모빌리티의 선택지가 등장하면서 시간과 공간의 계산을 혼란에 빠뜨린다. 과거에는 도달할 수 없던 곳에 접근하게 되었다. 그곳이 더 가깝게 느껴진다.

우리는 이전에도 이런 현상을 목격한 적이 있다. 1869년 미국에서 대륙횡단철도가 완성되자 대륙을 횡단하는 시간이 4개월에서 3일 반으로 크게 줄어들었다. 그다음 세기에 도래한 항공의 시대는 전 세계의 이동 시간을 줄여주었다. 모빌리티의 다음 단계는 도시 간의 이동 시간을 얼마나 줄여줄 것이며, 그것이 우리의 사고와 행동을 어떻게 변화시킬 것인가?

아주 간단히 말해서, 더 빨리 움직이면 더 시간이 절약된다. 적당한 가격의 새로운 항공 서비스가 15분 만에 뉴저지 주의 모리스타운Morristown에서 뉴욕의 월스트리트까지 데려다주고, 캘리포니아 280번 주간고속도로의 교통체증에서 벗어나게 해주면서 홀랜드 터널Holland Tunnel에서 이를 갈며 기다려야 하는 시간을 절약해준다면 통근자는 1주일에 열 시간을 절약할 수 있을 것이다. 그것은 그가 가족과 함께 보낼 수 있고, 새로운 취미를 갖거나 어쩌면 일을 할 수도 있는 선물 같은 시간이다.

그러나 새로운 모빌리티가 그의 이동 계획을 바꿔놓지 않고, 그가 새로운 모빌리티가 아껴주는 시간을 마치 주식 배당금처럼 간주한다는 전제하에 그렇다. 만약 그가 아낀 시간을 추가로 이동하는 데 쓴다면 어떻게 될까?

1970년대에 이스라엘의 교통기술자 야코프 자하비Yacov Zahavi는 도시 여행의 패턴을 연구했다. 그는 '여행시간 측정값'이라는 상수를 생각해냈다.[1] 여행한 장소마다 달랐지만, 평균은 하루 한 시간 정도였다. 인간이 매일 어딘가로 가서 돌아오는 데 걸리는 시간이었다. 예루살렘에서 이탈리아의 항구도시 베니스까지 우리가 여전히 방문할 수 있는 고대 도시에 살던 사람들은 2.5킬로미터 정도 되는 마을을 30분 안에 가로질러 걸어갈 수 있었다. 그것이 그들이 이동하는 범위였다.

그런데 기술이 발전하면서 전차와 자동차가 등장하자 이동 범위가 훨씬 더 길어졌다. 이론적으로만 보면 사람들은 새로운 이동 수단을 이용해서 다니던 장소를 이전에 걸리던 시간의 절반이나 4분의 1만에 갈 수 있었다. 하지만 대부분은 그들의 지평선을 확장하여 더 멀리 여행하는 경향을 보였다. 그러다 보니 이동 범위가 늘어났다.

이탈리아의 핵물리학자 체사레 마르체티Cesare Marchetti는 나중에 자하비의 여행시간 측정값을 도시개발과 연계시켰다. 마르체티는 1994년에 발표한 「여행 행태에 나타난 인류학적 불변 요소들 Anthropological Invariants in Travel Behavior」에서[2] 도시의 윤곽을 묘사했다. 그는 새로운 모빌리티 기술이 발전하면서 이러한 '도시 발자국urban footprints'이 어떻게 확장되었는지를 보여주었다. 서울이나 댈러스의 외곽고속도로에서 운전해본 사람이라면 이것이 그다지 새로운 일도 아니다.

그렇다면 마르체티가 수집한 도시 발자국은 향후 수십 년 동안 어떻게 변해갈까? 우리가 저렴하게 에어택시나 하이퍼루프를 타고

160킬로미터 떨어진 마을에서 통근할 수 있다면, 우리의 도시는 무질서하게 뻗어나갈까? 두 도시는 효과적인 모빌리티에 의해 사실상 같은 도시처럼 연결될까? 마르체티는 도시의 경계는 우리의 움직임에 의해 정의된다고 했다. 그는 새로운 기술이 사실상 거대 도시의 성장을 부채질할 거라고 예측했다.

우리는 그것을 '더 큰 성장'이라고 말해야 한다. 이런 성장 과정은 별달리 새로운 일이 아니기 때문이다. 1883년 브루클린 다리Brooklyn Bridge로 연결되기 전까지 브루클린과 뉴욕은 이웃 도시였다. 15년 이상 별개의 도시로 남아 있었지만, 걸어서나 마차를 타고 강을 건너기 쉬워진 첫날 브루클린은 뉴욕의 기능적 일부가 되었다. 그런 의미에서, 모빌리티의 기술적 발전을 나타내는 새로운 다리는 뉴욕을 메가시티로 만들어주었다.

마르체티는 다음 단계에서 훨씬 더 큰 복합도시가 등장할 것으로 예상했다. 뉴욕은 필라델피아와 보스턴, 그리고 그 너머로 확장될 것이다. 그는 중국 동부를 따라, 베이징에서 홍콩까지 10억 명이 거주하는 메가시티가 등장할 수 있다고 추측했다.

단, 한 가지 문제가 있다. 이 과정 역시 풀릴 수 있다. 빠른 네트워크의 속도가 저하될 수 있고, 그렇게 되면 하루 만에 가능했던 여행이 더뎌지기 시작한다. 에릭 가세티 시장은 고등학교 시절 1975년에 제조된 토리노를 운전하는 무모한 짓을 했던 기억을 아련히 떠올리며 "그땐 어디나 20분 안에 갈 수 있었다!"고 말했다. 그런데 지금은 어딜 가든 한 시간이 걸린다고 그는 투덜댔다.

이런 지연 현상이 벌어지는 근본적인 이유를 '제본스의 역설Jevons paradox'로 설명할 수 있다. 이 역설에 따르면 식당이든 해변이든 고속도로 지름길이든, 뭔가 기막히게 좋은 게 있으면 사람들은 그곳으로 몰려든다. 이런 현상은 어느 슬픈 날 당신이 세련된 레스토랑에 들어가기 위해 길게 줄을 서야 하거나, 에릭 가세티의 경우 예전에는 웨스트 할리우드에서 토팡가 캐넌까지 20분간 즐겁게 운전했는데 지금은 한 시간 동안 고통스럽게 운전해야 하는 등과 같이 군중이 개인의 경험을 망칠 때까지 계속된다. 제본스의 역설대로 고통과 불편함이 커지면 도시의 성장은 억제된다.

안타깝게도 우리의 기대 및 생활 방식과 함께 우리가 사는 도시의 디자인은 낡고도 더 효율적인 현상 유지에 기반하고 있다. 그래서 제본스의 역설이 주는 고통을 덜어주기는 쉽지 않다. 우리 중 수십억 명은 90분 동안 막혀가며 통근하고, 15분 동안 슈퍼마켓으로 기어간다.

지난 40여 년간 20세기의 자동차 경제는 고속도로를 확장하고 다리와 주차장을 만들면서 제본스의 역설을 무력화시키기 위해 애써왔다. 이러한 노력은 대체로 무익하다. 투자할 때마다 교통과 주차가 포화 상태에 이를 때까지 운전하는 사람이 더 늘어나기 때문이다. 그리고 이 모든 경험은 '짜증나게 만드는' 평균으로 회귀한다. 마치 수십 년간 우리 모두 똑같이 바보 같은 속임수에 넘어간 것 같다.

어떤 시나리오를 쓸 것인가

이제 우리는 100년에 한 번 볼 수 있는 재도약의 기회를 얻었다. 우리는 제본스의 역설을 통해 모빌리티 시장이 제약 없이 운영될 때 인구 과밀 현상이 빚어져서 성장이 중단된다는 걸 배웠다. 그렇다면 어떻게 해야 건강하고 빠른 균형을 유지하면서 끔찍한 제본스의 역설에서 벗어날 수 있을까? 여기서 정책적 개입이 요구된다.

그런데 시 공무원들도 종종 같은 현상 때문에 혼란스러워한다. 예를 들어 그들은 아침 출근 시간에 시로 진입하는 도로에 차선을 추가하고, 저녁에는 시에서 빠져나가는 도로에 차선을 추가하는 등 가변 차선을 운영할 수 있다. 하지만 만약 그래서 차량 흐름이 빨라진다면 제본스의 역설로 인해 다시 교통이 마비될 때까지 운행 차량은 더 늘어날 것이다.

도시는 또한 주차 공간을 줄이거나 자전거도로를 추가하기 위해 도로의 폭을 줄이는 식으로 가능한 한 운전을 자제하게 만들 수 있다. 이런 조치가 과연 필요한지는 모르겠지만, 대다수 운전자의 관점에서 그것은 단순히 이동의 한 부분에서 다른 부분으로 고통을 옮겨 놓는 것일 뿐이다. 여전히 미국 대부분의 도시 여행객 중 압도적 다수를 차지하는 운전자들은 박해를 받는다고 느낄 수 있다. (마치 지금 그들의 통근은 충분히 힘들지 않은 것처럼!) 그들이 느끼는 좌절은 대중교통 확충을 포함한 다른 모빌리티 프로젝트에 대한 정치적 반감을 높일 수 있다.

운전자들은 유권자이며, 그들을 만족시키기란 거의 불가능하다. 지옥 같은 교통체증을 완화하는 가장 효과적인 방법은 운전 비용을 올리는 식의 경제적 충격을 가하는 것일지 모른다. 혼잡통행료를 부과하는 목적도 이것이다. 현재 런던과 스톡홀름 같은 도시에서는 혼잡통행료 부과가 잘 시행되고 있으며 조만간 뉴욕에서, 그리고 LA에서도 혼잡통행료가 부과될 것이다. 혼잡통행료 부과는 운전자에게 절약한 시간에 대한 대가를 내게 만드는 것이다. 즉 돈을 주고 시간을 사는 셈이다. 런던은 도심 34제곱킬로미터 안으로 진입하려는 비거주자에게 하루에 약 15달러의 혼잡통행료를 부과해서[3] 지난 10년 동안 도심 교통량을 25퍼센트나 감소시켰다. 자전거를 이용하는 사람은 급증했다.

그러나 혼잡통행료는 큰 효과를 내기 힘든 수단이다. 운전자는 이동하는 사람 떼로 취급된다. 교통량이 늘었다 줄었다 하면서 세상이 끊임없이 변하는 가운데 혼잡통행료처럼 '엄격한 규칙 체계'는 말 그대로 경직되어 있어 변화에 잘 적응하지 못한다. 그런 의미에서 혼잡통행료는 지난 한 세기 동안 우리를 차량이 없는 교차로에서도 기다리게 했던 멍청한 신호등과 같다.

교통 혼잡에 관련된 법령을 어떻게든 조정하려면 오랜 시간과 고된 기다림이 요구된다. 런던 도심부에 있는 피커딜리 광장 Piccadilly Circus 부근의 교통체증이 다시 심해졌다고 가정해보자. 시 관계자들은 대책 회의를 열고, 전문가들의 의견을 듣고, 시민단체와 자전거 동호회의 의견을 따져봐야 할 것이다. 마침내 운전자들의 항의가 계속되는 가운데, 시 관계자들은 혼잡통행료를 1~2파운드(약 1,500~3,000원 - 옮긴이) 인상하는 안을 투표에 부칠 수도 있다. 단, 그러는 데만 몇 달이 걸릴 수 있다!

이상적인 시나리오에서는 자동차 네트워크가 유기체처럼 실시간으로 변화하는 조건에 대응할 것이다. 우버가 좋은 사례다. 우버는 교통량이 많을 때는 요금을 올리는데, 가끔은 큰 폭으로 올린다. 그래서 이런 '탄력요금제surge pricing'는 고객들에게 인기가 없다. 이 요금제는 런던의 혼잡통행료 부과 계획과 비슷하지만 그보다 훨씬 더 융통성이 있다. 다만 둘의 차이점은 런던의 혼잡통행료가 규정으로 정해져 있는 반면 우버의 탄력요금제는 데이터에 따라 바뀐다는 것이다. 즉 교통체증이 생길 때만 요금이 올라간다.

도시 내에서 이러한 실시간 교통 분석은 증가하고 있다. 우리는 이미 교통 흐름에도 센서와 자동응답시스템이 확대 적용되고 있는 걸 목격하고 있다. 스톡홀름, 두바이, 항저우 같은 도시의 스마트한 교통신호는 교통을 최적화하기 위한 초기 단계다. 하지만 여전히 갈 길이 멀다.

데이터에 기반하는 미래를 보려면 페이스북의 고객 관리 방법에서 일어나는 변화를 떠올려보면 된다. 페이스북은 사용자에 대해 무수히 많은 데이터의 흐름을 처리한다. 페이스북은 사용자가 클릭하는 내용, 휴가를 가는 곳, 사귀는 친구, 좋아하는 음악에 대해 모두 알고 있다. 이를 통해 사용자의 경제적 위상을 거의 정확히 알아낼 수 있다. 페이스북은 이러한 지식을 바탕으로 20억 명의 사용자를 위해 서비스를 자동으로 최적화하여, 각각의 사용자에게 그가 통계적으로 가장 클릭할 가능성이 높은 순간에 그럴 가능성이 가장 높은 콘텐츠와 광고를 제공한다. 이러한 알고리즘은 각 고객으로부터 최대한의 수익을 뽑아낼 수 있게 설계되었다.

네트워크로 연결된 모빌리티의 목표는 페이스북처럼 응답성이 좋은 공공이나 민간 시스템을 구축하는 것이다. 그러나 그러한 도시 시스템은 데이터의 흐름을 페이스북처럼 사용자가 수익성이 높은 일련의 클릭을 하게끔 유도하는 데 사용하기보다는 가장 효율적인 경로를 따라 각 여행자를 안내하는 데 쓰려고 할 것이다. 교통 모델은 무한한 고양이 영상이나 연예인 가십거리로 사용자를 끌어들일 수 있는 페이스북과 달리 물리적 세계에서 사람과 화물을 이동시켜야 한다. 이것은 한없이 훨씬 더 복잡하다.

교통 모델은 또한 훨씬 더 복잡한 목표에 초점을 맞추고 있다. 페이스북의 알고리즘은 돈을 벌기 위해 최적화되어 있는 반면에 도시 모빌리티 네트워크는 많은 우선순위를 최대한 효율적으로 조정해야 하는데, 그중 일부는 갈등을 일으킬 소지가 있다. 효율성뿐 아니라 안전성, 공정성, 접근의 평등성, 대기질, 사생활과 그 외의 많은 목표를 고려해야 하는 이유가 이 때문이다. 동시에 도시 모빌리티 네트워크는 차량 서비스와 자전거 공유 회사가 상당한 이익을 내도록 설계되어야 한다. 그게 아니라면 적어도 그러한 기업이 관심을 갖고 투자할 만큼의 수익을 거두게 해주어야 한다. 도시의 규제 담당자는 앞으로 점점 더 이러한 변수를 추적하고 관찰해야 할 것이다. 그들 모두는 네트워크를 운영하는 모빌리티 알고리즘 안에 암호화되어 들어갈 것이다.

일단 모빌리티 데이터 엔진이 갖춰지면 그것의 가능성은 무궁무진하다. 시는 전화 회사가 데이터를 많이 사용하는 사람을 상대하는 방식과 마찬가지로 통행량이 많은 사람에게 소액의 통행료를 징수할 수 있다. 시는 보행자, 자전거 이용자, 카풀 이용자에게 바우처를 줄 수도 있다. 소액 통행료는 거리나 시간마다 바뀔 수 있다. 어느 도시에서는 부유한 동네 출신의 고객에게 더 높은 요금을 내게 하여 모빌리티 불모지에서 차량을 운영하는 업체에 보조금 형식으로 지불할 수 있다. 반드시 논란이 생길 것이다. 대부분의 논란은 알고리즘과 데이터에 관한 것일 게 분명하다.

사실 논란에 휩싸인 많은 문제가 인터넷 경제로부터 물려받은 헌 옷처럼 느껴질 것이다. 모빌리티를 관리하는 도시는 우리가 지금까지 저지른 작은 실수로부터 배운 것을 네트워크로 연결된 세계에서 적용해야 한다.

데이터와 관련해서는 개방형 표준, 알고리즘 감사, 망중립성이라는 세 가지의 중요한 문제가 존재한다.

개방형 표준

거대 인터넷 회사는 방대한 소비자의 데이터를 직접 보관한다. 그것은 그들의 가장 귀중한 자산이다. 그러나 도시는 모빌리티 기업이 승객의 정보를 개인 보관함에 모아놓도록 내버려둘 수 없다. 지배적인 업체를 키우는 게 아니라 활기찬 생태계를 구축하는 게 목표이기 때문이다.

보호해야 하는 개인 정보를 제외한 모빌리티 정보는 기업의 경쟁사를 포함해 누구나 이용할 수 있어야 한다. 모든 당사자가 각자의 서비스를 보완해주는 서비스를 구축할 수 있어야 한다. 데이터 공유 생태계의 핵심 요소는 블록체인 같은 분산원장기술일 가능성이 높다. 이를 통해 다양한 참가자가 소유권을 상실하거나, 기밀이나 전략적인 비밀을 누설하지 않고도 광범위하게 데이터를 공유할 수 있어야 한다.

앞서 살펴본 바와 같이 핀란드는 유용한 공유 모델을 고안해냈다. 법을 만들어 공공이든 민간이든 운송 서비스를 제공하는 모든 기업이 공통의 형식으로 데이터를 이용하게 해주어야 한다. 그래야 삼포 히에테난의 윔 같은 서비스 제공사가 모빌리티와 구독 서비스 구축에 나설 수 있다.

데이터 혹은 전기자동차 충전 등 무엇을 위한 것이든 간에 독점적이고 폐쇄적인 서비스는 모빌리티 네트워크의 성장을 방해한다.

알고리즘 감사

앞서 설명했던 페이스북과 유사한 알고리즘, 즉 도시 교통을 미세 관리하는 알고리즘은 주로 기계학습 프로그램을 기반으로 할 것이다. 그런데 이것은 위험하다. 그러한 프로그램이 과거의 오래된 자료를 기초로 삼는 이상, 불평등과 불공정을 영구화하거나 심지어 그것을 부추길 수도 있다.

예를 들어 어느 도시에서 노약자와 장애인의 이동을 돕기 위해 자율주행차 서비스를 운영하기로 했다고 하자. 도시계획가들이 고속도로와 대중교통에 관한 역사 자료를 컴퓨터 프로그램에 입력하면 컴퓨터는 이동 패턴을 상세히 기술하면서 새로운 서비스가 운영되어야 할 지역을 세심하게 계획할 수 있다. 유용하고 공정한 것처럼 들린다.

다만 한 가지 문제가 있다. 많은 사람들이 자동차를 살 여유가 없고 배차 간격이 제멋대로인 버스 서비스를 이용할 수밖에 없는 빈민촌도 있을 수 있다. 모빌리티의 사막과도 같은 곳 말이다. 그곳 사람들은 아주 고생하면서 회사, 학교, 심지어 괜찮은 슈퍼마켓까지 다닌다. 그들은 많이 움직이지 못한다. 그래서 데이터의 관점에서 보았을 때 그러한 빈민촌은 중요한 지역으로 간주하지 않을 수 있다. 도시의 새로운 서비스가 이처럼 과거의 자료를 중심으로 구축된다면, 그것은 모빌리티 사막을 무시하고 불평등을 심화시킬 것이다. 도움이 가장 필요한 사람들은 옴짝달싹하지 못하고, 사막은 더욱더 척박해질 것이다.

데이터 처리 소프트웨어 프로그램이 세계를 해석하고 있을 때, 이처럼 유해한 피드백 루프는 불가피하다. 『대량살상 수학무기Weapons of Math Destruction』의 저자인 캐시 오닐Cathy O'Neil[4]은 데이터 과학자들이 알고리즘 블랙박스의 뚜껑을 열고 공정성 감사를 실시해야 한다고 주장했다. 모빌리티 네트워크에서 이러한 감사는 매우 중요할 것이다.

망중립성

지난 세대 동안 대형 통신사들은 수십억 명의 고객에게 인터넷 서비스를 제공하기 위해 거액을 투자했다. 당연한 말 같지만, 그들은 투자금 회수를 열망한다. 그래서 그들은 넷플릭스나 아마존 같은 대기업을 포함해 호주머니가 두둑한 고객사에 프리미엄 서비스를 팔고 싶어 한다. 그러자 전 세계시장에서 소위 '망중립성network neutrality'을 둘러싼 싸움이 일어났다. 인터넷망이 모두에게 동등한 접근이 의무화된 공공재여야 할까? 아니면 인터넷 제공사는 낮은 요금을 내는 고객을 비좁아터지는 이코노미석처럼 좁은 대역으로 밀어넣어도 되는 걸까?

자동차에 5G 기술이 접목되면서 이와 같은 논란이 불거질 것으로 보인다. 고급 자동차 회사가 그들의 자동차와 트럭으로 최고 화질의 비디오 스트리밍을 받기 위해 웃돈을 지불하고, 더 화려하면서도 결함이 없는 엔터테인먼트 기기를 설치할 수 있을까? 그것이 소비자의 구매 욕구를 불러일으키는 특징적 서비스가 될 수도 있다. 아니면 모든 고객이 똑같은 서비스를 받아야 하는가? 규제당국과 법원이 결정할 것이다.

망중립성은 또한 물리적 세계, 즉 시간과 공간의 시장에서도 뜨거운 논쟁거리가 될 게 분명하다. 예를 들어 어느 에어택시 회사가 상파울루에 있는 역들의 통신망을 구축하기 위해 수십억 달러를 투자한다면 어떻게 될까? 다른 경쟁사들이 같은 역들에서 사업을 할 수 있는가? 시 정부가 결정해야 할 것이다. 많은 시 정부는 첫 번째 사업자가 투자금을 회수할 수 있도록 적어도 10년이나 20년 동안 독점사업권을 부여할 가능성이 있다.

그렇다면 사회적 형평성 문제가 생긴다. 만약 어느 기업이 파울리스타 대로Avenida Paulista의 금융가에 쉽게 접근할 수 있도록 상파울루의 부자 동네에는 역을 건설하되 상파울루 남동쪽에 즐비한 빈민가에는 아무런 역도 세워주지 않는다면 어떻게 될까?

물론 누구나 동등한 접근권을 가져야 한다. 우리가 방문하는 모든 도시에서 늘 형평성이 문제로 대두된다. 시장과 시의 교통 문제 담당자는 종종 형평성의 중요성에 대해 열정적으로 말한다. 그러나 이러한 도시들이 모빌리티 투자자에게 요구하는 형평성의 제고는 세금 납부로 연결된다. 그러니 투자자는 당연히 소위 '기업친화적'이라고 하는, 세금이 적은 곳으로 몰려들 것이다. 모빌리티 혁명이 확산하면서 많은 시 정부는 경쟁 압박을 받고 있음을 깨닫게 될 것이다. 그것은 애정을 쏟은 스포츠 팀이 10억 달러를 들여 경기장을 지어준다거나 20년간 세금 면제 혜택을 주는 곳으로 연고지를 옮기겠다고 위협할 때 지자체가 받는 압박과 비슷하다.

모빌리티는 전체 도시를 물리적으로 돌아가게 만들 것이다. 애플이나 아마존 같은 기업이 올랜도나 프라하에서 자율주행차 서비스를 시작할 때 그들은 자동차뿐만 아니라 인프라에 많은 돈을 들여서 거리와 교통신호에 온갖 종류의 센서와 카메라를 설치할 것이다. 그렇다면 아마존이 프라임Prime 고객들을 위해 이런 교통망에서 우대 서비스를 제공할 수 있을까? 우버가 도심의 전략적 요충지에 대한 소유권을 주장할 수 있을까?

물리적 세계에서 인터넷 경제의 영향력이 커짐에 따라 이러한 논란이 가열될 것이다. 그들은 시와 국가 정부에 가장 논쟁적인 정치 이슈가 될 것이다. 그들이 사람들의 이웃, 이동 범위, 통근, 다시 말해 시간, 공간, 그리고 경제적 기회를 정의할 것이다.

우리는 이런 질문들에 대한 명확한 대답이나 지침 원칙을 가지고 있지 않다. 다만 제한된 시간 내에서 투명한 원칙을 마련하라고 제안할 수 있는 게 전부다. 기술과 관리 차원 모두에서 모빌리티는 어느 도시나 이와 관련해 장기적인 계약을 약속하기 힘들 만큼 너무 빠르게 발전하고 있다.

조금씩 스며드는 변화

2000년, 영국 정부는 '공기'를 팔아서 340억 달러를 조달했다. 전화 회사들은 역사상 최대라고 불리는 이 경매에서 영국 하늘 위의 주파수 대역을 할당받기 위해 엄청난 돈을 제시했다. 경매 가격이 터무니없을 만큼 높았지만, 낙찰 시 누릴 혜택에 대한 기대감도 그만큼 컸다. 소위 3G 서비스의 등장과 함께 휴대전화는 곧 인터넷 기계로 발전할 태세였다. 주파수를 할당받으면 매시간 수백만 명의 고객에게 수많은 정보 서비스를 판매할 수 있었다. 그러니 골드러시가 벌어진 건 당연했다. 투자자들은 소위 '무선 웹'이라고 불리는 것엔 뭐든지 돈을 쏟아붓고 있었다.

우리는 당시 파리에서 기자로 함께 일하면서 통신 분야에서 일어난 격변을 취재하고 있었다. 극적인 변화가 일어나고 있었고, 온갖 전략적 문제가 제기되었다. 다가오는 스마트폰에 전화기와 가전제품과 소프트웨어 기능이 모두 포함된다면, 과연 누가 이 산업을 주도할 것인지에 관심이 쏠렸다. 노키아 같은 유럽의 통신 대기업일까, 아시아의 전자 강국일까, 아니면 마이크로소프트 같은 미국의 대형 소프트웨어 기업일까? (당시 애플은 그다지 주목받지 못하고 있었다.)

20년이 지난 지금, 통신혁명과 모빌리티 혁명의 유사점이 눈에 띈다. 우리는 또다시 거대한 산업들 간의 '짝짓기 과정'을 목격하고 있다. 이번에 AI로 강력하게 무장한 소프트웨어는 시쳇말로 '구르고 날아다니는' 모든 것과 결합하고 있다. 전성기를 누리는 무선통신망 기업처럼, 모빌리티 스타트업도 그 속에서 헤엄쳐도 될 만큼 거액의 투자금을 받고 있으며, 그중 다수가 머지않아 우리의 삶과 지구를 바꾸겠다고 맹세하고 있다.

그래서 우리를 기다리고 있는 바퀴와 날개가 달린 놀라운 것들을 상상해볼 때, 약속되었던 것과 실제로 우리가 얻은 결과를 비교해보는 차원에서 이전에 일어났던 붐에 대해 연구해보는 게 합리적일지 모른다.

타이밍부터 시작해보자.[5] 1999년 가을에 발행된 〈비즈니스위크〉의 표지 기사를 보자.

열다섯 살 소녀가 런던의 버클리 광장Berkeley Square을 거닐고 있다. 그러다 갑자기 휴대전화에서 삐 소리가 들리자 소녀는 화면을 바라본다. 스타벅스에서 보낸 메시지가 그녀의 '친구 명단'에 있는 두 친구가 근처를 걷고 있다고 알려준다. 그녀는 친구들에게 모퉁이 근처의 가장 가까운 곳에 있는 스타벅스에서 커피를 마시자고 친구들에게 인스턴트 메시지를 보내고 싶을까? 메시지를 보내고 싶다면 스마트폰에서 그냥 '네' 버튼만 클릭하면 된다. 그러면 그녀는 프라푸치노Frappuccino를 마실 수 있는 1달러짜리 할인 쿠폰을 받는다.

지금 이 기사를 읽어보면 그 내용은 완벽히 들어맞았다. 하지만 당시 우리는 다른 많은 산업 분야의 종사자와 함께 이듬해인 2000년까지 이런 무선 마술을 경험할 것으로 기대했는데, 닷컴 거품이 꺼지면서 업계 전반이 붕괴되는 광경을 목격해야 했다.

게다가 모바일 컴퓨터와, 그것과 연결될 네트워크를 구축하는 일은 생각보다 복잡했다. 얼리 어답터들은 실망해야 했고, 휴대전화로 축구 경기의 점수나 주가를 볼 수 있을 때까지 영원히 기다리기로 했다. 작고 흐릿한 휴대전화 화면으로 영상을 본다는 건 잔인한 농담처럼 들렸다.

2001년이 되어서도 온갖 보물이 담긴 모바일 인터넷 시장이 등장해서 돌아가기까지 족히 몇 년은 걸릴 것처럼 보였다. 혹시 그럴 기업이 있다고 해도 어떤 기업이 이 시장에서 승기를 잡을지 불분명했다. 투자자들은 우르르 빠져나갔다.

우리는 이런 과거의 사례로부터 무엇을 배울 수 있을까? 첫째, 하늘을 나는 택시든 하이퍼루프든 일정표를 신뢰해서는 안 된다. 지연은 불가피하다. 모두 복잡한 사업이기 때문이다. 투자자는 지치게 마련이다. 그런 기다림의 과정에서 분명히 많은 투자자가 사라지고 무너질 게 분명하다.

그건 나쁜 소식이다. 그런데 시장이 붕괴되면 실패는 복음으로 굳어진다. 2002년 닷컴 거품이 꺼지며 통신업계가 무너지자 당시 회의론자들은 깨진 장황한 약속을 낭독할 수 있었다. 통신업계의 인사들 중에서는 버클리 광장을 걷던 열다섯 살 소녀가 상징적인 위치에 올랐다. 그녀는 어지러운 업계와 쉽게 속아넘어가는 기자들을 상징했다.

그런데 5년 뒤인 2007년 1월의 어느 날, 애플의 최고경영자인 스티브 잡스는 아이폰을 들고 샌프란시스코 모스코니 센터Moscone Center의 무대에 섰다. 모바일 인터넷 시대가 열린 뒤였다. 새로운 아이폰을 보러 줄을 선 사람들 대부분은 모바일 인터넷 시대가 열리고 5년이나 지나 아이폰이 출시되었다는 사실조차 몰랐다. 그 후 10년 동안, 과장의 위험을 무릅쓰고 말하자면 스마트폰이 인간의 의사소통 방식을 바꿔놓았다. 오늘날 모바일 인터넷의 성능은 한 세대 전에 가장 뻔뻔한 판매자들이 했던 약속보다 여러 면에서 더 뛰어나다.

중요한 것은, 기술 호황 때 두 가지, 즉 투자와 기술 사이에 시차가 생긴다는 사실이다. 모든 호황은 과대 선전과 열광적인 기대로부터 시작된다. 그들은 투자를 불러일으키고 인재를 끌어모은다. 하지만 그것은 지나치게 부풀려졌기 때문에, 지연과 실망으로 이어지는 경우가 빈번하다. 투자자는 엉터리 숫자와 기술적 결함으로 피해를 입었다고 느낄 때, 우르르 함께 투자에서 손을 떼는 경향이 있다. 시장조사업체인 가트너Gartner는 투자자의 관심이 바닥으로 떨어지는 지점을 '환멸의 계곡the trough of disillusionment'이라고 불렀다.

그러나 시장이 공포에 휩싸이면 특정 기술에 대해 올바른 판단을 내리기가 힘들다. 공포는 옥석을 가리는 과정에서 생겨나 최종 승자를 위해 경쟁의 장을 정리해준다.

스마트폰에 비해 모빌리티 기술은 복잡하게 얽히고설켜 있다. 스마트폰은 그 안에 뛰어난 기술이 들어갔더라도 하나의 기술 플랫폼이었다. 지금까지 무수히 많은 스마트폰이 출시되었지만 모두 스티브 잡스가 그해 1월의 어느 날 샌프란시스코에서 높이 들어올렸던 아이폰과 모양이 매우 흡사하다. 변화는 빠른 속도로 일어났다. 아이폰이 출시된 지 몇 년 지나지 않아 우리 대부분은 플립 폰flip phone(뚜껑이 위로 열리는 소형 휴대전화 - 옮긴이)을 버리고 호주머니 크기만 한 인터넷 기계에 중독되고 말았다.

모빌리티 혁명이 부지불식간에 우리에게 다가오지는 않을 것이다. 우리는 단지 경이로운 제작물을 구입하는 것만으로 어제에서 내일로 나아갈 수 없다. 그보다는 우리 대부분에게 새로운 질서가 조금씩 우리의 생활 속으로 스며들 것 같다. 우리 중 회의론자들은 냄비 안의 물이 서서히 따뜻해지는데도 자신이 죽는 줄 모르는 개구리처럼 아무런 변화가 일어나지 않고 있다고 주장할 것이다.

이 책을 세상의 어느 도시에 살고 있는 사람을 위해 다가올 미래를 간단히 스케치해보면서 마무리하겠다. 그가 새로운 건 뭐든지 받아들인 후 그것에 대해 소셜 네트워크 서비스SNS에서 허풍을 떠는 사람이라면 안 된다. 아니다, 우리는 그를 회의론자이자 끓는 물 속의 개구리로 상정하고, 그의 눈을 통해 미래를 바라볼 것이다.

먼저, 그가 자동차를 한 대 산다. 둔감한 현실주의자라면 으레 그러게 마련이다. 그에겐 친구가 많다. 그는 '스쿠터건 뭐건 괜찮지만, 어쨌든 여러 장소로 이동하려면 탈것이 필요하다'라고 생각한다. 1~2년 후에 새로운 지하철 노선이 개통된다. 그는 가끔 시내로 갈 때 지하철을 탄다. 그러면서 '시내의 주요 주차장이 축구장으로 바뀐 이후로 거기에 가서 주차하기가 아주 힘들어졌다'고 생각한다. 그렇지만 그의 사무실은 지하철로 가기가 힘들어서, 그는 계속 운전해서 출근한다. 그러면서 '모빌리티 혁명은 뭔 혁명?' 하고 투덜댄다.

그는 친구 집에 가서 주말을 보낸다. 그는 친구가 사는 곳에 자율주행차가 운행되고 있는 것을 본다. 강 건너편에서만 제한적으로 운행된다. 그는 '아직 자율주행차가 어디에나 갈 수 있을 만큼 똑똑하지는 않네'라고 생각한다. 그는 자율주행차를 한 번 타보고서 그것이 견디기 힘들 만큼 신중하게 도로를 달린다는 걸 깨닫고 '지루함'을 느낀다.

휴가를 마치고 돌아온 친구들은 에어택시를 타고 여기저기를 돌아다닌 이야기를 한다. 그는 '그렇군…… 하지만 여기는 그런 게 없어' 하고 생각한다. 그의 구두쇠 형은 오토바이와 골프 카트를 섞어놓은 듯한 것을 타고 돌아다닌다. 눈이 오면 어떻게 될지 모른다.

모빌리티 혁명은 이처럼 계속해서 우리의 삶과, 우리가 생활하는 곳으로 스며들 것이다. 그리고 어떤 사람은 다른 사람보다 그런 혁명을 훨씬 더 먼저 경험할 것이다. 그 와중에 생기는 많은 불상사와 실패는 회의론자들을 지탱하게 해줄 것이다.

우리의 무감각한 현실주의자는 연식이 오래된 자신의 차 밑에서 기름이 새는 걸 보고 깜짝 놀랐을 때 진정한 시험에 들게 된다. 그는 신차를 사야 할지 말아야 할지 고민하게 된다. 아마도 그는 주변을 돌아보다가 자신도 모르게 새로운 해결책이 있다는 결론을 내릴지 모른다.

그때라도 우리는 새로운 모빌리티가 도착했다고 선언할 수 없다. 아니, 그것은 결코 완전히 마무리되지 않을 것이다. 그러나 우리의 도시와 삶에서 획기적인 변화가 일어날 것이다. 사실, 그런 변화는 이미 우리 앞에 와 있다.

바퀴의 이동

| 감사의 말 |

상하이, 로스앤젤레스, 탬파, 두바이 등 다양한 도시에서 일어나는 여러 가지 일을 다룬 책인 만큼 전 세계 곳곳에 감사해야 할 분이 많다. 하지만 누구보다도 이 책을 멋지게 편집해준 홀리스 하임부치Hollis Heimbouch 편집장에게 감사의 말씀을 먼저 전하고 싶다. 처음부터 우리를 믿어주고, 현명하고 지속적인 지원을 아끼지 않은 분이다. 레베카 라스킨Rebecca Raskin, 니키 발다우프Nikki Baldauf, 밀란 보지치Milan Bozic 등 그녀의 하퍼콜린스HarperCollins 출판사 동료들에게도 감사드린다.

우리 에이전트인 짐 레빈Jim Levine과 레빈 그린버그그로스탄Levine Greenberg 팀원들은 우리가 책 내용을 정리하고 출판 제안서를 작성하는 일을 도와주었고, 시종일관 우리 책에 관심을 보여주었다. 그들은 또한 7번 가에서 퍼팅 그린이 갖춰진 가족 같은 분위기의 가게를 운영 중이다.

팀 그리바우디Tim Gribaudi가 이끄는 로스앤젤레스의 코모션CoMotion 팀들, 몬트리올과 홍콩의 뉴시티 재단NewCities Foundation, 올리비아 온더동크Olivia Onderdonk도 물심양면으로 큰 도움을 주었다.

우리가 미래의 기술과 정책 과제에 대해 씨름하고 고민해볼 수 있도록 도와준 몇몇 전문가에게도 감사의 말씀을 드린다. 에릭 가세티 시장실과, 특히 셀레타 레이놀즈가 이끄는 LA 교통부의 관계자들과 LA 메트로의 조슈아 L. 생크Joshua L. Schank는 우리에게 매우 귀중한 도움을 주었다. 그 밖에도 자동차엔지니어협회와 카네기멜론 대학교의 많은 분들에게 감사의 말씀을 전하고 싶다.

헬싱키에 거주하는 로리 키비넨Lauri Kivinen과 수잔나 니니바라Susanna Niinivaara, 두바이에 거주하는 노아 라포드Noah Raford, 란 시Lan Shi, 쉐타오Xuetao, Y-CITI 글로벌 이노베이션 아카데미Global Innovation Academy의 상하이 팀, 디트로이트에 거주하는 미리암 시퍼Miriam Siefer와 조 바크래치Joe Bachrach도 우리에게 중요한 도움을 주었다. 우리는 사우디아라비아의 제다에 있는 압둘 라티프 자밀의 회장인 모하메드 자밀과 수십 년 동안 쌓아온 우정의 덕을 많이 보았다. 자밀 회장은 내연기관 시대의 종말을 최초로 지적한 탁월한 자선가이자 비즈니스 리더다.

끝으로, 우리 두 사람의 아내 등 가족들의 전폭적인 지원과 사랑이 없었다면 이 책의 연구와 집필이 불가능했을 거라는 말씀을 꼭 드리고 싶다.

우리 곁에서 일어나는 모빌리티 혁명

우리가 더 쉽고, 빠르고, 안전하고, 편하게 이동할 수 있게 해주는 수단인 '모빌리티mobility'에 대한 관심이 높아지고 있다. 몇 년 전까지만 해도 정보기술IT 업계의 소식을 다루는 소식지에서나 간간이 등장했던 모빌리티라는 단어는 이제 약간 과장하면 '범용어'가 되었다. 그도 그럴 것이, IT를 활용한 최첨단 모빌리티 산업에 뛰어드는 기업이 늘어나면서 매일 관련 소식이 쏟아지고 그들이 내놓는 신제품이 빠른 속도로 우리의 일상생활 속으로 퍼지고 있기 때문이다.

현대자동차는 물론이고 구글과 IBM, 도요타, 제너럴모터스 등 세계적 IT 기업과 자동차 회사들이 모빌리티의 '꽃'으로 불리는 '자율주행 자동차' 개발에 박차를 가하고 있다는 보도가 하루가 멀다 하고 등장하고 있다. 신제품 전기자동차 판매 증가 등에 대한 기대감으로 2020년 한 해 동안 주가가 무려 700퍼센트 이상 상승하며 투자자들의 주목을 받았던 테슬라가 만든 차를 도로 위에서 볼 기회도 크게 늘었다. 미국의 우버, 중국의 디디추싱, 싱가포르의 그랩 등 차량 호출 회사가 제공하는 서비스 이용은 일상화되었다. 공유 자전거와 공유 킥보드의 이용자 수도 급증했다.

모빌리티 분야의 혁명적이고 혁신적인 변화가 빠른 속도로 진행되고 있다. 그리고 우리는 그 변화의 한가운데에 앉아 그것을 목격하는 동시에 미래의 모빌리티를 맞이할 준비를 하고 있다.

도시 전문가인 존 로산트와 비즈니스 분야의 베테랑 기자인 스티븐 베이커는 이러한 변화가 우리의 삶을 어떻게 변화시켜왔고, 앞으로 어떻게 변화시킬지를 알아보기 위해 로스앤젤레스, 헬싱키, 두바이, 광저우 등 전 세계의 주요 도시에서 모빌리티 분야의 변화를 선도하는 사람들을 직접 만나 이야기를 나누었다.

빛, 소리, 움직임을 감지하여 자율주행차에 광범위하게 활용될 수 있는 초소형 반도체를 개발하는 상하이 예과기유한공사 소속의 조셉 시에, 아마존과 포드 등으로부터 지금까지 9조 원 가까운 투자금을 유치한 전기자동차 스타트업 리비안을 설립한 RJ 스카린지, 자동차 구독경제에 활용 가능한 모빌리티 앱에 관한 논문을 쓴 헬싱키의 공학도, 미래의 항공운송 네트워크 구축을 꿈꾸는 우버 항공의 항공사업부장 마크 무어 등이 저자들이 전 세계를 돌아다니며 만난 사람들이다.

저자들은 이런 다양한 사람들과의 만남을 토대로 전기자동차에서부터 자율주행차에 이르기까지 네트워크로 연결된 이동 수단이 이동 방법뿐만 아니라 에너지에서부터 자동차 분야에 이르기까지 주요 산업에 일대 혁신을 일으키고 있으며, 우리가 사는 도시의 디자인마저 경제적이고 친환경적으로 바꿔놓을 수 있다는 가능성을 제기한다.

저자들은 모빌리티 혁명으로 우리가 누릴 수 있는 다양한 혜택 외에도 감시, 사생활 침해, 해커의 공격, 그리고 자동차 산업의 일자리 감소 등의 문제까지 대비해야 한다고 지적하면서 모빌리티 혁명이 가져올 부작용에 대한 경계심 역시 늦추지 말아달라고 당부한다.

오랫동안 경제·경영서를 번역해온 입장에서 이처럼 어느 한 분야에서 일어나는 숨가쁜 변화에 대해 한쪽으로 치우치지 않는 중립적 시각을 유지한 채 통찰력 있는 분석과 다양한 사례, 그리고 생생한 인터뷰를 곁들여 이해하기 쉽게 쓴 양서를 만나게 된 건 행운이다. 모빌리티 혁명이라는 조금은 무겁게 느껴질 수 있는 주제를 다루고 있지만 학술적이거나 딱딱하지 않으며, 지루함과는 거리가 먼 책이다.

원서가 출간된 지 1년여가 지난 만큼, 책에 나온 내용과 조금 달라진 부분은 최신 정보를 토대로 수정하거나 보완했다. 옮긴이로서 책의 완성도를 높이기 위해 마땅히 해야 할 일이라고 생각했다.

사람의 도움이 필요 없는 완전한 자율주행차나 하늘을 날아다니는 에어택시, 초고속 진공튜브 캡슐열차인 하이퍼루프 등은 얼마 전까지만 해도 상상 속에 머물던 이동 수단이다. 이런 상상을 현실로 만들기 위한 노력이 어떻게 전개될지 이 책을 읽으면서 머릿속에 그려보는 건 또 다른 즐거움이다.

서문 · 우리는 무엇을 선택할 것인가

1   American Automobile Association, *Your Driving Costs: How Much Are You Really Paying to Drive?*(Heathrow, FL: AAA Association Communication, 2018), https://publicaffairsresources.aaa.biz/download/11896/.

2   Todd C. Frankel, "The Cobalt Pipeline," *Washington Post*, 1 October 2016, https://www.washingtonpost.com/graphics/business/batteries/congo -cobalt-mining-for-lithium-ion-battery/.

3   Trefor Moss, "China's Giant Market for Really Tiny Cars," *Wall Street Journal*, 21 September 2018, https://www.wsj.com/articles/chinas-giant-mar ket-for-tiny-cars-1537538585.

4   Jon Russell, "Google Confirms Investment in Indonesia's Ride-Hail- ing Leader Go-Jek," TechCrunch, 28 January 2018, https://techcrunch. com/2018/01/28/google-confirms-go-jek-investment/.

5   "68% of the World Population Projected to Live in Urban Areas by 2050, Says UN," United Nations Department of Economic and Social Affairs, 16 May 2018, https://www.un.org/development/desa/en/news/popula tion/2018-revision-of-world-urbanization-prospects.html.

6 "Dubai's Autonomous Transportation Strategy," Dubai Future Foundation, March 2019, https://www.dubaifuture.gov.ae/our-initiatives/dubais-auton omous-transportation-strategy/.

7 Cleofe Maceda, "Hyperloop in Abu Dhabi to Cost up to Dh1.4 Billion, to Be Ready by 2020," *Gulf News*, 17 January 2019, https://gulfnews.com/ business/hyperloop-in-abu-dhabi-to-cost-up-to-dh14-billion-to-be-ready-by-2020-1.1547722844596.

제1장 엔터키를 눌러 자동차를 인쇄하다

1 "Top 20: U.S, Ports Ranked on 2017 Import Volume," *The Maritime Executive*, 7 June 2018, https://www.maritime-executive.com/article/top-20-u-s-ports-ranked-on-2017-import-volume.

2 Laurie Chen, "Hong Kong Firm Backed by Li Ka-shing to Build China Plant for 3D-Printed Electric Cars," *South China Morning Post*, 19 June 2018, https://www.scmp.com/business/companies/article/2151288/hong-kong-firm-backed-li-ka-shing-build-china-plant-3d-printed.

3 Robert O. Boorstin, "A Tough Pack of Dogs," *Harvard Crimson*, 22 November 1980, https://www.thecrimson.com/article/1980/11/22/a-tough-pack-of-dogs-pif/.

4 Peter Cohan, "Four Lessons Amazon Learned from Webvan's Flop," *Forbes*, 17 June 2013, https://www.forbes.com/sites/petercohan/2013/06/17/four-lessons-amazon-learned-from-webvans-flop/.

5 Alistair Barr, "From the Ashes of Webvan, Amazon Builds a Grocery Business," Reuters, 18 June 2013, https://www.reuters.com/article/net-us-amazon-webvan/from-the-ashes-of-webvan-amazon-builds-a-grocery-business-idUSBRE95H1CC20130618.

6 Nichola Groom, "U.S. Electric Car Maker Coda Files for Bankruptcy," Reuters, 1 May 2013, https://www.reuters.com/article/coda-chapter11/u-s-electric-car-maker-coda-files-for-bankruptcy-idUSL2N0DI05J20130501.

7 National Research Council, *Hidden Costs of Energy: Unpriced Consequences of Energy Production and Use*(Washington, DC: National Academies Press, 2010), https://doi.org/10.17226/12794.

8 "Tesla Model S Weight Distribution," *Teslarati*(blog), 19 July 2013, https://

www.teslarati.com/tesla-model-s-weight/.

9   Chuck Salter, "Barry Diller's Grand Acquisitor," *Fast Company*, 1 December
     2007, https://www.fastcompany.com/61073/barry-dillers-grand-acquisi
     tor.

10   "Arcimoto Completes $19.5 Million Regulation A+ IPO, Approved for List-
     ing on the Nasdaq Global Market," Business Wire, 21 September 2017,
     https://www.businesswire.com/news/home/20170921005538/en/Arcimo
     to-Completes-19.5-Million-Regulation-IPO-Approved.

11   Brian Silvestro, "This 700-Horsepower 3D-Printed Supercar Is the Future
     of Car-Making," *Road & Track*, 27 June 2017, https://www.roadandtrack.
     com/new-cars/car-technology/a10223824/3d-printed-supercar-future
     -car-making/.

제2장 언제까지 자동차에 의존해야 할까?

1   Donald Duke and Stan Kistler, *Santa Fe: Steel Rails through California*(San
     Marino, CA: Golden West Books, 1963).

2   Andre Coleman, "Wealth, Power and Art Are What Drove Railroad Magnate
     Henry Huntington," *Pasadena Weekly*, 8 June 2017, https://www.pasade
     naweekly.com/2017/06/08/wealth-power-art-drove-railroad-magnate-
     henry-huntington/.

3   "Los Angeles' Auto Manufacturing Past," Los Angeles Almanac, accessed 12
     April 2019, http://www.laalmanac.com/transport/tr04.php.

4   Richard W. Longstreth, *City Center to Regional Mall: Architecture, the Au-
     tomobile, and Retailing in Los Angeles, 1920—1950*(Cambridge, MA: MIT
     Press, 1997).

5   Longstreth, 15.

6   Neighborhood Data for Social Change, "A 2018 Snapshot of Homelessness
     in Los Angeles County," KCET, 3 Aug 2018, https://www.kcet.org/shows/
     city-rising/a-2018-snapshot-of-homelessness-in-los-angeles-county.

7   Laura Bliss, "Mapping L.A. County's 'Parking Crater,'" CityLab, 11 January
     2016, https://www.citylab.com/transportation/2016/01/map-la-county-
     parking-200-square-miles/423579/.

8   Paris covers 104 square kilometers, or 40.7 square miles. See "Capital Facts

for Paris, France," World's Capital Cities, accessed 12 April 2019, https://www.worldscapitalcities.com/capital-facts-for-paris-france/.

9   Joni Mitchell, "Big Yellow Taxi," track 10 on *Ladies of the Canyon*, Reprise Records, 1970, http://jonimitchell.com/music/song.cfm?id=13.

10   "Miles of Public Roads, Los Angeles County," Los Angeles Almanac, accessed 12 April 2019, http://www.laalmanac.com/transport/tr01.php.

11   Baruch Feigenbaum and Rebeca Castaneda, "Los Angeles Has the World's Worst Traffic Congestion—Again," *Los Angeles Daily News*, 19 April 2018, https://www.dailynews.com/2018/04/19/los-angeles-has-the-worlds-worst-traffic-congestion-again/.

12   Blanca Barragan, "Take a Tour of the 'Third Los Angeles,' LA's Present and Future," *Curbed Los Angeles*(blog), 14 June 2016, https://la.curbed.com/2016/6/14/11938840/video-third-los-angeles.

13   LA Metro details Measure M on its site, http://theplan.metro.net.

14   Lance Morrow, "Feeling Proud Again: Olympic Organizer Peter Ueberroth," *Time*, 5 January 1985, http://content.time.com/time/magazine/article/0,9171,956226,00.html.

15   "Make Your Car Last 200,000 Miles," *Consumer Reports*, 6 November 2018, https://www.consumerreports.org/car-repair-maintenance/make-your-car-last-200-000-miles/.

16   Neighborhood Data for Social Change, "Transit Ridership in Los Angeles County Is on the Decline," KCET, 11 January 2018, https://www.kcet.org/shows/city-rising/transit-ridership-in-los-angeles-county-is-on-the-decline.

17   Tony Barboza, "Southern California Smog Worsens for Second Straight Year Despite Reduced Emissions," *Los Angeles Times*, 15 November 2017, https://www.latimes.com/local/lanow/la-me-ln-bad-air-days-20171115-story.html.

18   Noah Smith, "Sudden Appearance of Electric Scooters Irks Santa Monica Officials," *Washington Post*, 10 February 2018, https://www.washingtonpost.com/national/sudden-appearance-of-electric-scooters-irks-santa-monica-officials/2018/02/10/205f6950-0b4f-11e8-95a5-c396801049ef_story.html.

19   Nigel Duara, "People in San Francisco Are Really Pissed over These Electric

Scooters," Vice News, 2 May 2018, https://news.vice.com/en_us/article/
d35m9a/people-in-san-francisco-are-really-pissed-over-these-elec
tric-scooters.

20   Chris Glynn and Alexander Casey, "Homelessness Rises Faster Where Rent
     Exceeds a Third of Income," Zillow Research, 11 December 2018, https://
     www.zillow.com/research/homelessness-rent-affordability-22247/.

제3장 21세기 자동차 사업가의 생존법

1   "By 2030, the Transport Sector Will Require 138 Million Fewer Cars in Eu-
     rope and the US," PricewaterhouseCoopers, 16 January 2018, https://press.
     pwc.com/News-releases/by-2030-the-transport-sector-will-require-
     138-million-fewer-cars-in-europe-and-the-us/s/a624f0b2-453d-45a0-
     9615-f4995aaaa6cb.

2   Trefor Moss, "China Has 487 Electric-Car Makers, and Local Governments
     Are Clamoring for More," *Wall Street Journal*, 19 July 2018, https://www.
     wsj.com/articles/china-has-487-electric-car-makers-and-local-govern
     ments-are-clamoring-for-more-1531992601.

3   "Our Investment Plan," Electrify America, https://www.electrifyamerica.
     com/our-plan.

4   "Electric Vehicle Outlook 2018," BloombergNEF, 2018, https://about.bnef.
     com/electric-vehicle-outlook/.

5   "Phone, Electric Cars and Human Rights Abuses—5 Things You Need to
     Know," Amnesty International, 1 May 2018, https://www.amnesty.org/en/
     latest/news/2018/05/phones-electric-cars-and-human-rights-abuses-5-
     things-you-need-to-know/.

6   Peter Valdes-Dapena, "Amazon Invests Money in Electric Pickups," CNN
     Business, 15 February 2019, https://www.cnn.com/2019/02/15/business/
     rivian-amazon/index.html.

제4장 퇴물이 된 도시의 미래

1   Kirsten Korosec, "Delphi Buys Self-Driving Car Startup NuTonomy for
     $450 Million," *Fortune*, 24 October 2017, http://fortune.com/2017/10/24/

주   329

delphi-buys-self-driving-car-startup-nutonomy-for-450-million/.

2 Neal E. Boudette, "Ford Aims to Revive a Detroit Train Station and Itself," *New York Times*, 17 June 2018, https://www.nytimes.com/2018/06/17/busi ness/ford-detroit-station.html.

3 Kirsten Korosec, "An Inside Look at Ford's $1 Billion Bet on Argo AI," The Verge, 16 August 2017, https://www.theverge.com/2017/8/16/16155254/ argo-ai-ford-self-driving-car-autonomous.

4 Greg Gardner, "Ford's 'Smart Mobility' Is Still a Long Way from Prof- itable," *Forbes*, 26 April 2018, https://www.forbes.com/sites/greggard ner/2018/04/26/fords-smart-mobility-is-still-a-long-way-from-profit able.

5 "Ford Motor Company Reports Fourth Quarter and Full Year 2017 Results: Revenue Up, Net Income Higher, Adjusted Pre-Tax Profit Lower, Ford Me- dia Center, 24 January 2018, https://media.ford.com/content/fordmedia/ fna/us/en/news/2018/01/24/ford-reports-fourth-quarter-and-full-year- 2017-results.html.

6 Clayton M. Christensen, *The Innovator's Dilemma: When New Technologies Cause Great Firms to Fail*(Boston: Harvard Business School Press, 1997).

7 "How the Auto Industry Is Preparing for the Car of the Future," *McKinsey Podcast*, December 2017, https://www.mckinsey.com/industries/automo tive-and-assembly/our-insights/how-the-auto-industry-is-preparing- for-the-car-of-the-future.

8 Kelly J. O'Brien, "Car-Suspension Techmaker ClearMotion Raises $115M," *Boston Business Journal*, 9 January 2019, https://www.bizjournals.com/ boston/news/2019/01/09/car-suspension-tech-maker-clearmotion-rais es-115m.html.

9 Bernd Heid, Matthias Kasser, Thibaut Muller, and Simon Pautmeier, "Fast Transit: Why Urban E-Buses Lead Electric-Vehicle Growth," McKinsey & Company, October 2018, https://www.mckinsey.com/industries/automo tive-and-assembly/our-insights/fast-transit-why-urban-e-buses-lead- electric-vehicle-growth.

10 Paige St. John, "Stalls, Stops and Breakdowns: Problems Plague Push for Electric Buses," *Los Angeles Times*, 20 May 2018, https://www.latimes.com/ local/lanow/la-me-electric-buses-20180520-story.html.

11 "Mobility and Automotive Industry to Create 100,000 Jobs, Exacerbating the Talent Shortage," Boston Consulting Group, press release, 11 January 2019, https://www.bcg.com/d/press/11january2019-mobility-and-automo tive-industry-create-jobs-exacerbating-talent-shortage-211519.

제5장 마법의 카펫을 짜다

1 Sonja Heikkila, "Mobility as a Service: A Proposal for Action for the Public Administration, Case Helsinki"(master's thesis, Aalto University, 19 May 2014), https://aaltodoc.aalto.fi/handle/123456789/13133.

2 Barb Darrow, "Can We Agree That the Nokia Buy Was a Total Disaster for Microsoft?," *Fortune*, 8 July 2015, http://fortune.com/2015/07/08/was-mic rosoft-nokia-deal-a-disaster/.

제6장 하늘과 땅 밑에서 펼쳐지는 모빌리티 파노라마

1 Melissa Repko, "Uber Getting Plans off the Ground for Air Taxis in Dallas, Los Angeles," *Dallas Morning News*, 8 May 2018, https://www.dallasnews. com/business/technology/2018/05/08/uber-getting-plans-ground-air- taxis-dallas-los-angeles.

2 "NASA Puffin Personal Electric VTOL—Updated Version," YouTube vid eo, posted by "NASAPAV," 16 May 2015, https://www.youtube.com/ watch?v=QSdwNl-9mPU.

3 Mark D. Moore, *NASA Puffin Electric Tailsitter VTOL Concept*(Lang ley, VA: NASA, 2010), https://ntrs.nasa.gov/archive/nasa/casi.ntrs.nasa. gov/20110011311.pdf.

4 Ashlee Vance and Brad Stone, "Welcome to Larry Page's Secret Flying-Car Factories," *Bloomberg Businessweek*, 9 June 2016, https://www.bloomberg. com/news/articles/2016-06-09/welcome-to-larry-page-s-secret-flying- car-factories.

5 "Lessons Learned 'Hard'wareway|Uber Elevate," YouTube video, posted by "Uber," 22 May 2018, https://www.youtube.com/watch?v=agnCFyem 0kU. This ninety-minute session from the 2018 Uber Elevate Summit, moderated by Mark Moore, delves into the technical and design issues

facing eVTOL manufacturers.

6　"The Birth of Commercial Aviation," BirthofAviation.org, 12 December 2014, http://www.birthofaviation.org/birth-of-commercial-aviation/.

7　Benjamin Seibold, "Phantom Traffic Jams and Autonomous Vehicles," presentation materials, Temple University, College of Science and Technology Board of Visitors meeting, 21 April 2016, https://cst.temple.edu/sites/cst/files/documents/seibold%20talk%20small.pdf.

8　Bryan Logan, "Elon Musk Is Seeking to Ease Concerns in an Affluent Los Angeles Suburb Where He Wants to Build a Tunnel," *Business Insider*, 18 May 2018, https://www.businessinsider.com.au/the-boring-company-new-test-tunnel-sepulveda-boulevard-los-angeles-2018-5.

제7장 데이터와 네트워크의 실험실

1　Mohammed bin Rashid Al Maktoum, *My Vision*(Dubai: Motivate Publishing, 2012).

2　Andy Hoffman, "Dubai's Burj Khalifa: Built out of Opulence; Named for Its Saviour," *Globe and Mail*, 4 January 2010, https://www.theglobeandmail.com/report-on-business/dubais-burj-khalifa-built-out-of-opulence-named-for-its-saviour/article1208413/.

3　Jim Krane, *City of Gold: Dubai and the Dream of Capitalism*(New York: Picador, 2010). Krane's book is an excellent primer on the history of Dubai.

4　"Longest Driverless Metro Line," Guinness World Records, 23 May 2011, http://www.guinnessworldrecords.com/world-records/longest-driverless-metro-line.

제8장 천재인가, 백치인가

1　Josh Lowensohn, "Uber Gutted Carnegie Mellon's Top Robotics Lab to Build Self-Driving Cars," The Verge, 19 May 2015, https://www.theverge.com/transportation/2015/5/19/8622831/uber-self-driving-cars-carnegie-mellon-poached.

2　"Intel Predicts Autonomous Driving Will Spur New 'Passenger Economy' Worth $7 Trillion," Intel Corporation, press release, 1 June 2017, https://

newsroom.intel.com/news-releases/intel-predicts-autonomous-driv
ing-will-spur-new-passenger-economy-worth-7-trillion/.

3   Charles Picquet, *Rapport sur la marche et les effets du choléra-morbus dans
    Paris et les communes rurales du département de la Seine*(Paris, 1832),
    https://gallica.bnf.fr/ark:/12148/bpt6k842918.

4   "Driving into 2025: The Future of Electric Vehicles," J.P.Morgan, 10 October
    2018, https://www.jpmorgan.com/global/research/electric-vehicles.

5   Daniel Kahneman, *Thinking, Fast and Slow*(New York: Farrar, Straus and
    Giroux, 2011).

제9장 모빌리티의 패권 다툼

1   Alex Hernandez, "Beijing Is Cracking Down on Honking with New
    Acoustic Camera Systems," Techaeris, 21 April 2018, https://techaeris.
    com/2018/04/21/beijing-cracking-down-honking-acoustic-camera-sys
    tems/.

2   Stephen R. Platt, *Imperial Twilight: The Opium War and the End of China's
    Last Golden Age*(New York: Alfred A. Knopf, 2018). Platt's history of the
    Opium War provides rich detail on China's turbulent relations with the
    West.

3   Joyce Liu, "In Your Face: China's All-Seeing State," BBC News, 10 Decem-
    ber 2017, https://www.bbc.com/news/av/world-asia-china-42248056/in-
    your-face-china-s-all-seeing-state.

4   International Association of Public Transport(UITP), *World Metro Fig-
    ures*(Brussels: September 2018), https://www.uitp.org/sites/default/files/
    cck-focus-papers-files/Statistics%20Brief%20-%20World%20metro%20
    figures%202018V4_WEB.pdf.

5   Department of City Planning, *Concept Los Angeles: The Concept for the Los
    Angeles General Plan*(Los Angeles: January 1970), http://libraryarchives.
    metro.net/DPGTL/losangelescity/1970_concept_los_angeles.pdf.

6   Nic Fildes, "Equipment Vendors Battle for Early Lead in 5G Contracts,"
    Financial Times, 9 October 2018, https://www.ft.com/content/21e34e74-
    bcf0-11e8-94b2-17176fbf93f5.

7   Echo Huang and Tripti Lahiri, "The Huawei Arrest Fueled Another Online

Surge of Outraged Patriotism in China," Quartz, 6 December 2018, https://qz.com/1486133/meng-wanzhous-huawei-arrest-fuels-online-furor-in-china/.

제10장 드론에 어떤 일을 맡겨야 할까?

1 Sara Morrison, "Jeff Bezos' '60 Minutes' Surprise: Amazon Drones," *The Atlantic*, 1 December 2013, https://www.theatlantic.com/technology/archive/2013/12/jeff-bezos-60-minutes-surprise/355626/.

2 "Jakarta Case Study Overview: Climate Change, Disaster Risk and the Urban Poor: Cities Building Resilience for a Changing World," The World Bank, 2010, https://siteresources.worldbank.org/INTURBANDEVELOPMENT/Resources/336387-1306291319853/CS_Jakarta.pdf.

3 Leighton Cosseboom, "This Guy Turned Go-Jek from a Zombie into Indonesia's Hottest Startup," Tech in Asia, 27 August 2015, https://www.techinasia.com/indonesia-go-jek-nadiem-makarim-profile.

4 Adithya Venkatesan, "How GOJEK Manages 1 Million Drivers with 12 Engineers(Part 2)," Go-Jek blog post on Medium, 1 July 2018, https://blog.gojekengineering.com/how-go-jek-manages-1-million-drivers-with-12-engineers-part-2-35f6a27a0faf.

5 *Puheenvuoro*[Taking the floor], directed by Hannes Vartiainen and Pekka Veikkolainen(Helsinki: Pohjankonna Oy, 2017), https://vimeo.com/207997372.

결론 · 시간과 이동 거리, 그리고 비용

1 Thomas F. Golob, Martin J. Beckmann, and Yacov Zahavi, "A Utility-Theory Travel Demand Model Incorporating Travel Budgets," *Transportation Research, Part B: Methodological* 15, no. 6(December 1981): 375-89, https://doi.org/10.1016/0191-2615(81)90022-9.

2 Cesare Marchetti, "Anthropological Invariants in Travel Behavior," *Technological Forecasting and Social Change* 47, no. 1(September 1994): 75-88, https://doi.org/10.1016/0040-1625(94)90041-8.

3 Nicole Badstuber, "London Congestion Charge: What Worked, What

Didn't, What Next," The Conversation, 2 March 2018, http://theconversa tion.com/london-congestion-charge-what-worked-what-didnt-what-next-92478.

4   Cathy O'Neil, *Weapons of Math Destruction* (New York: Crown, 2016).

5   Stephen Baker, "Smart Phones: They're the Next Phase in the Tech Rev-olution, and Soon They May Change Your Life," *BusinessWeek*, 18 October 1999, https://www.bloomberg.com/news/articles/1999-10-17/smart-phones-intl-edition.

바퀴의 이동

초판 1쇄 발행 ｜ 2021년 2월 22일
초판 2쇄 발행 ｜ 2023년 6월 19일

지은이 ｜ 존 로산트 · 스티븐 베이커
옮긴이 ｜ 이진원
펴낸이 ｜ 박남숙

펴낸곳 ｜ 소소의책
출판등록 ｜ 2017년 5월 10일 제2017-000117호
주소 ｜ 03961 서울특별시 마포구 방울내로9길 24 301호(망원동)
전화 ｜ 02-324-7488
팩스 ｜ 02-324-7489
이메일 ｜ sosopub@sosokorea.com

ISBN 979-11-88941-58-2 03300
책값은 뒤표지에 있습니다.